后浪出版

插图第7版

The Western
Humanities, 7e

人文通识课 Ⅲ

从文艺复兴到启蒙运动

Roy T. Matthews
DeWitt Platt
Thomas F. X. Noble

（美）罗伊·T·马修斯 德维特·普拉特 托马斯·F·X·诺贝尔 著

卢明华 计秋枫 郑安光 译

世界图书出版公司
北京·广州·上海·西安

前　言

《人文通识课》第七版仍然延续本书初版的宗旨：在历史解读的框架内提供一种有关文化表达和艺术作品的分析和欣赏。许多年来，我们已经清楚地认识到，如果把人文学识放在历史的背景中进行考察，学生们将是多么容易和有效地学到东西。此外，这一宗旨还将帮助开始接触人文学识的学生运用他们不断提高的历史眼光来丰富和加深他们自己对当今世界的最新见解。他们将清楚地看到，他们自己的生活以及对于他们来说很重要的东西并非来自真空，而是来自悠久、复杂，或许还称得上是奇异怪诞的往昔。如以往一样，我们将向学生提供一套丰富的、突出批判性思维的辅助教学手段，以帮助学生获取并修正他们自己对往昔的视界。

在《人文通识课》中，我们还将强调创造和表达的普遍共性。世界各地的人都有着做以下这些事情的冲动：解答人类存在之谜；探寻或是创立天地万物之序；创造性地对内在和外在的自然作反应；用真善美来愉悦感官和心灵；与其他人交流思想、共享高见。故而，我们的另一个宗旨便是力图表明，从文明生活发端之前起，表达自我和建立永久丰碑的欲望就一直是人类的一种强制性驱动。我们相信，强调这一点将帮助学生们明白，他们自己连同他们的想法、问题和志向，都不是与过去割裂，而是属于一种几千年前就已开始的传统。

我们还有一个目的，即帮助大学生做好应对未来的思想准备。当学生们审视过去并了解先人们如何应付困境、克服危机并设法留下不朽遗产的时候，他们就会发现，人类精神是无法压抑的。人类已经通过哲学、宗教、艺术、音乐、文学等人文学识为他们最深层的需求和最疑难的问题找到了答案。我们希望，这一凿凿可鉴的事实将给予那些塑造二十一世纪之世界的大学生以巨大的鼓舞。

《人文通识课》的特色标记

适用于教学的编排结构

长期以来，无论是教师还是学生都赞赏本书在阐述历史和文化时独特的平衡。书中各章的结构前后一致，以便强化学生从如下所述之多个视角进行学习的意识。

有关人文学识的背景性解释。本书每一章的第一部分都将论述所涉时代的物质状况，即历史、政治、经济和社会发展。我们旨在抓住各个纷繁复杂的时代之本质，并为讨论西方文化勾勒出一个前后连贯的叙述框架。

文化表达。每章余下的部分将专心论述两大范畴的文化表达：一是思想观念范畴，如哲学、历史、宗教、科学等；二是文化作品范畴，如艺术、音乐、戏剧、文学和电影等。在这一部分，我们将描述和分析该时代重要的文化成就，聚焦于那些普遍性的主题、风格选择和风格要素。我们将考察知识分子、艺术家、作家等有创造力的个人如何应对他们所处社会向他们提出的挑战，如何选择价值观和生活方式。

文化遗产。本书每一章的结尾处都有一段文字，简要地描述该章所涉时代的文化遗产。学生们将会发现，一些他们熟悉的观念、运动或艺术手法，其实都有着非常悠久的历史。他们也将发现，文化物件和文化课题的意义及所属价值，会随着时间、地点的变化而变化。我们的目标不仅是要帮助学生们厘定他们所属文化的来龙去脉，还要向他们表明，人文学识有如一系列生机勃勃的选择不断发展着，某个时代的人们创造了这些选择，而另外一些时代的人们又对之进行改造。

通过有效的特色教学手法给予学生的帮助

我们的另一个重要目的是帮助学生理解文化表达和文化成就，为此我们提供了一系列广泛的特色教学手法，以突出一些重要的主题并表明它们之间的相互关联。这些特色手法提供附加的素材或对素材的不同看法，丰富了本书的主体内涵。我们也认真地满足了扩展历史画面的需要，故我们将一些非西方文化的素材含括了进来，以求显示它们是如何相互影响的。

"人文学识入门：如何理解艺术"。前来选修西方人文课程的学生个人背景各式各样。为帮助学生们获致学习人文知识的基本能力，我们在本书开头就安排了"人文学识入门"，它向读者介绍赏析文学、音乐和视觉艺术等各种主要艺术形式的不同方法。我们通过这篇"入门"提供了一些工具，以图帮助学生更好地把握如何超越他们对艺术品的最初反应，向一种更有见地的理解方向发展。我们要求学生去思考艺术家们创作其艺术作品的意图，去观察其作品的构建要素，并且去赏析艺术家们所处的文化和历史环境如何影响他们的工作。在本次的第七版中，我们增添了新的一节，即"解读艺术"。

遭遇栏目。每一个**遭遇**栏目描述西方文化与其他文化之间的一次交汇。"遭遇"通过文字和艺术品聚焦于影响了双方文化的重要交往。我们试图在今天的大学生中培养全球意识，故而这些"遭遇"将表明文化遭遇和文化交流乃是人类历史中一个经久不息的组成部分，它们既有积极意义，也有负面影响。

生活片段。**生活片段**栏目向学生提供倾听来自往昔的声音的机会，这些声音是课文中所述之历史和文化事件的目击者发出的。这些节选自原始资料和原始档案的材料旨在向读者展示活生生的历史。

按图索骥。这个特色内容鼓励学生们培养地理学技能——在现在这个全球化时代，地理学技能是一种极有价值的能力。通过地图练习并回答一些与地图相关的问题，学生们将学会看地图并理解在特定地理环境中发生的历史和文化进程。

遗产部分。每一章的结尾部分将表述该章所述之传统的不朽遗产。

术语。当正文中出现新的文化术语时，该术语将被印成黑体字并随后给出定义。

文化关键词将在每一章的最后收集成一份列表——这个重要的学习工具向学生提供重要的词语。

第七版的变动

新作者托马斯·F·X·诺布尔（Thomas F. X. Noble）

本次《人文通识课》最新版的最重大进展是圣母大学（University of Notre Dame）教授托马斯·F·X·诺布尔加盟为合作者。托马斯是专治古代后期和中世纪早期历史的著名学者，他撰写、参著、主编或翻译了10本著作及将近50篇文章。作为中世纪史学家，他对古代世界也有着精深的理解，他的加盟使本书写作团队的知识结构得以大大平衡。多年来，本书的三位作者都相互熟知，也相互尊重，我们对全书各章做了修缮和更新，尤其是在托马斯的帮助下精心修订了关于古代和中世纪世界的各章。此外，为了使全书前后连贯一致，我们还特意加强了贯穿全书的教学法手段，即增添了两个特色以求鼓励学生分别去理解艺术和作批判性思考。我们期待《人文通识课》第七版将继续帮助授课人应对今天的教学挑战，并帮助新一代学生去理解并拥有他们的文化遗产。

第七版的新特点

我们一如既往地倾听读者们对本书的评价和改进建议。在第七版中，我们基于众多深刻的评论作了如下一些重大改动：

重新编排了希腊化世界和罗马共和国的时间框架。此次修订后的"希腊化时代的文明和罗马的兴起"讲述了罗马如何兴起并从希腊化世界后期阶段获得其文化定位。

重新编排了罗马帝国、拜占庭帝国和中世纪早期的时段。在前几版中，一些涉及罗马帝国的素材附属于罗马共和国的论述，而另一些资料则被看作是通向中世纪的前奏。本书第七版将罗马共和国放在希腊化背景下考察，故修订后的"罗马帝国文明和基督教的胜利"论述的是从奥古斯都时代到查士丁尼时代的罗马帝国文明（公元前31—公元565年），其中也含括了基督教和天主教会的胜利。基督教的胜利既是罗马世界转型中的一个关键因素，也是罗马世界的一个强大遗产。最后，这一讲的新格式采用了"古代后期"（late antique）的范式作为阐释框架。正如罗马不是在一天中建成一样，它也不是在一天中陨落的。罗马帝国长期缓慢的转变是一个动态的、创造性的过程，延续了好几个世纪。本次修订版将罗马帝国时期的材料糅合成一讲，这样，中世纪早期就相应地被单列出来对待。"罗马帝国的后裔：拜占庭和中世纪早期的西方"描绘了拜占庭和中世纪早期的西方这两个相互平行的历史进程。这种处理方法得以更充分地论述拜占庭文明的各个方面，并且也能更详细地论述查理曼时代，因为查理曼时代为中世纪的欧洲奠定了基础，也为西方文明向以后时代的转变做好了准备。

新特色：解读艺术。应众多评论者之请，我们增添了一个**解读艺术**特色，当然，这样做也是我们继续履行的一贯使命之组成部分：还原高深的文化以便清晰地展示给学生。我们在"人文知识入门"中向读者介绍并解释了这一新特色。十二项解读艺术的范本每一项都聚焦于一件艺术杰作（绘画或雕塑）或建筑，采用一套六项提示体系来突出其形式特征（即它如何成之为艺术品）和历史背景（即它如何反映其历史时代）。我们相信，掌握了这一特色的学生将可运用它来分析他们所遇到的任何艺术品。

新特色：批判性思考提问。应书评人的要求，我们在每一讲的最后增添了五个批判性思考提问。我们试图在这些评论提问中聚焦于通过考察历史背景来深入理解文化成就——这种方法是本书的基本宗旨。我们相信，这种教学手段将帮助学生掌握人类历史的复杂性。这些章末提问系对网络版**教师手册**（学生们无法接触到该手册）中评论性提问的补充。

修订了的艺术赏品。像以往各版一样,本次修订版中艺术赏品的大多数变动也是基于我们希望更新内容的愿望。每一幅插图都在正文和图片说明中得到解说。在前11讲中,增添了38幅艺术品图片,主要集中在论述从希腊化时期到中世纪盛期这段时间内——这几章主要由托马斯·诺布尔大笔改写。这些添加图片包括几幅历史性建筑物的平面构造图和复原图,以及许多新的视觉形象。

在后11讲中,我们也添加了38幅艺术形象,基本上都是替代同一些艺术家或建筑师的艺术作品。

教学资源

我们身为讲课人,深知在讲授人文学识时(尤其是给学生素质参差不齐的大课堂上课时)会遇到的难题。因此我们撰写了一本教师手册并制作了一套综合性的补充资料,旨在帮助解决这些难题。

《**人文通识课阅读资料**》(Readings in the Western Humanities)。在本书第七版的阅读资料中,马修斯和普拉特重新编排了章节,以使其与《人文通识课》(第七版)的变动相对应。原始资料的选取按时间顺序排列,对应于本书正文的22讲,并分作2卷。第一卷含括从古代美索不达米亚一直到文艺复兴;第二卷从文艺复兴一直到21世纪。这套文集让学生们接触到我们的文学和哲学遗产,使他们得以原汁原味地品味西方传统中那些大作家和大思想家们的思想和声音。

《**传统:各个时代的人文资料**》(Traditions: Humanities Readings through the Ages)。对于那些希望拥有他们自己的读者群的授课者来说,《传统》是一个新的资料库,我们设想该资料库既可用作单行本流传,也可用作麦格劳−希尔公司(McGraw-Hill)"西方人文"系列出品的姐妹篇出品。该文集的特点是内涵广博,同时包含了西方和非西方的人文资料,囊括了古代和当代的资料,选取自文学、哲学和科学等多个不同的学科。Primis Online数据库的灵活功能使这些资料得以既按时间顺序也按作者姓氏顺序排列。请上线www.primisonline.com/tradition。

教师手册(Instructor's Manual)。教师手册也作了修改和扩充。手册为每一讲准备了教学策略和建议、习题集、学习目标、关键的文化术语、参考性影片、阅读材料和网址,以及一份与《人文通识课》第七版一起配套修订的详细大纲。手册注明了《人文通识课》每一讲的参考资料载于其配套文集《人文通识课阅读资料》的何处,这样,教师们就能很轻松地将原始资料结合进每一堂课。

除了对应各讲的资料外，教师手册还在前言中提供了五种基本的教学策略和七种讲课模式。教师手册可以通过"网络学习中心"（Online Learning Center）下载获取。

网络学习中心（www.mhhe.com/mattews7e）。网络学习中心的学生板块包含了一条通往MyHumanitiesStudio网站的链接，在该网站中，学生们可以浏览有关各种艺术技巧的视频，并做一些旨在加强其理解视觉艺术、舞蹈、音乐、雕塑、文学、戏剧、建筑和电影的互动作业。除了MyHumanitiesStudio外，网络学习中心还提供以下资源：论文、简答题、全真/模拟测验题；章节目录；各章目的；关键术语；MyHumanitiesStudio练习。我们期待这些在线资源将能增强学生对人文学识的理解，并激发他们自己的创造力。

图像库（Image Bank）。图像库是一个网络显示管理器，使用者可以轻松地浏览并下载图像以用于课堂展示，教师们可以通过该图像库接触到《人文通识课》和麦格劳-希尔公司"西方人文"系列其他出品中所载的各种图像。

音乐选集（Music selections）。一张音响光碟收录了课文中谈到的各类音乐曲目，包括宾根的希尔德加德（Hildegard of Bingen）、巴赫（J. S. Bach）、伊戈尔·斯特拉文斯基（Igor Stravinsky）和菲利普·格拉斯（Philip Glass）等作曲家的作品。

致谢

我们要感谢许多人对本次《人文通识课》修订的帮助和支持。罗伊·T·马修斯和德维特·普拉特依然要感谢多年来密歇根大学的在校生和毕业生提出的许多深邃的评价。托马斯·F·X·诺布尔要感谢他的数千名学生，35年来这些学生给了他很多教益。他也对自己被邀请来援手创作这部精湛成功之作的新修订版深表感谢，不胜惶恐。

对我们三人来说，本次第七版的修订实乃一次学习的经历，但是，在此付梓之日，我们已融为一个相互支持的团队。我们感谢Art Pomponio公司的理智反应和令人平静的声音。至于我们麦格劳-希尔公司的操作人员，我们想特别感谢罗娜·罗宾（Rhona Robbin）对该项目的领导。罗娜易于共事，而当发生在她权力范围以外的问题时，她也知道到哪里去求得问题的迅速解决。至诚哉，罗娜！我们也感谢蕾丝丽·拉康内里（Leslie Racanelli），此次修订期间，您机智地引导我们走出了好几条迷径；您一直是我们几位作者的巨大智慧库。还有，我们要特别感谢以下麦格劳-希尔公司团队的其他人员——Chris Freitag, Betty Chen, Brian Pecko, Allister Fein, Louis Swaim, Pam Cooper, Elena Mackawgy, Sarah Remington以及全部的编辑和出版人员。

导　言　为何学习文化史？

如果对在你出生以前发生的事情一无所知，那你就始终是个孩子。

——西塞罗，公元前1世纪

如果你说不出过去三千年的事情，那你就处在黑暗之中，毫无经验，浑浑度日。

——歌德，19世纪

本书的基本假设是：对于那些想成为饱学之士以图把握自己命运的人来说，西方文化的某些基础知识是必不可少的。人类已有的五千年成文历史相对连贯，未曾中断，虽然其间有时显得乱七八糟。如果人们得不到训导因而不理解他们在人类历史中的位置，那么，他们将会变得软弱无力，完全受制于来来往往的时兴风潮和一些奇思怪想。他们会被一些夸夸其谈者们的阿谀之词击倒，或者会盲从于以下这种错误观念：当前所发生之事态是独一无二的，或者是史无前例，或者是超越以往发生的任何事情。

可能发生的最糟糕之事是身处无知的囹圄内——用歌德的话来说就是"浑浑度日"。如果不知道过去及其对现今的含意，人们便会认为，他们当时所处的世界将会永远延续下去，而事实上这个世界的许多事物注定是要被遗忘的。通俗文化往往稍纵即逝，与此相反，学习西方文化将提供另一种完全不同的东西，这种东西已经经受住了时光的无情考验。今天的英豪人物终将被人遗忘，但不管多久以后，那些铸造了西方传统的文学艺术先辈所取得的成就仍将留存下去。他们的作品流传到各个时代，而且在每个时期都显得栩栩如生。古罗马作家塞涅卡（Seneca）精辟地表达了这一观念，他在公元1世纪时写道："生命诚短暂，艺术乃长久。"

一但人们意识到西方文明的丰富遗产其实是他们自己的财富，那么，他们看待自己以及所处时代的目光就会超越现时代。他们将明白，他们无需受今天诸多限制的束缚，而是可以借鉴生活在几百年前乃至几千年前的先人的创造性眼光。他们将发现，他们的文化拥有赋予自身以内涵和形态的历史和脉络。学习和体会文化遗产可以帮助他们理解他们在当今世界的位置。

西方的地理范围

本书的论题是西方文化，但是，我们所说的"文化"以及"西方"究竟指的是什么呢？文化一词具有多项含义，但我们在这里是用它来指一个民族的艺术和思想表达及其创造性成就。至于西方，我们指的是地球上位于亚洲和小亚细亚以西、非洲以北的那个部分，主要是指欧洲——这是本书主体论述的地理框架。

然而，西方传统并不局限于我们今天所定义的欧洲。一些生活在当今欧洲疆域以外的民族之贡献也含括在西方文化之内，因为这些民族有的是西方的先祖，如那些最早创造了美索不达米亚和埃及文明的民族；有的则在某些时期是西方的组成部分，如在古罗马和早期基督教时代生活在地中海沿岸之北非和近东地区的民族。西方文化从形成于这些地区的理念中汲取了丰富的营养，这与地理范围无关。

一些曾经是西方传统之组成部分的地区被拉入了别的文化传统，例如美索不达米亚、埃及和北非，那里的居民在公元7世纪时信奉起了伊斯兰教，随后它们就不再包含在西方文化史范畴之内了。不过，由于伊斯兰文明对西方文明产生的巨大影响，我们在本书中也概述了伊斯兰历史，并对伊斯兰文化作了描述和鉴赏。伊斯兰文明与我们自己的西方文明颇多差异，但其丰富的传统在当今世界享有重要的地位。

大约在1500年之后，随着航海探险活动扩展到地球上其他一些最遥远的地区，几百年来一直凝聚在欧洲一地的西方文化开始裂变。从此时起，几乎称得上排他性的欧洲模式瓦解了，主要是通过传教士、军人、殖民者和商人的活动，西方价值观和理想开始向全世界输出。与此种进程相吻合并且使变化模式更趋复杂的是奴隶贩卖者们的活动，他们将无数非洲黑人贩运到南北美洲充当种植园的奴工。西方文化与许多此前孤立发展的文化之间发生了相互作用，从此改变了所有被这一互动进程触及的人群，无论这些人群自己愿意与否。

自1500年起持续进行着的全球西化进程，乃是当今时代的统率性主题。1900年以前人类的贪婪本性、传教士的无限热忱和殖民帝国的梦想未能做成的一些事情，在20世纪中被现代技术、大众媒体和通俗文化做成了。今天的世界是一个地球村，其中的许多部分受着西方价值观和西方生活方式的主宰。在我们这个时代，西化已成为一种双向的交流。来自其他文化的艺术家和作家采纳西方的形式和观念，同时他们又不仅仅是使他们自己的传统西方化，而是也向西方传统注入新鲜的感知和思维习惯。文化的全球化意味着一部南美小说或一部日本影片能像一幅欧洲油画一样被西方的读者观众所接受，并且还带来一套具有文化象征和含义的新奇词汇。

历史时期和文化风格

在文化史上，过去经常被划分成历史时期和文化风格。所谓历史时期，是一个具有某种共性的时间段，其共性或者在于其间明显流行着一种独特的文化、理念或技术，或者在于它因某个划时代性的历史事件而终结，例如像亚历山大大帝之类的军事统帅的去世，或像罗马帝国的崩溃之类的政治动荡。所谓文化风格，是文学艺术表达、手法或表现之特征的集合体，它限定了某个特殊的流派或时代。一个历史时期可能在时间上与某个文化风格相吻合，也可能同时包含不止一个的文化风格，或涵盖两个前后相继的文化风格。本书的每一章都将聚焦于一个历史时期，并含括一些重要的文化层面——通常有艺术、建筑、宗教、音乐和哲学——各个层面的叙述次序则根据讨论该时期相应文化风格的需要来编排。

本书的考察起自史前时期，也即人类发明书写以前的时代，其上限难以确定，总之是人类产生的那遥远时刻。约在公元前3000年时，书写产生了，从那以后的西方文化遗产分成三个笼统的历史时期：古代、中世纪和现代。

古代起自公元前3000年，止于公元500年（参见历史分期表1）。在这

历史分期表1　古代世界

公元前3000			1200	800		500	323	146	31	公元500
美索不达米亚和埃及文明；希腊文明的先驱					希腊文明					
					罗马文明					
主要历史时期										
美索不达米亚和埃及文化；米诺斯和迈锡尼文化					希腊古风风格	古典（希腊）文化	希腊化文化	罗马帝国文化		
					伊特鲁斯坎和希腊文化的影响		希腊化文化			
文化风格										

历史分期表2　中世纪世界

500		1000	1150	1300	1500
	中世纪早期		中世纪盛期	中世纪晚期	
主要历史时期					
	地区风格		罗马式风格	哥特风格	
文化风格					

　　3500年中，西方文明首先在美索不达米亚和埃及冉冉升起曙光，随后从公元前8世纪起在希腊和罗马光芒四射；当公元前146年希腊臣服于罗马之时，西方文明的光辉稍稍暗淡了下来，最终在公元5世纪随着罗马帝国的崩溃而归于湮灭。与上述这些历史时期相应的文化风格有美索不达米亚风格；埃及风格；希腊风格，其中又包含古风（Archaic）、古典（classical或Hellenic）和希腊化（Hellenistic）三种风格；罗马帝国风格（imperial Rome style）。

　　中世纪（Middle Ages）含括从公元500年到1500年之间的诸多事件，这一千年又可进一步划分成三个时段（参见历史分期表2）。中世纪早期（500—1000年）的特征是频繁的蛮族入侵和政治混乱，以致文明本身岌岌可危，勉强幸存。这段极其动荡的时期没有一种完整的国际风格，虽然有几种地区性的风格颇为繁荣。中世纪盛期（1000—1300年）则是一个稳定的时期，其间中古文化臻于鼎盛。此间出现了两种前后相继的风格：罗马式（Romanesque）风格和哥特式（Gothic）风格，而哥特式风格将在此后的中世纪文化中占据统率地位。中世纪晚期（1300—1500年）是一个转折时期，其间，中世纪日趋消亡，现代（modern age）奋力显现。

　　现代时期大约开始于1400年（历史时期之间经常是相互重叠的），一直延续到今天（参见历史分期表3）。随着现代的来临，一种界定历史变化的新方法开始显得更有意义——那就是把历史划分成各种运动，即大批的人群集合起来为达到一个共同目标而开展的活动。现代时期包含了好多场旨在以特殊的方式改变世界的运动。

　　现代的第一场运动是文艺复兴运动（Renaissance，1400—1600年），它试图复兴古希腊罗马的文化价值观。这场运动伴随着两种连续的风格：文艺复兴风格和矫饰主义（mannerism）。随后的一场重要运动是宗教改革运动（Reformation，1500—1600年），它致力于让基督教恢复到《圣经》中所确立的早期教会理想模式。虽然宗教改革并没有衍生出任何具体的风格，但这场宗教狂潮确实深刻影响了文学艺术的题材及其表达方式，尤其是对矫饰主义风格。

宗教改革之后是科学革命（Scientific Revolution，1600—1700年），这场运动的结果是古代科学被抛弃，现代科学得以诞生。科学革命的结果固然是翻天覆地的，但其本身进程似乎游离于它所处时代的风格，也即所谓的巴洛克风格（baroque）。这种富丽堂皇的风格旨在通过夸张的感官效果产生震慑，它与罗马天主教会试图恢复其尘世权威的努力联系在一起。

科学革命引发了启蒙运动（Enlightenment，1700—1800年），这场运动宣称要依据新兴科学的原理来变革政治和社会。就风格而言，18世纪呈现出斑驳陆离的景象，起先受洛可可（rococo）风格的主宰，那是一种奢华奇异的风格，代表着巴洛克风格的最后阶段；随后则由新古典（neoclassical）风格主导，这种风格受古希腊罗马作品的启发，也反映了科学革命的原理。在18世纪尚未过去之时，启蒙运动唤起了它的对立面，即浪漫主义运动（romanticism，1770—1870年），这场运动着意于情感、幻想和任何无法用科学论证的东西。与浪漫主义运动完美地相伴相随的是浪漫派风格（romantic style），其标志是对哥特式风格的重新赞赏和对自然的热爱。

到19世纪末期，现代主义（modernism，1870—1970年）兴起，它倾向于清除希腊罗马传统和基督教信仰的一切遗留痕迹，并塑造摆脱过去影响的全新的理解方式。从20世纪70年代起，后现代主义（postmodernism）崛起，这场运动力图与过去达成妥协，既容纳旧有的表达方式，同时又采纳一种全球性的、多种声音混杂的视野。

虽然每个文化时期都留有各自的创新和创造性标志，但我们在本书中对不同时期的考察却颇有偏重——论述某些时期之成就的篇幅和力度可能会大于其他一些时期。之所以作这样的调整，是因为某些时期或某些风格比其他的更

历史分期表3　现代世界

1400	1500	1520	1600	1700	1770	1800	1870	1900	1970	2010
文艺复兴		宗教改革	科学革命		浪漫主义		现代主义		后现代主义	
					启蒙运动					
主要运动										
文艺复兴风格		矫饰主义	巴洛克		洛可可	浪漫派		现代派		后现代派
						新古典主义				
文化风格										

重要一些，尤其是从它们的成就对当今时代之影响的角度来看。例如，一些风格与其他风格相比颇显得鹤立鸡群：如公元前5世纪希腊的古典主义、16世纪意大利的文艺复兴盛期（High Renaissance）和20世纪中期的现代主义，相比于中世纪早期风格或17世纪的巴洛克风格来，显然重要得多。

综合看待文化史的方法

　　我们看待西方遗产的方法是将文化成就放在其历史背景中加以考察，展示物质条件——即每个时期的政治、社会和经济事件——如何影响文化成就的产生。本书每一章三分之一的篇幅将专门对史实作诠释性讨论，余下的三分之二则专心考察该时期的艺术、建筑、哲学、宗教、文学和音乐。历史的这个层面当然不是各自孤立地发生，我们的目的就是要展现它们是如何相互联结的。

　　为说明这种综合方法，我们来举个例子，看一看哥特式教堂。这种高耸入云、光线充足的祈祷场所突出的特征是尖顶拱门、巍巍尖塔和绚丽的彩色玻璃窗。哥特式教堂建于中世纪盛期，此前有一段城市生活基本绝迹的空白时期。在中世纪盛期，虽然宗教仍然是欧洲生活中的主导力量，但贸易开始再度繁荣，城市生活日趋恢复，城市居民开始变得越来越富裕。部分动机是为了显示它们新近获致的财富，许多城市和集镇便招聘建筑师和工匠来建造这些高耸巍峨的教堂，它们俯瞰周围好几公里的地面景观，昭彰着其建造者的经济富足。

　　我们采用综合看待西方文化的方法，不仅要考察艺术如何与物质条件相联结，而且还要探究在每一个特定时代渗透到艺术和文学表达中的共有主题、期望和观念。一个时代的创造性成就总是反映一种共同的视野，即使这种视野在当时还得不到众人明确的认识。因此，每个时代都拥有一种可以通过文化记载分析出来的独特眼界。关于这个现象，一个很好的例证是公元前5世纪的古希腊时代，其时，中庸之道，或者说在万物间保持均衡的理念，在雕塑、建筑、哲学、宗教和悲剧中都发挥了重要的作用。其他一些时期的文化记载并不都像古希腊时期的记载那样清晰，但人们还是经常能够从中找出一些共同的特性，这些特性促使一个时代不同的文化层面形成一条统一的主线。

　　我们能够从上述观点推导出一个必然的结论：创造性的个人及其作品受着他们所处时代的巨大影响。这并不是说不会出现超越他们自己时代的杰出天才——譬如文艺复兴时代英格兰的莎士比亚，而只是说每个时代人们的心态和情感是有迹可循的。即便是莎士比亚也反映了他那个时代的政治态度和社会模式。他诚然是一个流芳千古的伟人，但他也还是把君主制看作是正确的政府形式，而且还认为女人比男人低劣。

文化作品的选择

西方文化遗产浩如烟海，所考察作品的取材，无不反映出作者所做的抉择。我们选取的所有作品都对西方文化具有重大影响，但选择的理由不尽相同。一些作品被选取是因为它们指明了一种新道路的方向，如毕加索（Picasso）的《阿维农的少女》（*Les Demoiselles d'Avignon*），它标志着立体主义（cubism）绘画的诞生；还有菲尔丁（Fielding）的《汤姆·琼斯》（*Tom Jones*），最早的小说之一。另一些作品的选取是因为它们显得将一种风格体现得淋漓尽致，如被称为《波赛东》（*Poseidon*）或《宙斯》（*Zeus*）的堂皇塑像，它创作于公元前5世纪的雅典，见证了古典风格；还有但丁（Dante）的《神曲》（*Divine Comedy*），它是中世纪盛期多种理念的缩影。我们偶尔选取了某个特殊题材的作品，如圣经故事大卫和歌利亚（David and Goliath），并列举多那太罗（Donatello）、委罗基奥（Verrocchio）和米开朗琪罗（Michelangelo）等人创作的塑像，以求阐述不同的雕塑家如何来解释这个题材。还有其他一些作品吸引了我们的注意力，那是因为它们有的充当了前后相继的风格之间的链接点，如乔托（Giotto）的壁画，有的则代表了一个时代或一种艺术风格的终结，如经常被人提及的叫做《君士坦丁的巨型雕像》（*Colossal Statue of Constantine*）的塑像。最后，我们选取了一些作品，特别是绘画，纯粹是因为它们美不胜收，如拜占庭时期的圣母玛利亚与男孩的肖像。

通过西方文化史的各个时代，通过体现在绘画、雕塑、建筑、诗歌、歌曲中的各种变化的风格和品味，我们可以看到，每个时期的人类群体中都闪烁着创造的火花。这种多样性乃是西方经验的标志，我们将在本书中宣示这种多样性。

对读者的挑战

任何教育的目标都是（也应该是）自我认识。这一目标最初由古希腊人确立，他们在德尔斐的阿波罗神庙大门上方铭刻了"认识你自己"的律令。自我认识意味着了解你自己以及你在社会和世界中的位置。达到这一目标并非易事，因为做一个有教养的人乃是一个终生追求的进程，需要时间、精力和投入。不过，千里之行始于足下，我们期待本书能够成为你通过历史和文化遗产来了解和定位你自己的第一步。我们对读者提出的挑战是：用这本书来开始你自我认识的漫漫旅程。

人文知识入门

如何理解艺术

导论

我们全都能欣赏艺术。我们能在绘画、音乐、诗歌、小说、电影和其他许多当代或往昔的艺术形式中找到乐趣和兴趣。我们并不需要对艺术非常了解才能知道我们喜爱的东西，因为我们自己也是喜爱的一部分：我们所喜爱的东西不光涉及艺术本身，同样也涉及我们自己的品位。

例如，我们中的许多人会对诸如列奥纳多·达芬奇（Leonardo da Vinci）所作《岩间圣母》（*The Virgin of the Rocks*）那样的油画反应积极。画中圣母玛利亚和天使的面容美丽可爱；我们可能曾经在圣诞卡或其他一些商业性复制品中见过这类肖像。我们看到这幅画时的反应犹如英国诗人华兹华斯（Wordsworth）所说的"一见钟情"（first careless rapture），这种反应激发我们的想象，在我们与艺术作品之间建立起联想。然而，如果我们仅仅看到这些东西，如果我们始终停留在一种主观反应之上，那么，我们就只能欣赏表象，欣赏其直观形式，随后或许是下意识地全盘接受它所暗示的价值观。我们欣赏了艺术作品，但却不是理解了艺术作品。

有时我们因为不理解而不能欣赏。我们可能会排斥毕加索的《阿维农的少女》，因为这幅画向我们展示了一些我们可能无

列奥纳多·达芬奇：《岩间圣母》

法辨认的妇女形象。这些妇女也许让我们感觉不适，她们所暗含的价值观或许会让我们感到惊恐，而不是让我们感到愉悦或放松。我们可能感受到厌恶，而不是钟情；但是，一旦我们认识到这幅画被认为是一件开创性的作品，我们就会努力想知道我们忽视的东西，并愿意作更深的探究。

要理解一件艺术作品（如一幢建筑、一首歌或一曲交响乐），我们需要保持我们的"钟情"（即我们的情感反应和联想），但不能仅仅是"一见"而已，不能流于表象和主观，不能单纯局限于我们感知到的东西。我们需要通过探寻超越我们自身以外的意义来丰富我们的鉴赏。这就涉及对以下各种事物的理解：

- 艺术家的意念或目标。
- 体现在作品中的形式要素。
- 这些要素如何服务于艺术家的目标。
- 这件艺术作品产生的背景。
- 该作品与其他作品之间的联系。

文学、艺术和音乐的分析方法

在分析一件艺术作品时，我们既要鉴定作品的意念，也要评价作品完成的情况。要回答这两个问题，我们可以考察作品的形式要素——该方法被称为"形式分析法"（formalism），也可探究其脉络背景——即所谓的"背景分析法"（contextualism）。

形式分析法

形式分析关注一件作品的美学（艺术）因素，而不管其脉络背景。这种分析类型集中探究手段和技巧：

- 对一幅画、一座雕塑或一套建筑结构的形式分析将考察其线条、形状、色彩、架构和布局，也将评判艺术家在使用表现手法时的技巧能力；这种分析全然不关心作品本身以外的任何东西。
- 对一件文学作品（如一篇短篇小说或一部长篇小说）的形式分析将探讨主题、情节、角色和场景之间的相互关系，另外还将考察语言元素——包括词汇选择、语气、比喻、象征等等——在支撑其他要素时运用得有多贴切。
- 对一部影片的形式分析也将探讨主题、情节、角色（既包括有台词的也包括没有台词的）和场景，并评析电影元素——摄影技巧、灯光、音像、剪辑等等——如何支撑其他的要素。

对《岩间圣母》的形式分析将考察其作者采用的视角、画中人物相互之间以及与其周围洞穴之间的布局、色彩与线条的运用技巧、光线与阴影对照比例（即所谓的明暗对照法［chiaroscuro］）。对《阿维农的少女》作形式分析也将依据同样的技术参数。这两幅画分别完成于1483年和1907年——这一事实无足轻重，只在对两位艺术家所采用的技巧和手法作探讨时才显得稍有意义。对于形式分析方法而言，时间和地点只存在于作品本身之内。

背景分析法

与形式分析法不同，背景分析法要求根据时间和地点来理解一件作品。背景分析法聚焦于作品以外的因素：

- 艺术、社会、文化、历史和政治诸方面的因素、事件和趋势。
- 艺术家创作该作品的意念和动机。
- 该作品与其同时代或别的时代同一流派的其他一些作品之间关系如何。
- 该作品与作者的其他作品之间关系如何。

毕加索：《阿维农的少女》

对前述达芬奇和毕加索的两幅画作背景分析将包含以下这些信息：这两幅画分别完成的时间、地点；它们得以产生的条件；当时流行的艺术风格；作者的生活环境等。单单画作不能提供背景探究所需的足够信息。同样，对某部陀思妥耶夫斯基（Dostoevsky）所著小说的背景分析既要考虑作者个人的境遇，也要分析他创作该部小说时俄罗斯和欧洲的局势。对巴赫（Bach）创作的某部合唱曲和赋格曲（fugue）作背景分析将包括巴赫的生活、他的宗教信仰和18世纪德意志的政治气候等方面的信息。

综合方法

在对一件艺术品作严格的背景分析时，作品本身有时会湮灭在关于背景的详尽探究之中。而在严格的形式分析中，一些有助于理解作品的重要知识可能会始终不得而知。因此，最有效的分析应是将两种方法融合到一起，既考究作品的形式要素也探究作品在其中得以产生的脉络背景。比起任何一种单纯的形式分析法或背景分析法来，这种综合方法都更有效，而且在某种意义上也更可信。一件艺术作品，无论是一首诗、一幅画，还是一座大教堂、一部大合唱，都是一个复杂的实体，正如同这件作品所蕴含的艺术家与艺术之间、艺术及其观众之间的相互关系也错综复杂一样。综合性的分析方法认同这些关系及其复杂性。这便是《人文通识课》一书在作艺术和文化分析时最频繁运用的方法。

多种视角

虽然许多研究文化和点评文化的学者是采用综合性的方法，但他们也特别关心从一个特殊的视角来看待事物——所谓"视角"指的是引导并影响他们作考察和解释的一套兴趣体系或一种思维方式。常见的视角有心理学视角、女性主义视角、宗教视角、经济学视角和历史学视角。

- **心理学**视角探究作品的心理特征含义，如性联想和象征意义——事实上，这是对艺术家进行一种追溯性的心理学分析。这一视角可能会探讨《岩间圣母》中玛利亚和天使的面部表情、姿势和体位所暗含的意义，或者可能会对达芬奇对待妇女的态度以及他与妇女的关系感兴趣。

- **女性主义**视角着手的人将从妇女的角度考究艺术作品本身及其产生的脉络背景。采用女性主义视角将诘问某件作品如何描述妇女？关于妇女及其普遍关系它说些什么？它有没有并且是如何反映了男权社会的现实？许多人已经讨论了毕加索《阿维农的少女》透射出来的妇女们的明显怨恨。在此同时，这件作品的尺寸（8英尺高，7英尺8英寸宽）和画中人毫无畏惧的神情表明，这些女人具有一种粗犷的力量。女性主义评论便聚焦于这类的考虑。

• 如果一件艺术作品缘起于宗教氛围中，那么，从**宗教**视角加以分析往往是合适的。例如，中世纪教堂高耸的尖塔和十字形的平面布局显露出宗教意义，文艺复兴时期描绘圣经人物的绘画也同样如此。当时的许多文学艺术作品也都包含宗教内容。宗教分析着眼于象征主义手法的运用、神学原理和信念的表现、文化间联系和影响的意含。

• **经济学**视角看待艺术作品则集中关注其经济内涵——即与财富相关的作用和关系。经济学分析往往借鉴马克思的下述论点：阶级是一切人类关系和人类活动中的制约因素；这种分析既探究作品的意念，也考察其内容：这件作品描述了不同阶级的人，表示了财富的分配，因此它是富人们为展示权力而产生的。

• **历史学**视角也许是各种视角中包容性最强的视角，因为它可以容纳关于心理学、宗教和经济学论题的阐释，还包含有关不同时间和地点之阶级和性别的问题。历史学视角要求充分理解当时的重大事件以及它们如何影响个人并塑造文化。《人文通识课》在考察艺术和文化时经常采取历史学的视角。

分析词汇

某些术语和概念对于任何艺术品的分析来说都至关重要。

• **观众**（audience）是一件艺术品、建筑物、文学作品、戏剧、电影或音乐作品展示的对象群体。观众可以是单个的人，也可以是一小批人，还可以是一群具有共同兴趣或同等学识的专门人群。

• **布局**（composition）是在某件作品中各组成要素的安排。在音乐中，布局被称为"作曲"，指的是作品创作的过程。

• **内容**（content）是作品的题材；内容可以来源于神话、宗教、历史、现行事件、个人经历，以及几乎所有在艺术家看来合适的观念或情感。

• **背景**（context）是艺术作品产生的环境，其特定的时间和地点。背景包括当时的政治、经济、社会和文化状况；也可包括影响艺术家观念形成的个人条件和境况。

• **惯例**（convention）是一种得到普遍认同的习惯、手法、技巧或形式。比如十四行诗（sonnet），即是一种具有某些特定音韵格式、共分作十四行的诗歌。一首诗如果不遵循这种形式惯例就不是十四行诗。剧院的惯例是"愿意保留怀疑"：我们知道我们眼前正在上演的事件并不真实，但我们同意在演出进行期间相信它们。

・**体裁**（genre）是艺术、文学、戏剧或音乐作品按照其风格、形式或内容所属的类型或类别。例如，在文学中，长篇小说本身就是一种体裁；短篇小说则是另一种体裁。在音乐中，交响乐、歌剧和器乐曲全都是不同的体裁。从文艺复兴时期起，体裁得到了仔细的分类；在某种特定的体裁内一旦有一件新作品问世，就会有一套确定的惯例。

・**媒介**（medium）是制作一件艺术品所用的材料——例如雕塑中所用的大理石或青铜，绘画中所用的水彩或油料。（这里所说的"媒介"英语为medium，其复数形式为mediums；当medium用来指大众传播媒体如电台或电视等时，其复数形式为media。）

・**风格**（style）是创作和表达中各种元素的集合，既指形式，也指内容。艺术家、艺术流派、运动和时期都各具自己的风格特色。风格通常由现有风格演变而来，但也会因回应一些被认为已没落或过度的风格而衍生出来。

・**技巧**（technique）指的是一项具体的创作赖以进行的系统程序。如果我们是在讨论一名舞蹈家的技巧，那我们也许是指他（她）跳跃和旋转的方式；而说一位画家的技巧，则可能是指他（她）用画笔在画布上作画的方式。

・**主题**（theme）是一件作品的主导思想，也即艺术家试图表达的寓意或情感。因此，主题乃是艺术家意念的体现。例如，在一部小说中，主题是一个抽象概念，要通过作品中的角色、情节、场景和其他一些语言及结构元素来加以充实。

除了上述这些一般概念和术语外，每一种艺术形式都有它自己的专门词汇。我们将在下面的文学分析、美术分析和音乐分析各节中介绍这些比较专业的术语。

文学分析

文学分析首先要考虑各种文学体裁和形式。一部文学作品可以用**散文体**（prose）写成，即使用平常说话和写作的语言；也可以用**诗歌体**（poetry）写成，即采用比较富于想象、也比较精炼的表达方式，它通常的特征是合乎格律、富有节奏并且押韵。诗歌体的部分效果来自词语的发音，它们往往最适合于高声朗诵。散文体作品通常分为非小说类（nonfiction，论文、传记和自传）和小说类（fiction，短篇小说和长篇小说）。

在文学中，体裁既可指形式——散文、短篇小说、长篇小说、诗歌、戏剧、电影剧本、电视剧本，也可指同一种形式内的特殊类型——悲剧、喜剧、史诗、抒情诗等。

- 悲剧（tragedy），按亚里士多德（Aristotle）的说法，必须有一个悲剧主人公——一个地位很高的人物，他将因自己过分的骄傲（傲慢，hubris）而沉沦；他不一定在剧尾死掉，但他的伟大所赖以维系的一切都将失去。
- 喜剧（comedy）是一个情节复杂、搞笑的故事；它通常的结局是皆大欢喜。
- 史诗性（epic）的诗歌、小说或电影篇幅相对来说都比较长，它们将详细叙述一位英雄的生平或一个民族的辉煌历史。
- 抒情（lyric）诗歌是比较短的、主观性的诗歌，一般是表达一种非常强烈的个人情感。大体而言，史诗是讲述一个故事，而抒情诗是表达一种观念或感情。
- 主题（theme）是作者希望传达的寓意或情感。在论文中，主题明确地表述成论题：即文章将予以证明或佐证的观点或结论。在小说或戏剧中，我们则根据内容和思想及意象的发展来推导出主题。
- 情节（plot）在小说中是故事的展开。一部小说会有一个主线情节，小说的主题将围绕主情节表达出来，而其他一些次要情节则与次要的（或甚至是三等的）主题相关联。我们可以看情节如何贴切地印证主题来对情节作评价。
- 角色（characters）使主题集中表现在人的身上，或者说由人来体现出主题；他们推动情节发展，同时也受情节的影响。一部作品的主人公，即主角，随情节的戏剧性发展而变化，因此他（她）是一种动态角色；而静态角色则在整个故事中保持不变。反角是一个与主角完全对立的角色。一些角色是脸谱性角色，代表一种类型的人群而非单个的人。
- 场景（setting）是故事所发生的背景。它将包括地理位置、角色生活在其中的（政治、社会和经济）氛围、故事发生的历史时代，以及当时、当地和时人的文化、习俗。
- 叙述者（narrator）从他或她的角度来讲述故事或诗歌。叙述者不一定就是作品的作者本人。叙述者（或**讲述声音**[narrative voice]）可以像作品的其他任何元素一样接受检验和分析。如果叙述者似乎无所不知且不受时间或地点的限制，那么这部作品便是采用一个全知视角。这类的叙述者向我们讲述书中每个人物正在思考、感受和做的事情。如果叙述故事的角度是某个角色，他或她只讲述自己知道或看到的事情，那这部作品就是采取第一人称的视角。这类的叙述者受其自身理解的限制。故而，要评判故事叙述得有多准确和完整，我们就需要对叙述者作一认识。

对一部戏剧（无论是舞台剧还是电影）作文学分析不仅要考虑上面已经提及的诸要素——主题、情节、角色、场景、语言等等——还要顾及戏剧形式所特有的技术考量。关于舞台剧，技术考量将包含导演的工作（导演负责诠释剧本并指导演员），以及舞台设计、灯光和音响设计、服装、化妆等等。关于电影，技术考量将包括导演、剪辑、摄影、音乐、特技效果等等。

现在我们举一首莎士比亚的诗作为例子，看一看应如何对它进行分析，以便加深我们的理解。把握一首诗歌的含义并评价其表达情况被称作阐释（explication），该词源自法语词explication de texte。阐释是对一首诗歌之意义的详细分析，集中考究其叙述声音、场景、韵味、格律、词藻和比喻。阐释首先探讨关于全篇诗作的最明显的东西，然后再对诗歌的各个方面作更细致的考察。

威廉·莎士比亚（1564—1616年）不只是一位伟大的剧作家；他也是一位伟大的诗人。他的作品既描绘了他那个时代的物质和精神状况，也揭示了我们今天仍然认同的人类情感、动机和相互关系。从这个意义上来说，莎士比亚的作品最好地体现了艺术之美的普遍性，也即艺术作品与观众之间的经久联系。

莎士比亚的十四行诗是他最独特的作品。学者们对于下述问题有着意见分歧：它们是一般的爱情诗还是专门献给某一个人的？如果是后一种情况，那会是献给谁的？从形式上来说，英语式的（或莎士比亚式的）十四行诗是一种分成十四行的诗歌，其中包含三个各分四行的节，每一节有其自身的韵律；另外还有一个两行的结尾节，对前面的各节作一批注。莎士比亚式十四行诗的音韵格式为abab cdcd efef gg；也就是说，每一节的第一行与第三行押韵，而第二行与第四行押韵，但各节之间的尾韵并不相同；最后两行则韵尾相同。

大部分莎士比亚式十四行诗的韵律是抑扬格；也即每一行有五个韵脚（所谓"五音步"[pentameter]），每个韵脚都由一个抑扬格组成，即一个轻音节跟一个重音节（如alone）。以下一句就是抑扬格五音步诗句的典型："My mistress' eyes are nothing like the sun"（我情人的眼睛绝不像太阳）；每个韵脚都含一个轻音和一个重音，共五个韵脚。不押韵的抑扬格五音步句——莎士比亚剧本中大部分台词的句式——则被叫做**无韵体**（blank verse）。

十四行诗第130首（"我情人的眼睛绝不像太阳"）不仅说明了十四行诗的

格式，也清楚展示了莎士比亚的睿智和他对待当时某些惯例的态度。这首诗最初是用伊丽莎白时代英语写成的，这种英语的文句和发音都与现代英语颇为不同。我们用现代英语对它作了改写，这种改写是今天人们对待莎士比亚作品惯常的做法。

十四行诗第130首

我情人的眼睛绝不像太阳；
即使是珊瑚也远比她的朱唇红亮；
雪若算白，她的胸膛便算褐色苍苍；
若美发是金丝，她满头黑丝长。

曾见过似锦玫瑰红白相间，
却见不到她脸上有这样的晕光，
有若干种香味叫人闻之欲醉，
我情人的口里却吐不出这样的芬芳。

我喜欢聆听她的声音，但我明白
悦耳的音乐比她的更甜美铿锵；
我承认我从没有见过仙女的步态，
反正我爱人只能在大地上徜徉。

老天在上，尽管有所谓美女盖世无双，
可我爱人和她们相比，却也旗鼓相当。

　　由于诗人的意图可能不那么直白，有必要对诗句作逐行逐节的注释，那样才能向读者指出诗作的主题和诗人的寓意。因此我们这就来对诗句进行解释：

我情人的眼睛绝不像太阳，
　言者情人的眼睛并不明亮。
即使是珊瑚也远比她的朱唇红亮；
　她的嘴唇不是很红，肯定不像珊瑚那样红。
雪若算白，她的胸膛便算褐色苍苍；
　她的胸膛斑斑点点，不像雪那样白。
若美发是金丝，她满头黑丝长。
　她的头发是黑色的（不是那种在当时通常被视为美丽典范的金黄色，即诗人用来指称女子头发的"金丝"）。

曾见过似锦玫瑰红白相间，
却见不到她脸上有这样的晕光，
　她的脸颊不是玫瑰色的。
有若干种香味叫人闻之欲醉，
我情人的口里却吐不出这样的芬芳。
　她的呼吸不像香味那样甜美。

我喜欢聆听她的声音，但我明白
悦耳的音乐比她的更甜美铿锵；
　她的声音听起来不像音乐那样悦耳。
我承认我从没有见过仙女的步态，
反正我爱人只能在大地上徜徉。
　尽管言者从没见过仙女走路，但他知道他的情人不像
　人们想象的仙女走路那样在地上飘浮，而是同所有
　凡间女子一样，在地上行走。

老天在上，尽管有所谓美女盖世无双，
可我爱人和她们相比，却也旗鼓相当。
　他的情人像任何被虚幻的诗一般比拟赞美的
　理想化女子一样，是罕有的珍品。

　　请记住，分析一首诗时我们要提这样的问题：诗作的主题是什么？诗人的意念是什么？莎士比亚怎样通过具体的比喻来表达他的要旨？从作过注释的诗句来看，叙述者显然是在宣称：他爱的是一位脚踏实地的纯真女子，而不是一个需要远远崇拜的、可望不可即的梦中情人。他对她的感受完全不受一些理想式品质的影响；他所爱的品质正是那些令她显得是一个实实在在的人的东西。

　　仔细考究每一行诗句有助于看懂诗作的音韵格式（abab cdcd efef gg）和韵律（抑扬格五音步），从而也就可以搞清诗歌的格式（十四行诗）。对诗歌形式要素的阐释还将包括探究其言语运用（例如词汇选择、比喻、排比和隐喻等）、叙述声音的语气等。

　　为理解诗歌的背景，我们应考虑以下这些东西：时代的文化氛围（"宫廷爱情"是不是流行的文化主题？）；当时通行的写诗习惯（许多其他诗人是不是在宣扬他们对理想化女子的永恒爱情？）；政治、社会和经济状况（伊丽莎白女王时代英格兰的妇女能够发挥什么样的作用，其角色发生什么样的变化？

伊丽莎白女王可能会对诗人的观念产生什么样的影响？莎士比亚对他所处的社会作了什么样的评价？）。

最后，我们可能还需考虑，我们对这首诗作情感内涵的发掘究竟有多可靠和准确、在多大程度上接近真实？莎士比亚所作的评价与当今时代有无关联（在我们这个时代，大众媒体向我们提供的女性美之典范几乎是一种无法企及的标准）？

美术分析

正如作文学评论一样，在作艺术评论时知道一些特殊的术语也有助于我们"说内行话"。我们在这里介绍一些前面已讨论过的术语（如媒介和技巧等）以外的词汇。这些词汇适用于所有的视觉艺术，包括绘画、雕塑（即把诸如树木、石头或大理石等材料塑造成三维立体艺术品的艺术）和建筑（即设计、规划和建造通常为人类居所之结构物的艺术和科学）。对建筑的评论还需注意到艺术手法与实用价值（即结构物如何良好地服务于其建造宗旨）之间的融合。

- **表现性艺术**（representational art）忠实于人类的感知，表现一种与肉眼所见大致相同的世界之景象。
- **透视**（perspective）是表现性艺术的一项重要惯例，也即在二维平面上显现的景深和距离。
- **抽象艺术**（abstract art）表现一种看待世界的主观意念，也即艺术家的情感或思想；一些抽象艺术仅仅为艺术本身而展现色彩、线条或形状。

视觉艺术的形式要素包括：

- **线条**（line）是艺术家用铅笔、钢笔或画笔勾勒的标记，它们或直或弯、或粗或细、或明或暗、或薄或厚。
- **色彩**（color）是自然界中的颜色在艺术作品中的运用；根据它运用的情形，色彩可以加强也可以歪曲表现在视觉形象中的真实感。基本的色彩有红蓝黄三种，辅助的色彩则有橙色（系红色和黄色的混合）、绿色（系黄色和蓝色的混合）和紫色（系绿色和红色的混合）。
- **布局**（composition）是艺术家对其作品内容的安排。艺术家往往通过布局来控制观众视线移动的方向和顺序，他们凭借布局引导我们以特定的方式来观赏其作品。
- 一件艺术品的**场景**（setting）是表现性作品所绘事物的时间和地点，

确定场景的手段是一些视觉暗示——如人物、他们的穿戴、他们正在做什么事情等。

新特色：解读艺术

在本次第七版中，我们引进了一个新的特色栏目"解读艺术"，它将帮助学生理解视觉艺术和建筑物。这个新特色采用了上述这些美术分析术语和类别，可用作使课文进一步融会贯通的工具。为此，我们制作了十二项"解读艺术"单元。我们的"解读艺术"特色遵循一种融形式分析法和背景分析法于一体的理解艺术品或建筑物的综合途径，为学生提供一个分析艺术品的样板，当他们无论是在本教材中还是在参观艺术馆和博物馆时看到任何艺术品，他们都可以

解读艺术

形式：垂直是主要的形式，就像在头骨上的垂直线，即头骨上的垂直裂缝，以及从上到下的黑色条带。头骨上的角呈水平线，因此形成了十字架的形状。

色彩：色彩是中性的——黑色、灰色、米色和白色色调。在头骨内部，更深的色调——棕褐色和赭色——使它从沉默的背景中突出出来。

场景：母牛的头骨唤起了新墨西哥州道师城荒凉沙漠的景观，这幅画是在那里创作的。

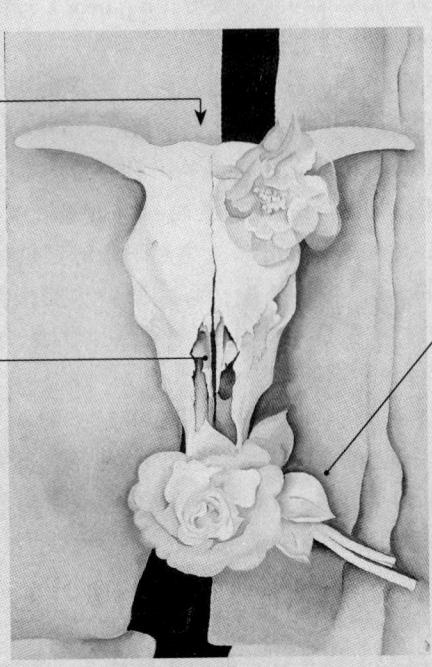

宗教观点：文艺复兴时期艺术家使用人的头骨使观者意识到自己的必死性，在这里，母牛的头骨暗示了沙漠的残酷本性。

心理学观点：整体的氛围是沉思的。不协调的一对物件——母牛的头骨和人造花朵——令观者想起生与死、美与丑、艺术与自然之间的亲密关系。

深度知觉：这幅作品的表面是空洞而单调的，这是现代主义艺术的典型特征。头骨显现为飘浮在前景之中，同时，黑色条带仿佛通往一个远离观者的神秘空间。

奥治亚·奥基夫：《母牛头颅与白绢玫瑰》。帆布油画。92.2×61.3 厘米。1932 年

乔治亚·奥基夫对自然的热情源于她在一个威斯康星农场上度过的童年。她成熟的艺术风格混合了现实主义和抽象概念。她的艺术标志在这里显现为：对来自自然的一件物品进行抽象，然后她通过她的内心视野进行绘画。

运用这种样板。为了展示这个新特色，我们提供了以上范例：乔治亚·奥基夫（Georgia O'Keeffe，1887—1986年）作于1932年的《母牛头颅与白绢玫瑰》（*Cow's Skull with Calico Roses*）。

同学们请注意：上页这幅插图中使用的六个类别仅仅是"有此一说"，而非什么定式。前述列表中的其他一些分析术语也能够（且也应该）被用来分析这幅奥基夫的画作以及学生们在其学习中遇到的任何其他艺术品。

音乐分析

如同文学和艺术一样，音乐也有其自己的术语，我们分析作曲时需要熟悉这些术语。

- **圣乐**（sacred music）是指宗教音乐，如格里高利圣歌（Gregorian chant）、弥撒曲（Masses）、安魂曲（requiem）、清唱套曲（cantata）和赞美诗（hymn）。
- **世俗音乐**（secular music）一词所指的音乐包括交响乐、歌曲、歌剧、舞曲和其他一些非宗教音乐作品。
- **声乐**（vocal music）是可以吟唱且一般有歌词的音乐。
- **合唱音乐**（choral music）是由一群歌唱者演唱的声乐。
- **器乐**（instrumental music）是为乐器创作和用乐器演奏的音乐。
- **形式**（form），在音乐中，形式是指作曲家在音乐创作构建或编排要素的特殊方式。音乐形式包括交响乐、歌曲、协奏曲、弦乐四重奏、奏鸣曲、弥撒曲和歌剧等。
- **音调**（tone）是一个特定音高的音乐声响（音高程度由该声响所产生的波长频率决定）。音调一词也可以指一种声音的质量，也即音质。
- **音阶**（scale）是一组由低到高（或由高到低）排列的音调（或音符）模式。现代的西洋音阶就是人们熟悉的哆、来、咪、发、嗦、啦、西、哆，每个音调之间相差半度。在其他一些文化里，音阶中的音调或多或少，各不相同。
- **节奏**（tempo）是音乐行进的速度快慢，通常由作曲家设定或建议。
- **音色**（texture）是指用来演唱或演奏一件音乐作品的嗓音或乐器之数量和质地，以及这些嗓音和乐器组合的方式。在音乐中，主题是指一个独特的音乐观念，它是一首曲子作曲或演奏的基础。
- **旋律**（melody）是一组音乐调子的连续组合，通常在乐谱线上能体现出自己的特点，构成独特的音乐形态，并且有明确的节拍（即轻重拍子的循环变换）。

· 和声（harmony）是两个或两个以上音调的同时组合，产生一种和音。和声更多地用来指一件作品的和音特点以及各个和音之间相互作用的方式。

了解了上述这些基本知识之后，我们就来考察一首非常著名的音乐作品，乔治·格什温（George Gershwin，1898—1937年）的《蓝色狂想曲》（*Rhapsody in Blue*）。即使你不知道这首乐曲的名字，你也很可能听过它。它曾用在一些广告里，也曾被用作许多部电影（包括《幻想曲2000》[*Fantasia* 2000]）的背景音乐；它还是纽约市形象的典型伴奏曲。

现在想象一下，你正端坐在一个音乐大厅里倾听一支交响乐队演奏这首乐曲（可能是一支擅长演奏比较流行的古典音乐的流行乐队）。当听一首新乐曲或是一首你不怎么熟悉的乐曲时，最好是专心试着去感觉乐曲总的基调和特征——也即集中精力去体会创作者的意念。作曲者试图表达什么样的情感和思想？作曲者运用什么音乐成分来表达他的意念？

首先，你会注意到，《蓝色狂想曲》是为小型乐队和钢琴独奏谱写的。人们一般会认为，小乐队和钢琴独奏这样的乐器组合将演奏一首古典的钢琴协奏曲（所谓协奏曲是指一种由一件或几件乐器及一个管弦乐队演奏的乐曲，其趣味主要来自独奏与合奏之间的对比）。但是，《蓝色狂想曲》的起始音调表明它超越了古典概念：首先是一个低沉的单簧管独奏音，然后像是一连串声音的"斑点"一样迅速顺音阶上扬，最后到达一个高音调，稍稍延续之后又下降成一段欢快的Z字形旋律，这段旋律成为全曲主旋律之一。接着，乐队其他乐器加入进来，弦乐和管乐重复前面的旋律，随后再插入一段钢琴独奏。在全曲中，钢琴和管弦乐始终交替行进、组合，弹奏出美妙的旋律，产生一种变幻多端、色彩斑斓的音色。乐曲的丰富多彩也来自于用不同的配乐演奏主旋律和曲调：先是用飘忽柔和的小号，接着用甜美的小提琴独奏，随后是弦乐组或是铜管乐组华丽的合奏。

你也会注意到不断的节拍变化，时慢时快，几乎显得这部乐曲是即兴发挥之作。复杂的、时而被切分的、节拍较弱的节奏，使这首曲子有一种爵士乐的感觉，而其曲调的组合则让人想起布鲁斯乐，布鲁斯乐的风格是调子"低沉"，也即音高略低，产生一种独特的音色和基调。这首乐曲的总体感觉是欢快、兴奋而昂扬的，表现一种人来人往的城市繁忙景象。它也许还会让你想起你在午夜电视上看过的弗雷德·阿斯坦（Fred Astair）和琴吉·罗杰斯（Ginger Rogers）的电影——情节曲折、滑稽幽默，有时也很典雅——而事实上，格什温的确为他们的几部电影谱过曲。

从这首乐曲的标题中我们能获知些什么呢？音乐作品往往通过标题来表明自己的形式（如"第五交响曲"、"D大调小提琴协奏曲"等）。狂想曲是一种不规则的作曲形式，具有很强的即兴特点。虽然你可能在《蓝色狂想曲》中听到了主旋律、复奏乐或回声乐，但你或许无法听出像在古典奏鸣曲或交响曲中会显得很清晰的那种正规曲式。狂想曲一词也表示了狂热、欣喜、极乐和癫狂的意思——或许这就是乐曲第一段高昂的小号音要表达的情感。另一方面，蓝色一词则表示了布鲁斯乐的忧郁。这两个术语连在一起产生的不和谐——就像音乐中的融合和反差一样——引发了一种强烈的张力，它引起了我们的好奇心，并增强了我们的兴趣。

在对《蓝色狂想曲》作上述这些评论之时，我们已经在注意音乐作品中的许多形式要素了，而且也回答了可能针对任何乐曲作品都会提出的问题：作品的形式是什么？作曲家选择了什么样的乐器配奏谱？作品的主旋律是什么？运用了什么节奏？乐器或噪音如何协调出音色？作品的总基调是什么——欢快？悲伤？平静？狂放？还是某种融合？

现在，在你想象的音乐会上，或许摆放着节目介绍，上面写有演奏曲目的一些背景资料。你会得知，乔治·格什温是一个才华出众、深受古典音乐熏陶的钢琴师，他15岁时离开学校，前往纽约市锡盘巷（Tin Pan Alley）工作，这个区里有许多艺术家谱写并发表流行歌曲。格什温谱写《蓝色狂想曲》（1924年）的用意是想把古典音乐与流行音乐糅合起来，将激情和爵士乐风格注入一部交响乐曲。许多听众在这首乐曲中"看到"和"听到"了纽约市的景象。格什温创造了他自己特有的风格，即节奏、旋律及和声的快节拍融合，这种融合虽然也遵循某些作曲规则，但却给人以即兴发挥的印象。他以他别具一格的风格继续创作，谱写了一些音乐剧和一些比较严肃的曲子（如歌剧《乞丐与荡妇》[*Porgy and Bess*]），并为一些好莱坞影片作曲。这类信息可以帮助你着手将《蓝色狂想曲》与同时代的其他作品和格什温自己的其他作品进行比较。正如在任何分析中一样，把形式和内容结合起来考察将使你对作品的阐释和理解更加丰满。

结论

以上三项简要的分析将使你了解如何采用建设性的方式接触文学、艺术和音乐。如果我们花时间去作更仔细的考察，我们就能领略我们文化中的诸多伟大作品。这一论断将引导我们面对另一个问题：是什么让一件作品显得"伟大"？为什么一些艺术品过了很长时间还依然受人重视，而另一些作品在竭力博取了"一时轰动"之后很快就被人遗忘？这些问题在历史上一直被人讨论。一个答案是：伟大的艺术反映了人类经验的某些真谛，这些真谛跨越几百年传到我们这里。莎士比亚的言语、乔治亚·奥基夫的绘画、乔治·格什温的音乐具有超越当时风格的普世性。伟大的艺术也丰富我们的心灵，使我们感到我们比以前分享了更多一些的人类经验。

你无论是一位研究西方人文的学者，还是一名普通的观众，都有机会去欣赏和理解艺术。虽然美学分析具有正规的学术研究性质，但它终归是一种个人的努力。当你仔细玩味一件创造性作品，探究创作者的意念并评价该意念的展现情况，你便通过理解丰富了你对作品的鉴赏，并把你最初对作品的情感反应深化为一种完满的理智。就像20世纪的作曲家阿诺德·勋伯格（Arnold Schoenberg）曾写的那样，"你从一件作品中得到的东西，大约就是你自己能够赋予这件作品的东西"。本篇入门旨在帮助你学会如何让你自己尽量融入艺术作品中去，如何用智力上的理解来修缮你主观上的欣赏。掌握了这些工具之后，你就不必说，你对艺术知道得不太多，只知道喜欢些什么；相反，你将能够说，你懂得你所喜欢的东西。

目 录

前言　1
导言　为何学习文化史？　7
人文知识入门：如何理解艺术　14

第1讲　早期文艺复兴：回归古典之源，1400—1494年 …………………… 1
 1.1　文艺复兴：各派的解释　1
 1.2　早期文艺复兴时代的历史和风俗　2
   文艺复兴早期的意大利城邦　2
   佛罗伦萨：文艺复兴的中心　4
   复元的教廷，1450—1500年　7
   国际事态　8
 1.3　早期文艺复兴的精神和风格　9
   人文主义、学校教育和学术成果　9
   思想和哲学　12
   建筑、雕塑和绘画　16
   音乐　39
 文化关键词　41
 批判性思考提问　41

第2章　文艺复兴盛期和早期矫饰主义：1494—1564年 …………… 45
 2.1　近代主权国家的兴起　46
   争夺意大利的斗争，1494—1529年　47
   查理五世和哈布斯堡帝国　49

2.2 经济扩张和社会发展 51
   人口统计、经济繁荣和全球性世界的开始 52
   技术 52
   科学和医学 54
2.3 从文艺复兴盛期到早期矫饰主义 55
   文学 57
   绘画 63
   雕塑 77
   建筑 80
   音乐 85
文化关键词 88
批判性思考提问 88

第3章 北方人文主义、北方文艺复兴、宗教改革和晚期矫饰主义：1500—1603年 …… 91

3.1 北方人文主义 92
3.2 北方文艺复兴 95
   北方文艺复兴时期的思想与科学 95
   北方文艺复兴时期的文学 98
   北方文艺复兴时期的绘画 102
3.3 基督教的分裂：宗教改革的根源 110
   新教秩序 111
   反宗教改革运动 121
   回应宗教歧见的战争，1520—1603年 124
3.4 晚期矫饰主义 125
   西班牙绘画 126
   西班牙文学 129
   意大利晚期矫饰主义绘画：丁托列托 130
   16世纪晚期意大利和英国的音乐 131
文化关键词 134
批判性思考提问 134

第4章　巴洛克时代Ⅰ：魅力与夸张，1600—1715年 ………………… **137**

4.1 专制主义、君主政体和势力均衡　139
　　法国：专制主义的极端例子　140
　　英国：从君主制到共和制再到有限君主制　141
　　巴洛克时代的战争：维持势力均衡　144
　　技术　146
4.2 巴洛克：国际性艺术风格的不同流派　149
　　华丽巴洛克风格　150
　　经典巴洛克　161
　　严谨巴洛克风格　165
　　文学　172
　　音乐　177
文化关键词　182
批判性思考提问　183

第5章　巴洛克时代Ⅱ：科学和政治思想革命，1600—1715年 ……… **185**

5.1 科学革命以前的宇宙理论　186
5.2 科学革命中的神秘因素和实践因素　188
　　天文学和物理学：从哥白尼到牛顿　189
　　医学和化学　195
　　技术　197
　　科学对哲学的影响　198
　　科学革命的讽刺和矛盾　201
5.3 政治哲学革命　202
　　自然法和神权：格老秀斯和波舒埃　202
　　专制主义和自由主义：霍布斯和洛克　203
5.4 欧洲的探险和扩张　207
5.5 对思想革命的反应　210
　　思想的传播　211
　　对艺术的影响　214
文化关键词　216
批判性思考提问　216

第6章　理性时代：1700—1789年 219

6.1 启蒙运动　221
启蒙思想家和他们的纲领　221
宗教　224
《百科全书》　225
重农主义者　227

6.2 理性时代的大国　227
社会：延续和变革　228
专制主义、有限君主制和开明专制　228

6.3 启蒙世纪的文化潮流：从洛可可到新古典主义　233
美术领域的洛可可风格　233
新古典主义的挑战　241
哲学　248
文学　251
音乐　256

文化关键词　260
批判性思考提问　261

出版后记　262

专栏目录

第1讲　早期文艺复兴
　　生活片段　性别之战，十五世纪的风格　10
　　遭　　遇　伊斯兰对欧洲文艺复兴的影响　14

第2章　文艺复兴盛期和早期矫饰主义
　　遭　　遇　葡萄牙人的探险为一个新世界的出现搭建了舞台　58
　　生活片段　美术家及其批评者：米开朗琪罗的策略　78

第3章　北方人文主义、北方文艺复兴、宗教改革和晚期矫饰主义
　　遭　　遇　土著人和新西班牙　114
　　生活片段　16世纪基督教欧洲的良心　117

第4章　巴洛克时代 I：魅力与夸张
　　生活片段　关于权力的两种观点　145
　　遭　　遇　日本接近闭关锁国　152

第5章　巴洛克时代 II：科学和政治思想革命
　　生活片段　有没有罪？一场17世纪的女巫审判　204
　　遭　　遇　贸易的力量　212

第6章　理性时代
　　遭　　遇　中国风：东方幻想曲　244
　　生活片段　如何推动制度变革　254

1 早期文艺复兴

回归古典之源，1400—1494年

从19世纪起，人们就习惯用**文艺复兴**（Renaissance，这是一个法语词汇，意思是"重生"）一词来指称在1300—1550年间的这段时期。这意味着这个时代的人们从中世纪之前寻找灵感。这个时代被看做"重生"，文艺复兴时期的人们回眸古典时代，而这个时代似乎也昭示了即将到来的现代世界诞生。文艺复兴是一个过程，而不是一个事件。因此对彼特拉克和薄伽丘的论述就已经开启了关于文艺复兴的讨论，而第2讲将探讨文艺复兴登峰造极的阶段。

1.1 文艺复兴：各派的解释

1860年，瑞士历史学家雅各布·布克哈特（Jacob Burckhardt）出版了他的名著《意大利文艺复兴时期的文化》。布克哈特试图从总体上全面把握文艺复兴的时代精神，他强调文艺复兴的主旨是个人主义、人文主义和古典主义。他认为

◀ 多纳泰罗：《大卫》。约1430—1432年。青铜，高1.58米。佛罗伦萨巴杰罗美术馆

历史分期表1.1　意大利文艺复兴的进程

1400		1494	1520		1600
早期文艺复兴			盛期文艺复兴	晚期文艺复兴	

文艺复兴把个人从中世纪的束缚中解放出来，这一时期的艺术不仅仅是满足审美的需要，更被看做是一种重要的对生活的表达。古典人文主义不仅仅是精英的尚古趣味，更重要的是提高了民众和国家的层次。几十年后，具有重要影响的艺术史学家潘诺夫斯基（Erwin Panofsky）说文艺复兴时期的人们"从一个固定的时间点上回顾过去"。他们认为自己与他们中世纪的先辈们是不同的，而更像他们想要模仿的古希腊和古罗马时期的人们。奇怪的是，文艺复兴后来却能推陈出新。

今天，人们普遍承认中世纪晚期或文艺复兴的几个世纪中在政治和经济方面几乎没有什么创新。陷于混乱之中的教会虽然遭到批评，但却依旧保留了很强大的力量。具有讽刺意味的是，虽然文艺复兴强调人文主义和古典主义，但文艺复兴时期很多伟大的建筑都是教堂。教士资助艺术家，而宗教仍然是大多数艺术作品的主题。毫无疑问，知识和艺术生活得到一些发展。不过文艺复兴时代的创新源于传统和变革两种力量的微妙的混合。（历史分期表1.1）

1.2　早期文艺复兴时代的历史和风俗

15世纪的意大利史有两条主线。一是在几个意大利城邦中有大量的富有破坏性后果的争斗，有时这些争斗也有建设性后果。另外是这一时期发生了一系列国际事件，这些事件对意大利主要具有负面影响。这一时期的意大利在战争、政治冲突和经济动荡中诞生了十分辉煌的文化成就，这让人思之不觉兴趣盎然。

文艺复兴早期的意大利城邦

在文艺复兴早期，有5个意大利城邦争夺控制权：威尼斯共和国（Republic of Venice）、米兰公国（Duchy of Milan）、佛罗伦萨共和国（Republic of Florence）、教皇国（Papal States）和那不勒斯王国（Kingdom of Naples，地图1.1）。其他一些小城邦，如费拉拉（Ferara）和摩德纳（Modena）等艺术和知识中心，发挥着相对较小但十分关键的作用。在15世纪的前半期，意

地图1.1 文艺复兴时期的意大利诸国。约1494年

这幅地图显示了早期文艺复兴时期意大利的诸多国家和公园。1.思考每个国家的大小如何影响了它们在争夺意大利半岛的领导权的角色。2.注意北部的国家数目相比之下比南部多出许多。3.同时注意四种政府形式——公国、共和国、王国和教皇国。4.辨识意大利国家系统中的主要港口。5.什么样的地理优势使教皇国在意大利政治中形成一股力量?

大利城邦相互之间征战不息，当时机有利便转换敌友。

战乱频仍和经济动荡为独裁统治者的出现创造了条件，这些独裁者被称做"僭主（signori）"，系出自统治家族或精英集团的人物。这些独裁者利用各地区经济和阶级矛盾，宣称要解决这些问题，在此过程中，他们逐渐把权力抓到了自己手中。在13、14世纪中由行会、商业领袖和中产阶级发挥的影响让位于这些暴君，这样，威尼斯、米兰和佛罗伦萨等地伟大的中世纪共和主义传统便归于终结了。

在僭主的统治下，战争方式也发生了改变。技术的发展改进了武器装备，战争由队长（condottieri）率领的雇佣军进行，这些雇佣军乃是一些将军事经验出卖给最高出价者以求发财致富的士兵。文艺复兴时期战争最意义重大的变化是外交成为武力之外的选择，这种做法逐渐扩展到了整个欧洲大陆。意大利城邦开始向其他国家派出代表，由这些外交官商谈和约很快成为一种惯例。在动荡不宁的15世纪，这些和约很少能维持长久，但"洛迪和约"（Peace of Lodi）是个重要的例外。这项防御性协定由米兰、佛罗伦萨和威尼斯于1454年签订，它建立了一种精致的均势状态，确保了意大利40年的和平。

但是，在意大利城邦被其他欧洲国家超越以前，上层家族依然享用着前所未有的财富，他们用这些财富来培养自己在文学和艺术方面的品位，并因此对早期文艺复兴文化产生了重大影响（参见插图1.1）。这些家族对文化事业造成巨大影响的一个原因在于，他们十分看重家族的声望，努力将族中男孩培养成能够担当起注定要担当的家族事业首领之角色，把女孩调教得能够充当王家后妃和成功的持家者（参见插图1.2）。地方统治者或豪门望族（grandi）的府第成为有教养男子（偶尔还有女子）能够交流思想和探讨哲学话题的场所。

尽管妇女的地位并没有多大的提高，但比以前多得多的女子受到教育。然而，如果她们的父母置办不起一笔上流社会所需的昂贵嫁妆，许多受过教育的女子往往便在女修道院里终了一生。少数可以在社会上独立发挥作用的妇女是那些年轻时就守寡的人。那些在公爵的宫廷里发挥政治影响的女人之所以有权有势是由于她们的家族联盟。这些女子中最有权势的一个是卢克雷齐娅·博尔贾（Lucrezia Borgia，1480—1519年），她是教皇亚历山大六世的私生女。这个在21岁前就结过三次婚的女子执掌了费拉拉的政事，她还赞助了许多作家和艺术家。但是，大多数试图弄权的妇女都发现难以如愿。

佛罗伦萨：文艺复兴的中心

在整个意大利出现的诸多艺术和学术活动中心中，托斯卡纳（Tuscan）地区的首府佛罗伦萨是意大利城邦中最出类拔萃的。1300年以后，佛罗伦萨

图 1.1 佩德罗·贝鲁格特（Pedro Berruguete）（？）:《费德里克·蒙泰费尔特罗和他儿子圭多巴尔多》（*Federico da Montefeltro and His Son Guidobaldo*），约 1476—1477 年。版面油画。意大利乌尔比诺马舍国立美术馆藏

蒙泰费尔特罗王朝统治时代的乌尔比诺从没有多少文化历史的沉睡的山区小镇转变成一个重要的文艺复兴中心。王朝的创始人费德里克是他那个时代最伟大的雇佣兵首领，1474 年被教皇西克斯图斯四世任命为乌尔比诺大公和教皇卫队队长。之后费德里克竭尽全力使乌尔比诺成为意大利文艺复兴城邦的典范。在这幅肖像画中，费德里克身穿教皇卫队的盔甲，坐在椅子上读一本书——象征着他既是一名战士，又是一名学者。这正是后来卡斯蒂廖内在《廷臣论》（1528 年）中所展现的思想。在大公的右腿边站着他儿子、也是他的继承人圭多巴尔多。圭多巴尔多身着精美的袍服，手持象征权力的权杖。费德里克的梦想随着他的儿子、蒙泰费尔特罗最后一位统治者执政而破灭。在乌尔比诺王朝，画家们结合了弗莱芒和意大利的艺术风格，这呈现在这幅双人肖像画中。左侧看不见光源的室内光线照明技法最早是由扬·范·艾克（Jan van Eyck）发明的；大公的侧面肖像画遵循了意大利的绘画实践，类似在像章上制作人头像的创作技法。这幅双人肖像画可能是西班牙第一位伟大的文艺复兴画家佩德罗·贝鲁格特画的，他曾在那不勒斯学习绘画，在返回故乡以前在乌尔比诺工作过不长一段时间。

的政体经历了从共和制到寡头政治再到家族统治的三阶段演变。但正是在这些政治动荡的岁月里，佛罗伦萨的美术家和作家使他们的城邦成了早期文艺复兴的中心（参见历史分期表 1.2）。

这个怀着政治平等之期望创始于 14 世纪的共和国，落入了一个富豪寡头集团之手。这个寡头集团由富裕的银行家、商人以及成功的行会会员和工匠

图1.2 多米尼哥·吉兰达约:《乔凡娜·德格丽·阿尔比齐·托尔纳博尼像》(*Giovanna degli Albizzi Tornabuoni*)。约1489—1490年。蛋彩和油彩(?)板面画,75×49厘米。马德里蒂森·波那米萨美术馆收藏(藏品目录第46号)

这幅乔凡娜·德格丽·阿尔比齐·托尔纳博尼(1468—1486年)的画像体现了家族、城市和教会的佛罗伦萨人的精神气质。她丈夫洛伦佐·托尔纳博尼出身佛罗伦萨的一个著名家族,委托制作此画以作纪念。这幅画可能是在他妻子死后制作的,根据家族记录记载,他非常敬爱自己的妻子,这幅画一直挂在他的卧室里,甚至在他再婚之后仍然如此。画像主人公的衣服上绣着字母L和钻石型花纹,这是洛伦佐及其家族的标志。胸针、珊瑚项链和祈祷书暗示乔凡娜有很高的社会地位和宗教虔诚。画的背景上有一条拉丁文警句"如果绘画不能描述行为和灵魂,世上就不会有好画了",这体现了文艺复兴把肉体和精神的完美同等对待的理念。这句话来自一首古罗马诗歌。

组成,他们的统治一直持续到15世纪早期美第奇(Medici)家族控制政权为止。从1434年到1494年,美第奇家族主导了佛罗伦萨的政治和文化生活,他们有时像暴君一样行事。

美第奇家族起自寒微。乔瓦尼·迪比奇·德·美第奇(Giovanni di Bicci de' Medici, 1360—1429年)通过银行业以及和教廷密切的财政关系为家族积聚了第一笔巨大的财富。他的儿子科西莫(Cosimo, 1389—1464年)扩大宗业并击败政敌,成为佛罗伦萨的无冕之王。他把钱财花在图书、绘画、雕塑和宫殿上,并自称"百姓之友",他最终被加封了"国父(Pater patriae)"的头衔,这是古罗马时代的一种头衔,文艺复兴时期又恢复使用了。

科西莫的儿子皮耶罗(Piero)只统治了很短一段时间就传位给他的儿子洛伦佐(Lorenzo),洛伦佐因其气派的生活方式被称作"豪华者"(the Magnificent)洛伦佐。洛伦佐和他的兄弟朱利安诺(Giuliano)控制了佛罗伦萨,

历史分期表 1.2

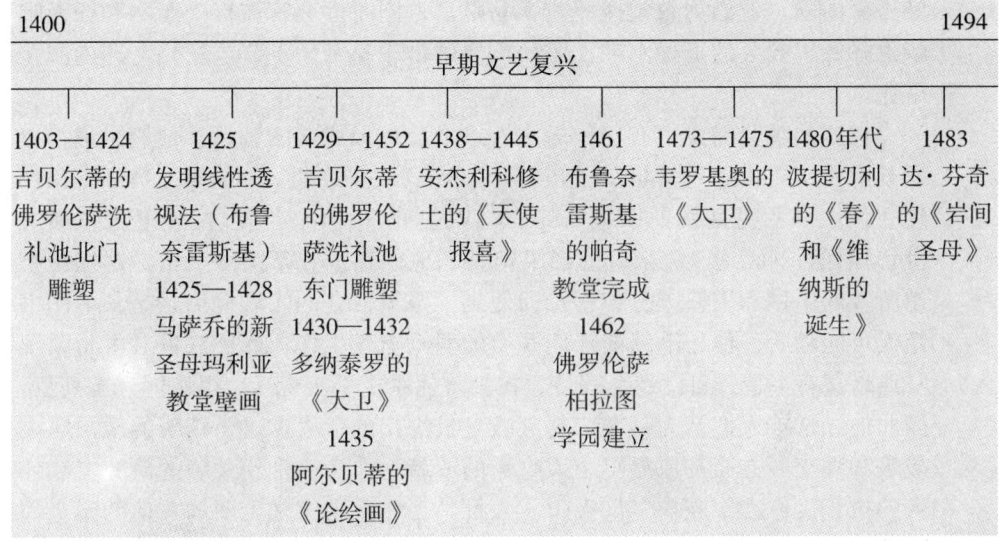

直到1478年朱利安诺被美第奇家族的对头帕奇（Pazzi）家族刺杀。洛伦佐残酷地处死了阴谋分子，此后在佛罗伦萨行使了14年的独裁统治。他虽然残酷，但在许多年中他却把佛罗伦萨一半的预算用来买书。

洛伦佐死后两年，佛罗伦萨的巨大权势和声望开始衰弱，轻快的早期文艺复兴精神逐渐消失。有两件事导致佛罗伦萨的精神和权威同步衰落。一是多明我会修士弗拉·萨沃那罗拉（Fra Savonarola，1452—1498年）领导的对佛罗伦萨市进行的反偶像崇拜讨伐。他反对美第奇家族的统治，想要恢复共和制政府。萨氏在他的地狱烈火般的布道中大肆抨击佛罗伦萨的统治者以及城邦对艺术的沉迷。他最终同教廷发生了冲突，被革除教籍并公开处死。尽管如此，他已对佛罗伦萨市民产生了巨大影响，其中包括画家波提切利（Botticelli）。据说,他在萨沃那罗拉改革热忱的激励下烧掉了自己的一些作品。第二个事件是1494年查理八世（1483—1498年在位）的法国军队入侵意大利带来了毁灭性后果。

复元的教廷，1450—1500年

1418年的康斯坦茨大公会议结束了教会大分裂的状态，四分五裂的基督教世界重新统一在罗马教皇领导下。到1447年，所谓的"文艺复兴教皇"执掌了大权，他们开始把注意力转移到巩固教皇国和在意大利城邦之争中保护自己的利益上。这些教皇同世俗的君主一样进行战争，一样在战争失败时开展外交活动。他们为教堂搜罗艺术品财富，同时教会官员接受贿赂和任人唯亲也降低了教会的道德水准。但最重要的是教皇赞助了文艺复兴时期的文化事业。

在这些教会君主中有三位最富有进取心也最成功的教皇，他们是尼古拉斯五世（Nicholas V，1447—1455年在位）、庇护二世（Pius II，1458—1464年在位）和西克斯图斯四世（Sixtus IV，1471—1484年在位）。尼古拉斯五世曾担任过科西莫·美第奇的图书馆长，他创建了梵蒂冈图书馆，这座图书馆所藏的手稿和书籍十分丰富，即便到了今天，它的收藏也仍然是其他图书馆无可匹敌的。他还继续前任们开始的罗马重建工作。庇护二世对古希腊罗马典籍富有兴趣，自己还会写诗，在教阶体系中平步青云，很快就升至高位，因此他经常被人们认为是文艺复兴教皇最杰出的代表。这个精明的政治家在战争和外交两方面都取得了令人吃惊的成就。作为一个新学识的研究者和伟大的拉丁文作家，庇护二世吸引了大批学者和艺术家来到罗马。他的亲笔回忆录，又叫《纪事》（Commentaries），丰富地展示了他自己以及他所处的那个动荡时代。西克斯图斯四世出身世家，他通过裙带关系安插亲友出任高位来提升自己的个人权势。他延续了把罗马建成世界上最华丽城市的教皇传统。他最伟大的成就是修建了西斯廷礼拜堂（Sistine Chapel），这座教堂中的装饰画是后来由波提切利、佩鲁吉尼（Perugini）和米开朗琪罗（Michelangelo）创作的。（参见第2讲）

国际事态

对意大利来说，1494年查理八世入侵最重要的后果是打破了长达40年的洛迪和平。他靠强迫获得了那不勒斯王国的不确定的王位继承权，1495年他加冕为那不勒斯国王。他对意大利北部的入侵在很大程度上得益于佛罗伦萨宿敌米兰的统治家族的纵容。

在意大利之外，有三个事件进一步降低了这一地区重新获得经济优势地位的可能性：1453年君士坦丁堡的陷落，在15世纪末葡萄牙开辟了绕经非洲前往印度的新航线，以及在西班牙资助下哥伦布的新世界航行。这些事件使国际贸易的重心从地中海转向大西洋。1453年君士坦丁堡落入奥斯曼土耳其帝国之手，暂时性地终结了地中海东岸市场和意大利城邦的贸易活动。与此同时，一些欧洲国家在他们所资助的广泛的全球探险活动的推动下，它们将自己的政治和经济利益拓展到欧洲大陆之外。在意大利城邦之中，唯有威尼斯设法适应了这一现实情况。

1.3 早期文艺复兴的精神和风格

文艺复兴早期的思想家和艺术家从古希腊罗马模范中汲取灵感，他们开始探究那些永恒的问题，诸如：人的本质是什么？人类和上帝的关系如何？什么是获致幸福的最佳途径？在这些问题上，他们尽管并没有直接拒绝基督教的解释，但却醉心于对希腊罗马传统的世俗和人文价值观念以及这些价值观对这些的回答。他们还直接宣称自己和某些14世纪的前辈有着深刻的渊源，比如作家彼特拉克（Petrarch）和美术家乔托（Giotto）。

这些被视为早期文艺复兴代表并体现早期文艺复兴精神的美术家、学者和作家通过相同的文化趣味和赞助人，与商业贵族、进步的中产阶级和教区教士联系在一起。在1450年前，大多数美术作品都是富裕的资助人为教堂里的家庭祈祷室和公共建筑物委托制作的，后来这些资助人也委托美术家为他们的私人住宅制作绘画和雕塑作品。

尽管美术家、学者和作家以他们新颖的观念给这个时代留下了烙印，但旧文化的某些特征依然存在。令人不安的世俗价值观念从人们习以为常的宗教思想中诞生，给社会带来了矛盾和紧张。另一方面，旧俗仍然强大，某些价值观念似乎对变化毫不敏感。例如，文艺复兴早期几乎没有在科学方面取得任何进展，同时，尽管城市阶层对艺术风格的影响日渐增加，教会赞助者仍然强烈地影响着艺术和建筑的变迁。

人文主义、学校教育和学术成果

受彼特拉克对拉丁文学和语言的兴趣启发，早期文艺复兴的学者们开始搜集、复制、传播和评论在修道院和教堂中发现的古罗马手稿。它们研究的重点从中世纪教会拉丁文学向西塞罗风格的纯粹拉丁文学转变，西塞罗是公元前1世纪古罗马的作家，他雄辩的文章为拉丁文建立了很高的道德和文学标准。几个世纪以来，那些能够被人了解的希腊作品都是通过拉丁译本的形式传播的。彼特拉克自己不懂希腊文，他资助了对荷马作品的翻译。不过，渐渐地一些古典文化研究者开始学习希腊文，并搜集和研究希腊文原著。在13世纪，这些学者们谈及自己的文学兴趣和这门新兴学问时，就称之为"*studia humanitatis*"。该词可以翻译成"**人文学**"，我们把这些研究者称作"人文主义者"。

如同它在文艺复兴时期被使用时一样，古典主义一词至今仍有歧义。它可以指对希腊、罗马古典文献的研究兴趣，也可以指对人文学科的兴趣：例如历史、修辞、诗歌、哲学。它还意味着与神学解释不同的向自然探究答案的文化倾向。为适应古典文化研究的需要，大多数意大利城邦中涌现出许多

生活片段

性别之战，十五世纪的风格

劳拉·切雷塔（Laura Cereta）
为妇女接受教育而辩护

在这封1488年1月13日写的信中，年轻的劳拉·切雷塔（1469—1499年）言辞激烈地回应了一个推崇她作品的批评者，此人觉得欣赏一位妇女的作品是纡尊降贵。她直截了当地对他提出了那个时代妇女对知识的需求。那时几乎没有女性人文主义者，文艺复兴运动的参与者几乎都是男性，让这些人感兴趣的也都是男性化的东西。

我对你的吹毛求疵感到厌烦。你不仅公然粗暴地质疑我竟然拥有与自然赋予最有学问的男人一样的智慧，而且实际上对此感到痛惜不已。你似乎觉得这么有学问的妇女在世界上从来没有出现过。你的这两个想法都错了……

相信我，如果你固有的粗暴敌意只是针对我个人的话，我本想对此表示沉默……但我不能容忍你攻击我的性别。为此，我热切的心灵渴望复仇，我安静的笔被唤醒作抗争，我狂暴的愤怒燃起了长期被沉默压抑的激情。我将用充分的理由来表明，聪慧贤淑的妇女以其天生的卓越才情赢得了多么伟大的声誉……

我只想再谈一下杰出妇女为何如此稀少的原因。原因很清楚：天生本该不平凡的妇女却选择追求一些琐碎次要的目标。例如有的妇女关注怎么分梳自己的头发，怎么穿着漂亮衣服，怎么用珍珠或其他珠宝点缀自己的手指。另一些妇女醉心于唱歌，沉溺于跳舞作乐或是豢养宠物。还有一些人一心想着丰盛的宴席，想着梦中偷闲，或是站在镜子前涂脂抹粉。但那些追求德行的女人，则从一开始就约束自己年轻不羁的心灵，思考更高尚事物，磨炼自己的身心，谨言多闻，将她们清醒的思维和认真的思考写成正义的文字。知识不是来自天赋，而是来自勤奋。自由的心灵并非逃避行动，而总是竭诚向善，求知欲望也总是越来越深、越来越广。因此造物主赋予我们（妇女）出众的才能决非出于任何特别的恩典。大自然对所有的人同等慷慨，向所有的人敞开了选择的大门，正是通过这些大门理性得以向人们传播真谛，而人们也得以了解并传达大自然的意愿。人的意志必须作出选择来实践理性的天赋……

你对我溢美太甚，为了表达你对妇女的轻蔑，你佯称我是唯一一位因碰巧天资聪颖而值得赞扬的……哦，世上最可鄙的男人，你是否觉得，我以为自己（像雅典娜那样）是从朱庇特的脑袋里生出来的？我不过是一名女学生，也有平常人一样心中压抑的怒火。我的确深受伤害，我受伤的心灵因愤恨、悲叹而跌宕起伏，我深感有责任捍卫我的性别。因为，毫无疑问，只要牵涉到我的性别，一切的一切——无论是我们妇女自身的还是我们身外的事物——都将变得脆弱不堪。

> **解读本篇生活片段**
> 1. 描述切雷塔回应她的批评者的方式。
> 2. 她把妇女分为几种类型？
> 3. 她如何描绘自己？
> 4. 据切雷塔所说，上帝赋予了女性哪些才干？
> 5. 比较和对比切雷塔和现代女性主义者的观点。

新的学校。在这些学校中诞生了旨在解放心智的文艺复兴教育理念，即博雅教育（liberal education）。

佛罗伦萨首相克鲁乔·萨卢塔蒂（Coluccio Salutati，1331—1406年）创建并赞助了很多学校，不过佛罗伦萨没有大学。他还亲自撰写文学作品、演讲辞以及历史著作来颂扬佛罗伦萨的历史。他奉西塞罗为圭臬，认为值得效仿的模范行为应该在家庭生活和公共服务方面，而不是忏悔和隐修。他还认为受教育的自由公民的精神得到解放才能创造人民充分发展的氛围。

之后不久，维罗纳的瓜里诺（Guarino of Verona，1374—1460年）强调学习纯正拉丁文和希腊文的重要性。他认为不断阅读和反思古典文本将会将其中的价值观灌输给当时代的人。他还强调修辞以及优雅和雄辩的语言艺术的重要性，而不是像中世纪那样强调逻辑和文法。

最后，维托里诺·达·费尔特雷（Vittorino da Feltre）作出了最为意义非凡的贡献。维托里诺提倡设立锻炼身心的课程，这种思想来自古希腊的学校。他的教育理论在他应曼图阿（Mantua）统治者之邀创建的学校中付诸实践。在这所被称作"快乐之家"（Happy House）的学校里，维托里诺把人文学研究引入到中世纪的课程中来。其中一个主要的创新是强调体育锻炼，这源自他强调培养品行的理念。最初，只有曼图阿贵族的子女才能上这所学校，但随着来自不同阶层的年轻人前来就读，该校的学生群体变得更加平民化了。维托里诺的改革慢慢地被引入到北方欧洲的一些新型城市学校中，这些学校注重培养拥有强健体魄、渊博知识和端正品行的全面发展的学生，它们的模式为未来的欧洲学校和教育奠定了基础。

试举这种教育的两个成果来说明它们所起的诸多重要作用。一位出类拔萃的人是列奥那多·布鲁尼（Leonardo Bruni，1374—1444年），他是身体力行的市民人文主义者代表，这些人认为受过教育的个人可以组成更好的公民共同体。布鲁尼一度出任佛罗伦萨"执政团"（signoria）的首席秘书，他同时为美第奇家族和教皇工作，他还写作了《佛罗伦萨人民史》（History of Florentine People）。这部著作把他的政治经验和古代历史知识结合起来，反映了他的人文主义价值观。布鲁尼研究历史其实是借古喻今。布鲁尼和其他一些人文主义者通过著书立说和参与政府管理活动为以后几代佛罗伦萨人树立了榜样，并向他们灌输了热爱自己城邦的激情。此外，通过扩展人文主义的概念，他们在方兴未艾的关于个人在历史和社会秩序中之作用的辩论中提出了一些新颖的见解。对文献和语言的兴趣在洛伦佐·瓦拉（Lorenzo Valla，1406—1457年）那里得到了完美的体现——这是维托里诺教育模式的第二个成果。瓦拉发现《君士坦丁赠礼》文书是伪造的，因为从其用词和文法习惯看它都不是在4世纪成文的。在中世纪，这份大约写于8世纪的著名文件时常被教皇当作他们对基督教世界政治权威的证据来引用。根据这份文件的条文，罗马帝国皇帝君士坦丁在他迁都往君士坦丁堡时把他的西方诸领地赠给了教皇，并承认他们在这些领地行使统治权。

思想和哲学

意大利人文主义者不满足于中世纪对一些永恒哲学问题的回答，因为这些回答没有超越亚里士多德的哲学和基督教的教条。文艺复兴思想家的研究更加开阔，他们接受了大量很多中世纪时代不为人所知的古代作者的影响。文艺复兴学者们开始提倡更宽容地对待非正统的宗教和哲学信念，一些文艺复兴的思想家开始强调个人的自我实现，而不是对社会和宗教的顺从。文艺复兴时期对个人的日渐重视引发了对人类本性的更乐观看法，随着时间的推移，这种观念导致了人们对基督教原罪思想的排斥。

从14世纪晚期开始，一部分在罗马、佛罗伦萨和威尼斯生活和工作的拜占庭学者为文艺复兴开辟了重要的新领域。这些担任希腊语教师的人们向意大利的第一代人文主义学者介绍了大量古代典籍，这些典籍在西方已经消失一千多年了。接着，在1453年君士坦丁堡落入奥斯曼土耳其帝国之手，一批拜占庭的学者、教师和知识分子携带无数珍本典籍逃到意大利。从那以后，人文主义者开始越来越关注古希腊的文学、语言，尤其是哲学。1462年，柏拉图的哲学在意大利找到了归宿，这一年，科西莫·美第奇在他邻近佛罗伦萨的一座别墅里创建了柏拉图学园（Plato Academy）。在这里，学者们聚集在一起研究和探讨柏拉图和新柏拉图主义者（Neo-Platonists）的著作，新柏拉图主义者对柏拉图主义（Platonism）的重新阐释，曾影响了早期的基督教教义。这个学院由杰出人文主义者玛斯里奥·斐奇诺（Marsilio Ficino，1433—1499年）掌管，科西莫曾委托斐奇诺把柏拉图的著作翻译成拉丁文。

在两本主要的论集中，斐奇诺把柏拉图的思想和基督教教义协调起来，他因此成为佛罗伦萨新柏拉图主义的主要代表。斐奇诺相信柏拉图主义来自上帝，他认为两套理想体系都建立在超自然权威的基础上，这成为他研究的出发点。同柏拉图一样,斐奇诺认为灵魂是不朽的,同时,要完全享受上帝带来的愉悦只有在死后灵魂进入超自然的境界才是可能的。费奇诺还复兴了柏拉图自由意志(free will)的思想。在斐奇诺那里,自由意志成为人类尊严的源泉,因为人可以选择爱上帝或是不爱上帝。

斐奇诺把柏拉图关于爱的学说当做新柏拉图主义的核心,他成为对早期文艺复兴最有影响的学者。他根据柏拉图主义,宣称爱是把所有人类联结在一起的神圣天赋。爱通过人们渴望和欣赏种种形式的美展现在人类的实践中。同性爱一样,柏拉图式的爱首先也是由被爱者的外在形体激发的,但它不满足于纯粹的物质享受,直到这种爱升华到最高精神层次方才止息。按照柏拉图主义的看法,人类精神成了灵魂渴望上帝的一种隐喻。许多文艺复兴的作家和艺术家深受斐奇诺新柏拉图主义的影响,接受了它的原则并把它们体现在自己的作品中。例如,山德罗·波提切利(Sandro Botticelli,1445—1510年)创作了几幅富有寓意的画,在这些画中,神圣的爱和美被表现为前基督教时代的一个形象——爱之女神维纳斯。(插图1.3)

图1.3 山德罗·波提切利:《维纳斯的诞生》。1480年代。帆布蛋彩画,1.8×2.8米。佛罗伦萨乌菲齐美术馆

借着波提切利的绘画,女性裸体形象自希腊—罗马时期以后再次出现在西方美术中。波提切利的维纳斯形象有多处模仿古典的痕迹,如维纳斯可爱的容貌以及她优雅的姿势。不过波提切利使用基督教诞生前的形象传递了基督教的信息,并体现了斐奇诺的新柏拉图主义的哲学理念。

遭遇

伊斯兰对欧洲文艺复兴的影响

基督教的欧洲和伊斯兰世界虽然在宗教上互不相容，但在1300—1600年的这一阶段，两者的确在文化艺术上相互借鉴。尽管这些借鉴对双方文化的发展影响并不很大，但对基督教欧洲来说，这种影响更大也更持久一些，在欧洲，伊斯兰文化帮助发展了文艺复兴时期的视觉艺术和装饰艺术，进而向所有领域扩展。

在意大利文艺复兴早期，欧洲和伊斯兰世界陷入了长达一个世纪的纷争。对基督教的欧洲来说，伊斯兰是异教信仰，他们的领导人发动不义之战，征服了如西班牙和圣地巴勒斯坦等一些基督教地区。对伊斯兰势力来说，基督教欧洲是拒绝接受穆罕默德启示的异教徒的大本营。

考虑到欧洲对伊斯兰奢侈商品的喜好，贸易为两者的文化交流提供了最好的机会。双方都从对方那里得到了极有价值的东西，相应地，也引发了彼此间的文化艺术交流。威尼斯开此种交流的先河，接着是其他意大利城市，再加上西西里和意大利南部地区，都投身这种交流活动。这些商业中心从奥斯曼帝国（1453年后）、埃及、叙利亚、伊拉克和波斯进口纺织品——丝绸、刺绣布匹和地毯——金属制品和其他奢侈品。

伊斯兰商品慢慢改变了欧洲有财有势之人的个人品味。例如，1003年，教皇西尔维斯特二世（Sylvester II）就是身着波

秦梯利·贝里尼（Gentile Bellini）：《穆罕默德二世》（*Mehmet II*）。约1480年。帆布油画，70.5×52.4厘米。伦敦国家美术馆

贝里尼画这幅画是为了威尼斯和奥斯曼帝国之间的外交目的。在一场战争之后，作为维持与威尼斯和平的一个条件，苏丹要求威尼斯派一位肖像画师来自己的官廷。贝里尼的这幅画将西方的技法——油画颜料、绘画对象在画中居于正中以及透视法——与伊斯兰风格——精心装饰的拱券、栏杆上垂下的华丽锦绣、头巾和缀有毛皮的长袍以及黑暗的背景——结合在一起。

斯丝绸制成的寿衣下葬的。伊斯兰陶瓷和金属制品享誉西方，在教堂里被用作祭祀用品，而那些把它们陈设在家里的人则借此提高自己的社会地位。皇室和贵族以及富有之家的房子的地面上铺设的不再是灯心草蒲席，而变成了手工地毯，土耳其和波斯风格的尤其受欢迎。

随着伊斯兰奢侈品日益普及，欧洲的装饰艺术开始模仿它们的风格。在陶瓷艺术上，意大利的工匠照搬了伊斯兰的器型和纹饰，如几何图案、阿拉伯式花饰以及模仿阿拉伯文写法的书法图形。威尼斯手工艺人模仿奥斯曼的造型和设计制作金属器、漆器和马鞍饰品。

在视觉艺术领域，画家们开始把来自进口伊斯兰商品上的装饰图案和设计引入他们的世俗和宗教作品——并将其作为财富和地位的象征。14世纪早期意大利画家开始了这个潮流，在他们作品中出现了地毯的形象以及一些装饰图案。其他人紧随这一潮流：例如，汉斯·梅林在其作品《有天使陪伴的圣母子》中，圣母和婴儿基督坐在宝座上，她们面前放着一块土耳其地毯，是一块"团花地毯"（wheel carpet）。

伊斯兰世界从西方借鉴的相对更少一些，仅限于一些奢侈品，如纺织品，包括来自佛罗伦萨的天鹅绒和镶金银线与珍珠的衣料，以及来自威尼斯的未经装饰的玻璃杯，杯子将按照伊斯兰风格装饰完成。不过，伊斯兰和西方世界之间最重要的一个文化交流是在这一时期出现的：威尼斯画家贝里尼画的征服君士坦丁堡的奥斯曼苏丹默罕默德二世（Mehmet II，1444—1446年及1451—1481年在位）的肖像画。文艺复兴风格被伊斯兰世界知之甚少。因此这幅画具有里程碑意义，因为它把西方的文化观点介绍到奥斯曼宫廷和奥斯曼帝国小肖像画家的工作坊。

读"遭遇"，学知识

1. 为什么欧洲和伊斯兰世界在文艺复兴时期彼此持有负面印象？
2. 比较和对比1300—1600年间的欧洲和伊斯兰世界的经济。
3. 总结文艺复兴时期伊斯兰对欧洲的影响。
4. 文艺复兴时期西方对伊斯兰世界有什么影响？
5. 讨论今天西方和伊斯兰世界的互动关系。

斐奇诺最享盛名的学生皮科·德拉·米兰多拉（Pico della Mirandola，1463—1494年）以其渊博的学识和高超的智慧超过了乃师的成就。皮科是一位富有而有魅力的贵族，他对语言的掌握、宽广的知识面以及神来妙论，给每个人留下了深刻的印象。他的目标是在基督教义的框架内把柏拉图主义和亚里士多德主义综合起来，并将希伯来、阿拉伯和波斯的思想也包括进来。教会的权威和传统的学者一旦领悟了这个含义，就开始抨击皮科的努力。皮科的恢宏计划之含义是，所有的知识拥有一些基本的普遍真理，基督徒可以通过研究非西方、非基督教的著作受益。

皮科的第二个重要贡献是阐述了斐奇诺的个人价值观概念。皮科著作《关于人类尊严的演讲》(*Oration on the Dignity of Man*) 对这一植根于人文主义传统的理念作了最清晰的表述。根据皮科的观点，天生具有理性和语言能力的人类是作为宇宙的一个缩影被创造出来的。作为上帝造物的中心，人类有幸具有自由意志，这种能力使人们可以把自己塑造成他们想象的样子，既可以把自己提升到神的层次，也会堕落到比野兽还低劣的地步。人类决定个人命运的自由使人们成为自身命运的主宰，与此同时，也促使人们全心关注于让每个人成为衡量所有事物的标准。由此，这一古典的信念重获新生了。皮科的巨著《关于人类尊严的演讲》开篇便是对《旧约·诗篇》第8章里的"人算什么，你竟顾念他？"的评论。

建筑、雕塑和绘画

正是在建筑、雕塑和绘画方面，文艺复兴和过去的中世纪彻底决裂。**早期文艺复兴风格**（Early Renaissance style）是由佛罗伦萨的艺术家们开创的，他们试图完全摒弃晚期哥特风格。在建筑师菲力波·布鲁奈雷斯基（Filippo Brunelleschi, 1377—1446年）的领导下，他们研究了古典建筑的遗址和古代雕塑作品以探究它们和谐风格的秘密。他们相信，一旦古典思想从湮灭无闻中发掘出来，就可以创造出抓准古典艺术和建筑精髓的新作品，而不是毫无创造性地进行模仿。

艺术理念和创新　根据布鲁奈雷斯基的研究成果，建筑师、雕塑家和画家把古典主义的均衡、简约和严谨原则当作早期文艺复兴风格的核心思想。从建筑学从属地位解放出来的雕刻和绘画重新获得了它们在古代作为一门独立艺术的地位，并变成了文艺复兴时代最受欢迎的视觉艺术。文艺复兴时代的雕塑家和画家比哥特式时代更加追求现实感，他们试图以更强的真实感来刻画人的肌肉和骨骼。建筑和雕塑从古希腊和罗马传统中寻找灵感，而绘画发展的推动力则来自不同源头，包括伊斯兰世界和中世纪晚期时代，最重要的灵感来自佛罗伦萨画家乔托的艺术成就。

两种绘画技法——线性透视和空间透视——的创新永远地改变了绘画，也在一定程度上改变了建筑和雕塑。线性透视法的发明是布鲁奈雷斯基的另一个成就。1425年，他运用建筑学和光学原理进行试验，为在二维平面上实现这种深度错觉提供了数学依据（并且也通过把艺术置于学术研究之上提高了它的地位）。布鲁奈雷斯基解决线性透视问题的方法是把一幅画的空间围绕一个中心点组织起来，这个点又叫**灭点**（vanishing point）。在确定了灭点之后，他又发明了一种格子坐标来精确地确定一幅画中各种物体的相对位置。

图 1.4　莱昂·巴蒂斯塔·阿尔贝蒂（Leone Battista Alberti）：马拉特斯塔诺教堂（Tempio Malatestiano）。约 1450 年。意大利，里米尼

虽然没有完工，但这个教堂典型地体现了早期文艺复兴时期在建筑领域的革命。晚期哥特式的大教堂的尖顶和这座教堂朴素的外表、梁柱结构的大门、圆拱以及古典立柱等简单对称的结构形成了鲜明的对比。马拉特斯塔诺教堂是由著名晚期文艺复兴建筑理论家设计的，是晚期文艺复兴时期美术家和建筑师的艺术标杆。

他还计算出了当物体在人们视野中由清晰到模糊过程中其影像尺寸逐渐变小的比例，通过这个比例的变化，物体在画面上的大小似乎和它在视觉上的实际大小相一致。后来他又为这种设想进行了镜面试验，来检验它在物体反射图像中的正确性。皮埃特罗·佩鲁吉诺（Pietro Perugino，约 1450—1524 年）的作品《基督将天国钥匙交给圣彼得》是运用这种新技法的杰出代表（图 1.5）。

当 19 世纪照相机出现后，人们发现光学镜头的确是根据布鲁奈雷斯基的数学定律"看"现实世界的。1420 年代以后，布鲁奈雷斯基的研究导致了文艺复兴空间观的产生，它认为，一幅构图应该从一个固定的位置去观察。线

图1.5 皮埃特罗·佩鲁吉诺:《基督将天国钥匙交给圣彼得》。壁画。1480—1482年。梵蒂冈城,西斯廷礼拜堂,北墙

　　1477—1480年,教皇西克斯图斯四世翻修了一座旧的礼拜堂,现在该处因他而被命名为"西斯廷"礼拜堂。他找了许多当时最著名画家为教堂的四壁绘上了壁画。这些人是最早一批预先进行创作以观察画作和主题是否合适的画家。到1482年,这些壁画被证明是非常优秀的。佩鲁吉诺把他的画设定为一个对教皇来说具有巨大意识形态价值的主题,即"圣彼得经句"(Petrine Text,《马太福音》第16章第16—18节)。佩鲁吉诺不仅在卖弄自己在线性透视方面的精湛技艺,还在卖弄自己对思想、神学和历史的洞见。基督告诉彼得他是建立教会的磐石。所以这里教堂是直接建立在彼得的坟墓上的。教堂建在两座凯旋门之间,这两座凯旋门的创意似乎是来自君士坦丁拱门。似乎教会胜过了世俗国家。宏大开阔的背景表明基督授予彼得的权威是无限的。

性透视法在西方绘画中起主要作用达400年之久,直到19世纪才第一次遭到了马奈(Manet)的挑战。

　　空间透视法是在15世纪前半叶由阿尔卑斯山北部的画家加以完善的,尽管意大利画家马萨乔(Masaccio)根据古罗马传统于1420年代首次重新使用了空间透视法。这些艺术家通过色彩的运用创造了一种深度错觉,随着眼睛和物体之间距离的增加色调逐渐减淡,在地平线上色彩变成灰白色,物体就变得模糊不清。当这个世纪晚些时候空间透视被加入到线性透视中来时,产生了比单独运用一种透视法更强的深度错觉。

　　莱昂·巴蒂斯塔·阿尔贝蒂(Leone Battista Alberti,1402—1472年)在

1435年出版了一本论文集，详细论述了绘画的数学问题，并精湛地倡导了早期文艺复兴的人文主义和世俗主义的价值观。阿尔贝蒂是一位既具有深厚的古典知识又参与实践古典主义理想的古典主义精英。在他的论文中，他用热烈的语言赞颂那些大画家，把他们的创造力和上帝的创造力相类比，这种观点肯定会被中世纪的思想家看成是亵渎神明。他认为绘画除了愉悦眼目之外，还应该以光学和数学的精确来启迪智慧。他进而宣称，绘画还应该表现诸如古典英雄的高雅主题，并应该具备如下这些特征：画中人物不要太多，细节应经过仔细的观察，并且应该丰富多姿，多种元素之间应该形成和谐的相互关系，应该明智地运用色彩。这些古典主义理念很快被佛罗伦萨热衷于创建新审美标准的艺术家接受。

建筑艺术 从过去获益最多的是建筑师，他们复兴了古典主义的各种建筑样式：多利克式（Doric）、爱奥尼亚式（Ionic）和科林斯式（Corinthian）。新的建筑尽管是为了满足当代的需要，但在设计上是对称的，并且采用了简洁的装饰。早期文艺复兴风格的理论家是阿尔贝蒂，他详细地论述了布鲁奈雷斯基的创新之处，并出版了一本极富影响力的论述新型绘画的书。阿尔贝蒂认为建筑应该体现威严、均衡、克制和和谐的古典主义特征，他还认为建筑的终极美依赖于其各个部分之间在数学上的和谐。

在中世纪中期，大多数建筑师只是石匠，他们被看作是像鞋匠和陶工那样的手艺人。但到了15世纪，建筑师的地位发生了改变。由于他们的手艺新近被发现具有科学的成分，杰出的建筑师跻身于像从事医学和法学那样高深学问的职业类别。到1450年，意大利建筑师不仅把建筑艺术从晚期哥特风格解脱了出来，而且使其从其他的艺术门类中跳了出来。与哥特式教堂使用雕塑和绘画装饰不同，新的建筑在装饰细节上效仿古典主义传统。也就是说，文艺复兴建筑师恢复了用简单的建筑元素作为建筑装饰的一部分，而不是把它当做建筑结构的实践。这种转变成为文艺复兴早期建筑最醒目的特征。

尽管布鲁奈雷斯基创立了建筑艺术的新标准，但他的大部分建筑后来要么全部被损毁，要么被改造得面目全非。但在佛罗伦萨那座令他一举成名的建筑——佛罗伦萨大教堂的穹顶（图1.6）——却幸存了下来，大体保留了他当初设计的原样。虽然这座建筑的其他部分包括中堂、耳堂和唱诗班席位早在1400年以前就建好了，但没有人能想出办法造出方案中的穹顶，直到1420年布鲁奈雷斯基接受了这一委托。依靠他在罗马研究获得的知识和他对哥特式建筑的造诣，他设计了一种别出心裁的方案把圆顶升高架设起来，这项工程直到1436年才得以竣工。

图1.6　菲力波·布鲁奈雷斯基：佛罗伦萨大教堂穹顶。1420—1436年。穹顶高111.9米

在穹顶按照布鲁奈雷斯基的方案建起来以后，另一个建筑师被请来在圆窗上方建造一些小画龛。但在画龛建成之前佛罗伦萨当局停止了他的工作，形成了今天这个样子。

面对周长达42.7米的穹顶基墙，布鲁奈雷斯基意识到不能采用类似万神殿的那种罗马式半球形穹顶。传统的建筑方法无法横跨佛罗伦萨大教堂巨大的穹顶基墙，教堂的墙壁也无法加固到足以支撑如此巨大的穹顶。因此他转而采用哥特式建筑方法，使用了构成尖拱的有肋交叉拱。这个富有新意的穹顶设计成由两层薄墙的双重骨架支撑，两层墙由24根石制弯拱来固定，其中只有八根裸露在外面。他画龙点睛之笔是在穹顶的尖上加建了一座塔楼来固定这些弯拱（插图1.7）。穹顶上的圆形窗户与中堂墙上方的窗户呼应，以便使他的附加部分和已有的建筑相协调。但这个八角形的拱顶确是布鲁奈雷斯基自创的，它体现了一种合理的、甚至是必然的结构。如今，这座大教堂仍然矗立在佛罗伦萨的天空，成为布鲁奈雷斯基创造天才的永恒象征。

布鲁奈雷斯基最具代表性的建筑是帕奇礼拜堂（Pazzi Chapel），它是圣克罗齐（Santa Croce）教堂修士们称呼其礼堂或会议厅的名称。这个礼拜堂体现了和谐的比例和古典主义特色，这些都是早期文艺复兴风格的特点。在布鲁奈雷斯基的建筑方案中，他把重点集中在覆盖一片长方形区域的拱顶之上，这片长方形区域的宽度和这个拱顶的直径相等，而它的长度是宽度的两倍，然后在长边的两端各加了一个桶拱。在长边一侧的中心墙上开了两重门，

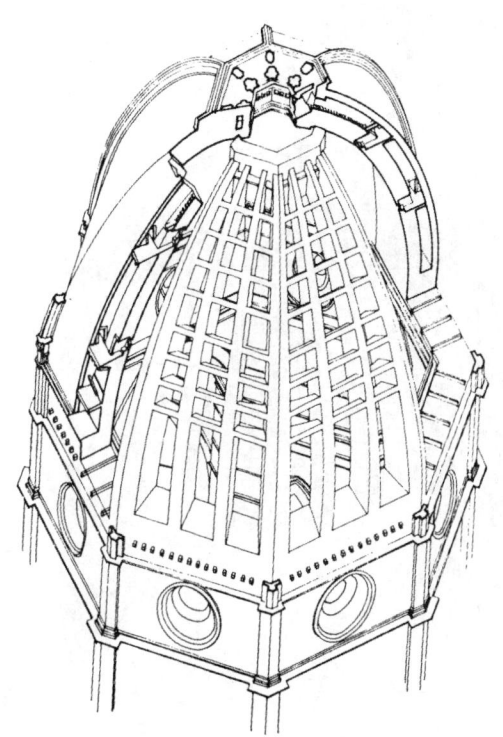

图1.7 菲力波·布鲁奈雷斯基：佛罗伦萨大教堂穹顶设计图

布鲁奈雷斯基把佛罗伦萨大教堂的穹顶设计成内部框架和外立面相结合的结构。两者由一个呈八角形的结构的八条肋拱相结合。十六根从外面看不见的较小的肋拱分布在外墙中，以增加额外的支撑力。将这些建筑部件结合起来以保持稳定的是穹顶的顶塔，这个顶塔是根据布鲁奈雷斯基的设计在1446年后才成功攒尖的。

在门道的侧面又设计了两个圆拱形的窗户。一个可能不是布鲁奈雷斯基设计的走廊又回到入口（插图1.8）。在教堂内部，布鲁奈雷斯基根据古典主义的尺寸和比例采用了纹章、圆花雕饰、**半露方柱**（pilaster，或叫外加柱）以及方形嵌板。除了这些古典主义细节外，圆拱和桶拱突出了文艺复兴的风格（插图1.9）。他的古典主义理论为佛罗伦萨的人文主义精英所共享，他们从数学的和谐里面发现了宗教的意义。他们和布鲁奈雷斯基都认为，像帕奇礼拜堂这样结构严谨的建筑，折射了上帝创造宇宙的计划。

另一文艺复兴早期建筑艺术的集大成者是阿尔贝蒂。尽管他的观念在1600年前仍然主导着建筑艺术，但他设计的建筑没有一座完整保留下来。其中一座未完成的宏伟建筑是在圣弗兰西斯科（Santa Francesco）教堂原址上兴建的马拉特斯塔教堂（Tempio Malatestiano，参见插图1.4）。里米尼的统治者西吉斯芒德·马拉特斯塔（Sigismondo Malatesta）计划将他自己、他的情妇和廷臣们葬在这座翻修的教堂里。他任命阿尔贝蒂监督这座教堂的重建。

阿尔贝蒂建造的纪念塔代表了为教堂设计一个古典主义外观的首次尝试。他抛弃了哥特式的尖拱，模仿附近的一个凯旋门，为这座教堂尚未完工

图1.8 菲力波·布鲁奈雷斯基及其他人：圣克罗齐教堂帕奇礼拜堂，外部。1433—1461年。佛罗伦萨

　　帕奇礼拜堂和谐的外部装饰反映了早期文艺复兴时期的古典主义原则：对称和简约。建筑师通过一个圆拱打破了建筑外立面的连续性，使得建筑的左侧完全是右侧的镜像。简约体现在建筑物的装饰中，要么是古希腊—罗马的造型，要么是合乎数理的分割线。

图1.9 菲力波·布鲁奈雷斯基：圣克罗齐教堂帕奇礼拜堂，内部。约1433—1461年。高18.21×宽10.9米。佛罗伦萨

　　帕奇礼拜堂白色内墙的装饰打破了单调的平面，将参观者的目光吸引到建筑的结构上：半露方柱、窗户和嵌板框架、纹章、柱头以及穹顶的肋拱。唯一不属于建筑部件的装饰是由罗比亚（Luca della Robbia, 1399/1400—1482年）创作的陶瓷雕塑，内容为四个圣经福音书的作者和在大徽章下面的帕奇家族盾形徽章。

图 1.10 多纳泰罗:《希律王的盛宴》。约1425年。青铜镀金，59.7×59.7厘米。意大利锡耶纳，圣乔凡尼教堂，主厅入口处的洗礼台

  这是文艺复兴早期的第一件浅浮雕作品，这件作品是体现早期文艺复兴新艺术力量的极富魅力的例子。这幅作品的戏剧效果来自对线性透视的成功运用和将三个房间里的人物合理排列。

的正面设计了三个圆拱。这位建筑师很明显想在教堂的内部修建一个圆形拱顶，就像布鲁奈雷斯基为佛罗伦萨大教堂建造的那样，但马拉特斯塔命运衰败，这座计划中的教堂工程被迫下马了。然而，阿尔贝蒂未完成的建筑仍然为后世建筑师仰慕，它为新的文艺复兴建筑指明了发展方向。

  雕塑艺术 同建筑一样，雕塑艺术也是在15世纪早期的佛罗伦萨繁荣起来的。由那个时代的天才多纳泰罗（Donatello，约1386—1466年）率领的雕塑家们复兴了一些在西方已消失了一千多年的古典主义实践：站姿放松自然的雕像；对立平衡（contrapposto）技巧，即雕像把大部分重量集中在一只脚上以保持平衡的方法；真人大小的裸体雕像以及骑马雕像。多纳泰罗深受古典主义思想的熏陶对写实主义却颇有成见。他使用极具表现力的姿势、直接的观察和数学的精确等各种手法来再现事物。多纳泰罗曾经陪同布鲁奈雷斯基去罗马研究古代艺术，他早在1425年就把线性透视法运用到一幅名为《希律王的盛宴》（The Feast of Herod）的浮雕（relief）作品中（插图1.10）。这幅作品的主题表现的是佛罗伦萨的庇护神施洗者约翰的悲惨结局，这个事迹取材于《圣经·马可福音》第6章第20—29节。在多纳泰罗的方形青铜雕版上，圣徒被割下的头颅被放在一个盘子上搁在希律王的左边，不屑一顾的莎乐美（Salome）站在桌子右端。一个困惑的客人倾身向着国王，希律王缩回

上举的手,两个孩子在鲜血淋漓的头颅的左后方,一个用餐者从桌子的中央向后仰起身子——所有的一切都刻在这座新布鲁奈雷斯基式建筑的圆形拱门下面。这件雕塑作品有着丰富的细节,并采用线性透视法集中体现场景的恐怖氛围,增强了真实感,而真实感是那个时代追求的艺术目标之一。雕塑构图的灭点从几个拱券中间穿过,这样,前面两个人物倾身的动作不仅表现出他们内心的不安,还使他们得以脱离观察者的视线。

多纳泰罗还复兴了独立式男性裸体雕像,这是古代艺术最突出的表现之一。多纳泰罗可能是为科西莫·美第奇创作了青铜雕像《大卫》(*David*),在这座雕塑中,大卫的左脚踩在腓力斯(Philistine)巨人歌利亚(Goliath)被割下来的头颅上,这一姿势出自圣经故事(插图1.11)。

图1.11 多纳泰罗:《大卫》。约1430—1432年。青铜。高158厘米。佛罗伦萨,巴尔杰洛博物馆

大卫和歌利亚的故事常常被引申为基督对撒旦的胜利。不过多纳泰罗的这件雕塑削弱了这种解释,他的大卫不是英雄的形象,而是一个充满优雅的性感、带有挑逗性的人物形象,大卫的身体虽未完全发育但优美匀称,姿势像个花花公子,身上的鞋子和帽子都不协调。多纳泰罗塑造的大卫是一个新颖的杰出形象,它展现了年轻男性的力量和自我意识,是一个男孩即将成长为男子汉的真实写照。

这尊雕塑对后来的雕塑家影响深远,他们仰慕多纳泰罗的创造性但对大卫却有不同诠释(插图1.12),多纳泰罗和他的后继者们用大卫的形象来表达他们对男性力量的崇拜——这种崇拜是文艺复兴时代艺术家和学者们最关注的事情。

同其他文艺复兴大师一样,多纳泰罗从古代艺术家那里吸收了营养,但他还将他们的原则运用到自己所处的时代,从而对古代艺术家们发起了挑战。例如,古罗马雕塑马可·奥勒留(Marcus Aurelius)的雕像激发多纳泰罗创作了名为《加塔迈拉塔》(Gattamelata)的青铜雕塑,这是1200多年来第一座成功的骑马雕塑(插图1.13)。就像多纳泰罗《大卫》雕塑刻画青春男性美的精妙一样,他的《加塔迈拉塔》赞美的是成熟男性力量。这件作品是为了

图1.12　安德烈·韦罗基奥(Andrea Verrocchio):《大卫》。1473—1475年。青铜。高1.27米。佛罗伦萨,巴尔杰洛博物馆

韦罗基奥的《大卫》颂扬了文艺复兴时期佛罗伦萨的一个传统,即把这个杀死巨人的犹太人看成是热爱自由的佛罗伦萨精神的象征。在这件描绘一个勇敢的平凡人的伟大作品中,韦罗基奥塑造的这个孩子般的英雄站在歌利亚被砍下的头颅上。在表现人物的刚强勇敢方面,韦罗基奥的作品甚至超越了启发他创作这件作品的雕塑多纳泰罗的《大卫》(参见图1.11)。佛罗伦萨市政委员会如此喜欢这个雕塑,以至于把它安放在市政厅所在的维奇奥广场,直到米开朗琪罗的《大卫》取代了它(参见图2.19)。韦罗基奥的《大卫》2003年进行过修复,恢复了作品最初在几绺头发、衣服的边缘、瞳孔等处的黄金光泽。修复用金叶镀金完成,修复者认为作品最初是为安放于室内而制作的。

图 1.13　多纳泰罗:《伊拉斯谟·达·那尔尼》,又被称作《加塔迈拉塔》。1447—1453年。青铜,约 3.35 × 3.96 米。帕多瓦,山托广场

这座雇佣兵队长伊拉斯谟的雕塑是由威尼斯议会授权,队长的家人出资建造的,以表彰其戎马生涯。作品把这个军队领袖想象成了一名"得胜归来的恺撒",多纳泰罗让人物穿着古典装束,他的马鞍和甲胄上的装饰也带有古典艺术的特征,如丘比特和胜利女神。

纪念一位绰号叫"加塔迈拉塔"(意为"狡黠的猫")的威尼斯雇佣兵队长伊拉斯谟·达·那尔尼(Erasmo da Narni)。这位勇士的造型类似罗马帝国的风格,但在其他几乎所有方面,雕塑家都违背了古代艺术的和谐思想。

最重要的是,这位骑士的面部被雕刻出棱角分明的下颌、张得很开的双眼和剪得很短的头发。这种现实主义手法源于15世纪,尤其是源于一种对丑陋的崇敬,这种审美态度宣称要从粗鄙的外表下找出道德的力量,这不符合古典主义的理念(插图1.14)。由于作品是在这位勇士死后创作的,多纳泰罗无法知道他长得什么样,所以他是按照自己心目中一位意志坚定的将军的形象雕刻的。这匹高头大马鼻孔张开,大张着嘴,前腿抬起,看上去好像是这位战士坚强个性的延伸。

在文艺复兴早期,唯一可以与多纳泰罗相提并论的雕塑家是另一位佛罗伦萨人洛伦佐·吉贝尔蒂(Lorenzo Ghiberti,约1381—1455年),他慢慢地适应了这种新的艺术风格。1401年,在一次为佛罗伦萨洗礼池(Florence's Baptistery)北门选择雕塑师的竞争中,他打败了布鲁奈雷斯基。这座北门共镶嵌有28块浮雕版,每组7块共4组,每组都描述了一个《圣经·新约》中的场景。这些在1403—1424年之间完成的嵌板表明吉贝尔蒂仍然深受大约在

图1.14 多纳泰罗:《加塔迈拉塔》局部。1447—1453年。帕多瓦,山托广场

多纳泰罗细致地刻画了人物冷峻、刚毅的面部表情,这符合文艺复兴关于一名强健的军事领袖的艺术标准。

1400年前后盛行的国际哥特式(International Gothic)风格的影响。清楚地表明这种倾向的是名一块名为《天使报喜》(The Annunciation,《路加福音》1:26-38)的雕版,它描绘圣母玛利亚从一个天使那里知道她将成为基督之母时的情景(插图1.15)。哥特式四叶形(Gothic Quatrefoil)是这些嵌板的标准装饰,吉贝尔蒂的很多手法也都具备典型的哥特风格,比如圣母玛利亚站立其中的壁龛、她摆动的躯身以及飞翔的天使等。但天使丰满的躯体和圣母恬静的面容中却表现出吉贝尔蒂对古典形式与和谐一贯的偏好。吉贝尔蒂的早期作品反映了基督教和古典主义以及古典主义和中世纪的文艺复兴式结合。

不过,佛罗伦萨的艺术界变革迅速,吉贝尔蒂很快使自己的艺术适应了正在出现的多纳泰罗式早期文艺复兴风格。在1425到1452年之间,吉贝尔蒂成熟的艺术才华充分展现在洗礼池东门的雕塑中,这是这座建筑三组大门雕塑群中的最后一组。这些雕版比北门上的要大一些,它们所描绘的场景来自《圣经·旧约》,如《创世纪》(Genesis)里该隐(Cain)和亚伯(Abel)的故事。包括四叶形装饰在内的大部分哥特式风格都消失了,取而代之的是方形嵌板(插图1.16)。

东边门上一块嵌板雕塑描述的是该隐和亚伯的故事,这个故事来自《圣

图1.15 洛伦佐·吉贝尔蒂：《天使报喜》。洗礼池北门嵌板。1403—1424年。青铜镀金，6.25×5.41米。佛罗伦萨

吉贝尔蒂对天使报喜的诠释是他在浸礼堂北门嵌板作品的典型代表。玛利亚和天使位于浅雕的前景，几乎环绕整个画面。背景上，透视距离大大缩短的上帝的形象刚刚从左边浮现出来。这种对比加强了画面的立体感。

经·创世纪》第4章第1—16节。这块雕版表明在许多方面吉贝尔蒂对古典主义理念的贡献越来越大，例如人物优雅的对立平衡站姿和它们之间相互对称的比例关系等。这件作品通过制造一种纵深视觉，把吉贝尔蒂式的美学理念融入到青铜作品中。但是根据吉贝尔蒂的《评论集》(Commentaries)记载，这位雕塑家的目的不是为景深而景深，而是为了清楚地表现这个圣经故事。该隐和亚伯的故事共展现了五个情节：(1)孩提时的该隐和亚伯同他们的父母亚当和夏娃在一起，在左上方；(2)该隐和亚伯在祭坛前献祭，在右上方；(3)该隐用牛耕地，亚伯在放羊，分别在左边的中间和前景；(4)该隐用棍棒杀死亚伯，在右面中间；(5)该隐被上帝审问，在右面前景。

绘画 14世纪初，乔托已经开创了一种写实性和表现性的新绘画风格，到15世纪初，佛罗伦萨的画家开始在这种风格的基础上作进一步发展。乔托的大部分天才体现在他创作壁画时表现空间纵深的才能上，他主要是通过这种风格人像的位置安排制造这种远近错落的视觉效果。大约在乔托以后100年，画家们学会了通过使用线性透视来提高画作真实感的手法。

出现在雕塑和建筑中的急剧变化与绘画领域的变化相比可谓小巫见大巫。画家们从古典主义中获得灵感，但又缺少可观的古代模本，因此他们在

图1.16 洛伦佐·吉贝尔蒂:《天堂之门》(*Gates of Paradise*)。洗礼池东门。1424—1452年。青铜镀金,高约5.18米,佛罗伦萨

这十个场景选自从《创世纪》到《列王纪》的《圣经·旧约》故事。从最上面开始从左到右,第二排从右到左,然后再反过来,雕版以《创世纪》开篇,之后分别描绘了该隐和亚伯、诺亚、亚伯拉罕、伊萨克和雅各布、约瑟、摩西、约书亚、大卫和所罗门时代的代表性故事。依中世纪传统,吉贝尔蒂把几个圣经故事的场景展现在一块嵌板上。每块雕版都是先做好蜡模,再浇铸入青铜,然后镀金。根据乔其奥·瓦萨里(Giorgio Vasari)的说法,米开朗琪罗第一次见到这些雕塑时,称它们为"巧夺天工",这也是它们现在依然被称为"天堂之门"的来历。1991年,吉贝尔蒂的原作被移到佛罗伦萨的多摩(Duomo)博物馆,现在洗礼池门上是复制品。

图1.17　洛伦佐·吉贝尔蒂:《该隐和亚伯的故事》。洗礼池东门(《天堂之门》)局部。1424—1452年。青铜镀金，79×79厘米。佛罗伦萨

这件精美的佛罗伦萨洗礼池东门雕版作品是吉贝尔蒂吸收早期文艺复兴艺术风格的明证。吉贝尔蒂遵从布鲁奈雷斯基的线性透视法则，将灭点置于嵌板画面中间的树木的中部，在画面上的牛、羊和祭坛等细节的描绘，又反映出他采用了阿尔贝蒂的技法。

开辟自己的道路时相对自由一些。如同在15世纪最初十年其他艺术门类中一样，佛罗伦萨的画家开风气之先并为新的艺术风格树立了标准，包括写实主义、线性透视和心理真实感。到15世纪末这场运动以列奥那多·达·芬奇（Leonardo da Vinci）的早期作品为标志达到顶峰。

1450年以后佛罗伦萨在画坛上的统治地位遭到威尼斯画家的挑战。在中世纪中期才从拜占庭帝国独立出来的威尼斯仍然受拜占庭文化束缚。因此威尼斯画家和他们的资助人仍然表现出对拜占庭艺术典型的信条和感觉表象的公然偏爱。然而还有一派完全不同的威尼斯画家出现了，他们最终对西方绘画艺术产生了重大影响。

在阿尔卑斯山以北的勃艮第（Burgundy）和低地国家，出现了早期文艺复兴的第三种发展进程。在那里，画家们的艺术活动比意大利画家更具有宗

图1.18　马萨乔:《圣三一》。1427或1428年。壁画，6.67×3.17米。佛罗伦萨，新圣母教堂

通过使用线性和空间透视技法，马萨乔使这幅壁画呈现出显著的立体感。在这个模拟的祈祷室下面，他画了一幅在大理石棺材中的骷髅（这张图片上看不到），棺材上有一句忧伤的话语:"我曾如你，你必像我。"这个死亡象征可能是在这幅画的捐助者伦兹（Lenzi）家族的一个成员指示画上的，他的墓就埋在壁画正前方的地板之下。

教色彩，更接近于晚期哥特风格的精髓。北方的艺术家更专注于微小的细节和风景，而不是困扰意大利画家的景深和构图问题。本节的考察仅限于分成两代人的佛罗伦萨画派主要人物和威尼斯画派的开创者。

早期佛罗伦萨画派中发动这种绘画变革的杰出天才是年轻的马萨乔（Masaccio，1401—1428年），他可能死于瘟疫。他几乎在布鲁奈雷斯基发明精确透视的同时在自己的作品中采用了这种方法。在西方绘画史上，马萨乔作于1425年的壁画作品《圣三一》（Holy Trinity）首次在绘画中成功展现了文艺复兴的新空间观。这幅壁画位于佛罗伦萨的新圣母教堂中，马萨乔的构图设计表明他通晓那个时代的艺术新潮流。这幅壁画带有一个布鲁奈雷斯基式的建筑背景，而画面中人物形象栩栩如生则表明马萨乔也吸收了多纳泰罗新雕塑艺术的标准。马萨乔的壁画描绘了一个模拟礼拜堂中的"圣三一"（插图1.18），所谓"圣三一"是指构成基督教上帝思想的三种神圣存在。耶稣被钉在十字架上的身体被圣父托起，圣父站在十字架后的一个平台上，在上

图1.19　马萨乔:《贡金》。约1425年。壁画,2.5×6米。佛罗伦萨,加尔默罗会圣母教堂(Santa Maria del Carmine)

这幅壁画代表了马萨乔的最高艺术水准,尤其是他对税吏的现实主义刻画。这个官员在画面上出现了两次,一是在画面中央面对耶稣,一是从彼得手中接过钱,他被描绘成粗俗不堪的一个人,如同佛罗伦萨街上的一个普通人一样。甚至是他的姿势,虽然被赋予了古典的对立平衡,但也暗示出他是一个因其职业难与人相处而狂妄自大的人。

帝和耶稣的头之间是一只象征圣灵的鸽子,它完整地构成了三位一体的形象。身着当代服装的圣母玛利亚和圣约翰分列两侧。圣母夸张地指着救世主。紧靠礼拜堂的外面,捐献者正跪地祷告——这是文艺复兴艺术表现赞助人的典型手法。

在《圣三一》壁画中,马扎丘使用了一系列的新技法。例如,他是第一个表现光线从一个单独的光源照射出来的画家,光线从左侧射出沐浴着基督的身体,这和新圣母教堂实际的光照吻合。这种写实主义的方法为这些逼真的人物形象增添了三维效果。线性透视的使用进一步增强了场景的真实感。最后,汇聚到两个跪地捐献者之间的视觉效果强化了壁画中人物的等级:从最高处的圣父到两旁的凡人。实际上,精确和严整被用来展现神圣秩序——一种符合佛罗伦萨知识精英志趣的理想。

马萨乔的第二幅壁画《贡金》(The Tribute Money)创作于佛罗伦萨加尔默罗会圣母教堂的布兰卡其礼拜堂中,它被认为是马萨乔的代表作（插图1.19）。这幅壁画表现的是传播福音的场景(《马太福音》17: 24-27),耶稣劝告他的首徒彼得交纳罗马帝国的赋税。由于这幅壁画所描绘的是基督教艺术中还从未表现过的圣经主题，因此它可能是一位想为一项很重的佛罗伦萨新税项辩护的捐助人委托制作的。这幅壁画是否对税收产生影响尚存争议，但其他艺术家为马萨乔出众的技巧效果慑服了：这些技巧就是透视法和**明暗对照法**（chiaroscuro）。

《贡金》采用了中世纪艺术连续叙述的形式。壁画同时描绘了三个不同的场景，中间的是面对征税官的耶稣，左边的是受到耶稣启示的彼得在一条鱼的嘴里找到了一枚硬币，在右边，彼得把这枚硬币交给了罗马官员。尽管壁画是哥特式的效果，但它的中心场景的画面和构图上是完整的，可以单独成画。耶稣被他的门徒围绕着，从后面看，征税官在他的右边。中间人群的头部高度是一致的，马萨乔根据布鲁奈雷斯基的原则排列这些人物。他们被设计为站成一圈，每个人物都占据一个精确的空间。

多明我会修士安杰利科修士（Fra Angelico，约1400—1455年）等一些画家发扬了马萨乔的创新。安杰利科的后期作品为为重新修葺的佛罗伦萨圣马可修道院绘画，部分地得到了科西莫·美第奇的资助，这些作品表明，他将圣经主旨娴熟地融入了文艺复兴的空间。《天使报喜》（The Annunciation）描绘了沉思中的圣母玛利亚正在从天使加百利（Gabriel）那里得到消息（插图1.20）。虽然圣母和加百利被安排在一个哥特风格的壁龛中，但其他方面都采用了新的、简单的文艺复兴风格，如对景深的把握、简朴的造型、纯净的色彩和完整的场景等。绘画的灭点安排在中间靠右的小木条窗上，里面是圣母玛利亚的卧室。这幕场景所处的凉廊参照了在佛罗伦萨富裕精英阶层中流行的建筑时尚。这幅画充满宗教意象，紧闭的花园象征了玛利亚的童贞，木条窗表明了她纯净的生活。安杰利科修士对人物和空间的精准把握对后世艺术家的影响是显而易见的。

佛罗伦萨画派第二代伟大画家皮耶罗·德拉·弗兰西斯卡（Piero della Francesca，约1420—1492年）就是深受其影响的人之一，弗兰西斯卡在邻近佛罗伦萨的托斯卡纳乡村小镇长大。他的画板画《鞭笞》（The Flagellation）表现了他神秘而强烈的美学效果，他的这种艺术风格颇受争议（插图1.21）。倾泻在整个画面上的阳光把人物形象统合起来，但在构图上又把他们分成两个各不相属的区域。在最左端坐在台子上的是法官彼拉多（Pilate），这幅画表现的主题——基督在受难前遭受鞭打——被安排在左后方。右边的人物进一步强化了这一奇特的构图错位，他们显然沉浸在自己的对话中。从美学来说，出现这种奇怪的对比是因为德拉·弗兰西斯卡把水平线安排在拷打基督之人的臀部附近，这使得右边的三个人在如此高的视线中隐约逼近；这样在前景中的人物显得对基督毫不在意，完全没有意识到他的重要性。这种效

图1.20　安杰利科修士:《天使报喜》。1438—1445年。壁画，2.16×3.2米。佛罗伦萨，圣马可修道院

安杰利科修士的画描绘了圣母玛利亚获知她将生下耶稣的消息的时刻，在这幅画中画家很好地利用了宗教象征。玛利亚诧异的表情和她双手交叉充满母性的姿势帮助塑造了这幅画的主题。此外，画面中的物体设置只有玛利亚所坐的粗糙凳子，这体现了一种苦行主义的氛围，这正好表明这幅画原初的背景，即一所修道院。

果与宗教格格不入。喜欢解谜的现代世界对德拉·弗兰西斯卡在作品中表达的个人观念怀有浓厚的兴趣。

波提切利是这第二代画家热情奔放风格的最佳代表，也是西方文化中最受尊敬的画家之一。虽然波提切利是最早同时掌握线性透视和空间透视的美术家之一，但他对描绘慵懒美和诗一般真实境界的兴趣远胜于对技巧的兴趣。

1480年代以前，波提切利的艺术风格一直受佛罗伦萨学院的新柏拉图主义哲学（Neo-Platonic Philosophy）影响，他经常以讽喻的方式来描绘异教徒神话，为它们加上一层基督教色彩。由于坚持"上帝是爱"的信念，新柏拉图主义思想中尤为突出的是对罗马神话中的爱之女神维纳斯的认同。在他的赞助人尤其是美第奇家族的支持下，波提切利把这位罗马神话

图1.21 皮耶罗·德拉·弗兰西斯卡:《鞭笞》。1460年代。木板油画，58×81厘米。乌尔比诺总督宫，马尔凯国家美术馆

这幅画间接传递了一则宗教信息。1439年，东正教会讨论与佛罗伦萨总督主导下的罗马天主教合并，但后来由于拜占庭发生了支持土耳其人统治的平民暴动，合并没有成功。彼拉多（坐在左边）和从右边数第三个人所戴的帽子模仿了希腊人在朝堂上的头饰。由于教皇认为希腊东正教是对信仰的分裂，因此这些形象暗示希腊教会是真正基督教精神的背叛者。

女神当作他两幅名画《春》(*Primavera*) 和《维纳斯的诞生》(*The Birth of Venus*，参见插图1.3) 的主题。通过这种手段，女性裸体此时重新成为恰当的美术主题，尽管男性裸体在此前的多纳泰罗时代早已出现（参见插图1.11）。波提切利的《春》把维纳斯描绘成一个基督教化的女神，她穿着一件富有启示意味的半透明长袍（插图1.22）。乍一看，站在中间稍微靠右一点的维纳斯似乎淹没在嘈杂的人群中，但靠近看，她似乎在主持整个狂欢。维纳斯侧过头，举起右手，这些指挥性姿态似乎表明这片橘黄色的小树林是她的花园，其他人物是她的家人或助手，所有这些都象征性地被神圣的爱联系起来。

图1.22　山德罗·波提切利:《春》。约1482年，木板蛋彩画，2.03×3.15米。佛罗伦萨，乌菲齐美术馆

波提切利的抒情风格体现在他对优美人物形象的描绘中。他笔下的人物体态优美，肩膀微斜，头稍稍抬起，这些特征被后来的画家所模仿。女性金发碧眼、头发打卷以及透明的长袍是典型的波提切利风格。

尽管《春》是西方艺术中最受喜爱的绘画之一，但从绘画技巧而言，它和早期文艺复兴是步调不一致的。他把场景安排在靠近前方的位置，并通过树林和灌木混杂在一起的背景突出了场景极浅的景深。人物形象平铺在画面上，背景显得只是装饰性的而不是真实的。

在1480年代，佛罗伦萨的美术在列奥那多·达·芬奇（Leonardo da Vinci，1452—1519年）的早期作品中达到顶峰。列奥那多是新一代艺术家的杰出代表，这一代被称作"文艺复兴人"（Renaissance man）的艺术家将自己的视野扩展到所有知识领域。达·芬奇不仅蔑视教会的权威，偷偷研究人的尸体，而且反对指导了早期文艺复兴第一代人的古典主义价值观念。他唯一信赖的是经验性真理和亲眼看到的东西。他经过了密码处理的笔记只有借助镜子才能解读出来，笔记中详细记载了他对人类社会和自然世界毕生的探索。达·芬奇按自己的思维方式把他的求知欲和雕塑家、建筑师、工程师、科学家以及画家的技能结合在了一起。

图1.23 列奥那多·达·芬奇：《岩间圣母》。1483年。木板油画，约1.98×1.22米。卢浮宫藏

这件作品现存有两个略微不同的版本，这一幅标明日期为1483年，另一幅是1506年完成的，在伦敦国家美术馆可以看到。这件卢浮宫绘画及其保存完好的植物样本，是早期文艺复兴科学领域的登峰造极之作。这幅作品中不是那么中规中矩的特点——岩洞的背景、不寻常的透视方法——指明了文艺复兴盛期绘画的发展方向；大胆使用明暗对比的手法预告了巴洛克时代"夜间场景绘画"时代的来临（参见图4.10）。

在他留存下来为数不多的作品中，《岩间圣母》的第一个版本既展示了他的科学眼光，还表现出他想以自己独特的手法创造一个令人回味无穷的形象之愿望（插图1.23）。在这幅画中，怀抱婴儿耶稣的圣母玛利亚坐在一个岩洞中，幼年的施洗者约翰半跪在一旁祷告，一名天使注视着这一切。背景中描绘的地面植物和岩石是准确再现历史的关键要素。但它们的布置没有以《圣经》或传统为依据，而是达·芬奇自己的创新，这表明了他的创造天才。

达·芬奇《岩间圣母》的构图展现了其思想的博大精深。他没有理会布鲁奈雷斯基式的透视，而是按照自己的方式安排人物形象。他还创造了一种金字塔式的人物关系安排：玛利亚的头是塔尖，她的座位和其他三个人的支撑处是塔角。在金字塔中，达·芬奇使用手势来表明一种循环动作：天使指向施洗者约翰，约翰祷告的手势指向耶稣，这样便创造出了一种动态的紧张关系。其次，玛利亚、天使和基督的手势画成了一条垂直线以加强效果。后来的艺术家如此崇拜这幅画，以至于这种金字塔式的构图成了文艺复兴中期的绘画标准。

以前的艺术家从没有人像达·芬奇在这件作品中那样把明暗对比法发挥到如此极致的地步，使人物从周围的朦胧中呼之欲出。同早先的艺术家不同，他为作品绘上底色，使用一种被称作**渐次渲染**（sfumato）的方法柔化画面的边缘。因此，作品看起来更像是虚构的而不是写实的场景。达·芬奇的后期作品是中期文艺复兴的一部分（参见第2讲），但他的早期作品则全面地展现了早期文艺复兴第二代艺术家的科学精神。

正当佛罗伦萨的画家成为早期文艺复兴的推动力量时，一个可与之匹敌的画派开始在威尼斯出现。威尼斯画派致力于探索光线与空间的效果，并且重新创造出了表面带有纹路的质感的效果，从而逐渐在意大利和西方绘画史上占据了重要地位。由出身绘画世家的乔万尼·贝里尼（Giovanni Bellini，约1430—1516年）创建的威尼斯画派开始日趋兴盛。

乔万尼·贝里尼在他父亲的工作室中接受训练，其父雅可伯·贝里尼（Jacopo Bellini，约1400—1470年）是一名晚期哥特风格的画家，乔万尼·贝里尼使威尼斯成为一个可以和佛罗伦萨及罗马比肩的文艺复兴艺术中心。贝里尼不断探索，始终努力跟上最新的潮流，因此他经常更新自己的风格。但是在他的绘画技法中仍然有些不变的东西。他把佛罗伦萨画派的传统（线性透视以及对自然的直接描述）和佛兰芒画派的风格（油画技巧、以风景为背景以及重视宗教的象征意义）结合起来了。身处威尼斯画派氛围的贝里尼深知色调的重要性，因此他也摸索色谱、色差和光差，尤其是贝里尼使得风景作为前景人物背景的范式臻于完善。贝里尼还是一位伟大的教师，他建立了一个工作室，在这里把他的绘画技巧教授给一些年轻的画家，包括乔尔乔内（Giogione）和提香（Titian，参见第2讲）。

贝里尼使用风景的娴熟技巧充分展示在其作品《圣方济各的神迷》（*St. Francis in Ecstasy*，插图1.24）中。这幅描绘神情恍惚的圣方济各演示基督受辱情景的画作展示了贝里尼对待风景的典型手法。他把画面分为几个部分，第一部分围绕前景中的圣徒展开，接下来的场景被一只驴子和仙鹤所占据，第三部分画面是一座被山坡环抱的意大利城堡，画面的最后部分是要塞和天空。为了增强真实感，贝里尼在画中不但使用了丰富的色彩，还使用许多物体把观察者的视线引向远方。他还让画面铺洒上自然光线以增强写实效果。这幅风景生动地描绘了动植物，表达了方济各认为人类应该和自然界和谐相处的信念。

音乐

15世纪影响欧洲文化生活的变革很自然地也影响到了这个时代的音乐。但是由于古代音乐的文本几乎都已经散佚无考,所以音乐向新方向发展的动力不是来自古典主义的源泉。新音乐的发展应当归功于英国作曲家和大陆作曲家在一些教会会议上的相会,这些会议是为解决基督教大分裂而召开的,以及大陆作曲家对英国音乐诱人曲调的尊崇。英国作曲家约翰·邓斯泰布尔(John Dunstable,约1380—1453年)是开始于15世纪初的音乐新纪元的中心人物。他在英国和法国工作,主要谱写宗教作品,如多声部赞美诗以及弥撒的配乐,这些作品展现了他对复调音乐日趋和谐的把握。他所作乐曲的一个特点是摆脱了数理对称的窠臼,而数理对称乃是中世纪音乐不和谐的源泉。

图1.24　乔万尼·贝里尼:《圣方济各的神迷》。1470年代。木板蛋彩油画,124.5×141.9厘米。纽约,弗里克美术馆藏

在前景中,安排的是阿尔维尼亚(Alvernia)的岩洞,一个位于阿西西(Assisi)附近的山区隐修处,在那里圣方济各祷告和斋戒四十天,模仿耶稣在旷野中的四十天。画家通过不同象征物强化了这幅画的宗教意义,葡萄藤和圣痕暗指耶稣的牺牲,中景处的驴子象征耶稣被钉死在十字架之前进入耶路撒冷。

邓斯泰布尔的音乐影响了法国、勃艮第以及佛兰芒的作曲家,他们被称作法国—尼德兰乐派。这个乐派把北欧和意大利的传统同邓斯泰布尔的和谐方法结合起来,成为15世纪音乐的主导力量。这些人的主要作品有**拉丁弥撒**(Latin Masses,插图1.25),即为基督教宗教仪式的配曲;赞美诗,即配以拉丁歌词的多声部歌曲;世俗歌谣(Chanson),包括配以法文歌词的法国叙事曲和配以乐曲的二声部或六声部韵文构成的意大利牧歌。这些宗教乐曲反映了文艺复兴早期的音乐理念:用同样力度的多个嗓音唱一首**无伴奏合唱曲**(a cappella),强调歌词吐字清晰,以便让听众听明白意思。

在1430—1500年间,来自法国—尼德兰乐派的作曲家主导了欧洲大陆的音乐界,其中最著名的是勃艮第人德普雷(Josquin des Prez,约1440—1521年)。德普雷在他的时代影响巨大,现在也被认为是历史上最伟大的作曲家之一。他是第一个用音乐来表达观念的重要作曲家,他谱的曲与歌词相匹配,从而

图1.25 在勃艮第公爵善良者菲利普（Philip the good）宫廷中的弥撒。比利时布鲁塞尔，阿尔伯特一世皇家图书馆。15世纪

这幅小插画展现了在勃艮第公爵善良者菲利普宫廷中的一场弥撒的场景。菲利普在自己的领地，包括今天荷兰、比利时和法国的很多城市中赞助美术和音乐事业，这吸引了一批出色的画家和音乐家来到他的宫廷中。一个偶然的机会，法国—尼德兰音乐流派的约翰·邓斯泰布尔来到了他的宫廷。在这幅画中，牧师在祭坛上准备祭品，身后是他的随从。右边，唱诗班穿着白色长袍，聚集在音乐台前，唱拉丁弥撒曲。在中间靠后的背景上，站着一个穿黑衣的勃艮第王室成员，由两个仆人服侍着。

使音乐摆脱了中世纪抽象的教会风格。当时人们认为他创作的一首赞美诗比绘画能更强烈地唤起人们对基督受难的感受。德普雷还开始以现代的方法组织音乐，使用主次两个音阶，并配以相应的和声。总之，他也许是西方第一位谱写出一下就能吸引住现代人心弦的乐曲的作曲家。

德普雷的向圣母玛利亚祈祷时用的经文歌《圣母颂》（*Ave Maria…Virgo Serena*，1502年），展现了与中世纪时期的抽象音乐截然不同的新的表现形式。这个乐曲的开头以格里高利圣歌为基础，但很快就引入了一个德普雷创新的主调。这首经文歌分为7个部分，每一部分都使用了不断变化的音调组合。在开始部分德普雷还在乐曲中使用了复调**模仿**（imitation）的手法，这种音乐技巧发挥的作用就像是接力赛跑。接下来的第二段《充满恩宠》(*gratia plena*) 又是另外一个曲调，这个曲调也在不同的旋律中不断重复。曲子的第一部分创造了一种音乐重叠装饰的效果。经文歌的第二部分使用了一个高音二重奏，接着又使用了一个模仿它的低音二重奏。接下来在带有歌词的《新的喜悦》(*nova laetitia*) 部分加入了一个四声部合唱。然后，接下来的四部

早期文艺复兴的遗产

现在人们认为"近代"是从意大利的早期文艺复兴开始的。在这个时代重新兴起了艺术和人文的研究和实践,出现了"文艺复兴人"概念,所谓"文艺复兴人"是一些超级天才,他们的眼界扩展到所有的人类知识领域。在人文主义的强力推动下,美术击败宗教,重新获得了在教育体系中的主导地位——自公元4世纪基督教取得全面胜利以来的一千年里,美术一直无法享有这种主导地位。伴随人文主义而来的是一种怀疑论的思想,这种思想促使人们重新思考人在历史上的作用并催生了文本校雠学。文艺复兴人文主义思想的一个全新部分是个人的自我实现,这可能是此后西方文化的主要特征。

在人文主义知识魅力的影响下,最伟大的变革出现在艺术和建筑领域。从建筑中分离出来的雕塑和绘画变成了独立的艺术门类。在古希腊—罗马传统的启示下,15世纪的建筑师吸收古典主义的形式和思想来满足自己的需要。在接下来的400年时间里,古典主义在一系列前后相继的建筑风格中始终占据主导地位,一直到19世纪哥特式风格重新兴起为止。雕塑也从古典主义出发,重新定位自己的发展方向,恢复古典主义形式,并开始表现男女裸体的形象。在所有的视觉艺术中,绘画受古典传统的影响最小,他只是接受了古典传统简约和写实的理念而已。可能正是由于它拥有的艺术自由,绘画成为那个时代最重要的艺术形式,并且延续到今天也仍然如此。

分随着节奏转换而变化了四种声部配合方法,每部分在结束时都有一个短暂的休止。歌曲在持续不断的和弦中合唱"噢,上帝之母/记住我。阿门"结束。

文化关键词

文艺复兴(Renaissance)
早期文艺复兴风格(Early Renaissance style)
半露方柱(pilaster)
明暗对照法(chiaroscuro)
拉丁弥撒(Latin Mass)
模仿(imitation)

人文学(studia humanitatis)
灭点(vanishing point)
浮雕(relief)
渐次渲染(sfumato)
无伴奏合唱曲(a cappella)

批判性思考提问

1. 意大利的政治和社会生活与文艺复兴之间可以找到哪些联系?
2. 给市民人文主义(civic humanism)下个定义,说明它如何成为意大利文艺复兴的特点的。

3.早期文艺复兴的知识特征是什么？

4.中世纪和早期文艺复兴有根本的不同吗？

5.通过说明具体的画家、他们的成就以及他们作品的指导思想来探究从马萨乔到达·芬奇早期文艺复兴绘画艺术的演变。

2 文艺复兴盛期和早期矫饰主义

1494—1564年

在意大利历史上，1494—1564年是西方历史上最具有非凡创造力的时代之一。在这短短70年的时间里涌现出了三位美术家——列奥纳多·达·芬奇、拉斐尔、米开朗琪罗——和一位作家马基雅维利，他们的成就传为佳话。这些天才人物以及其他才华过人但声誉稍逊的美术家和学者的作品不但左右了西方艺术观念，还从根本上影响了我们理解自身和世界的方法（插图2.1）。

文艺复兴盛期（High Renaissance）从1494年开始到1520年结束，此时强调的美丽、均衡、秩序、恬静、和谐以及以数理规则构图的古典主义原则逐渐达到近乎完美的境界。文化的中心由早期文艺复兴的中心城市佛罗伦萨转移到了罗马，在那里希望把罗马建设成世界上最美丽城市的教皇们成了这种新风格的主要赞助者。但是1520年后文艺复兴运动从古典主义的人文主义价值观转向被称作**矫饰主义**（mannerism）反人文主义的世界观，它因这一时期艺术家和学者作品中采用不自然或者说"矫饰的（mannered）"风格而得名。矫饰主

◀米开朗琪罗：《圣母怜子》。1498—1499年。大理石，高2.34米。梵蒂冈，圣彼得大教堂

义艺术和文化流行于从1520年到16世纪末，在此期间这种风格还深受宗教论战的影响。本章论述了中期文艺复兴风格和随1564年米开朗琪罗去世而结束的矫饰主义风尚的第一阶段。

2.1　近代主权国家的兴起

16世纪前半期最重要的政治成果是在刚刚统一和稳定的法国、英国和西班牙形成了强大的主权国家。主权国家从15世纪晚期就已经开始出现了，但直到此时它才开始影响外交事务。这些雄心勃勃的王国之间不断争斗形成了势力均衡（balance of power）的概念——这一原则直到今天仍然主导着政治。

从1494年到1569年，法国和西班牙直接或间接地控制了欧洲

图2.1　米开朗琪罗：《垂死的奴隶》（*Dying Slave*）。1513—1516年。大理石，大约高2.26米。卢浮宫藏

米开朗琪罗的所谓的《垂死的奴隶》体现了1494到1564年间相互冲突的美术趋势。这尊雕塑的特征都是理想化的：身体比例匀称、肃穆的面部表情、身体呈现出优美的"S"型，这些都是文艺复兴盛期艺术风格的典型标志。不过雕塑优美的线条和夸张的胳膊动作可能是受到了最近发现的公元1世纪《拉奥孔群像》的启发，这预示了早期矫饰主义的到来。

的国际政治生活。从14世纪早期开始统治法国的瓦洛亚（Valois）王朝雄才大略的国王们使法国占据了欧洲政治的中心地位。此时的西班牙先是在斐迪南五世（Ferdinand V）和伊莎贝拉（Isabella）共同当政、后在查理一世（Charles I）统治时期兴盛起来。1519年查理一世还被选为神圣罗马帝国皇帝查理五世（Charles V，他属于哈布斯堡王室），这使得西班牙和神圣罗马帝国的利益联系起来，这种状况一直延续到他1556年退位。这一时期的英国远离欧洲大陆事务。

1591年后，法国和西班牙统治者不断调遣他们的部队和盟友进入弱国进行争战以夺取新的土地。随着主权君主国势力不断壮大，查理曼大帝、教皇和神圣罗马帝国皇帝们追求的统一基督教王国的中世纪梦想逐渐消失了。新国家因团结在不断中央集权的统治者周围而强大起来。尽管大多数国王宣称自己的统治是受命于天，但他们的实际政策却更重视提升自己的实力。国王周围聚集了一批依附于王权的大臣和顾问班子。大臣们往往选自中产阶级，他们在宗教和战争等重大问题上向国王建言，同时还掌管刚刚出现的职官机构。职官机构通过把国王的管辖权扩展到以前由封建贵族掌管的事务领域，如司法体系，从而强化了中央集权统治。

从中世纪晚期开始，国王不再依赖武士阶层，转而依靠雇佣兵部队作战，这一转变进一步削弱了封建贵族的地位。为了供养这些部队，国王不得不同像英国议会那样的代议机构进行协商，进而把这些代议机构变成了皇室统治机构的一部分。

争夺意大利的斗争，1494—1529年

1494年，法国的入侵打破了1454年"洛迪和约"之后意大利相对宁静的状态。在接下来的35年里，意大利变成了法国、西班牙和神圣罗马帝国彼此之间以及他们同教皇国和大多数意大利城邦之间相角逐的战场。

这场角逐伴随着渴望重新获得对那不勒斯领地的世袭占有权的法国在一场涉及那不勒斯、佛罗伦萨和教皇的争斗中支持米兰而开始。1494年，法王查理八世（1483—1498年在位）占领了佛罗伦萨，接着向罗马和那不勒斯发起进攻。但意大利人没有轻易放弃。在神圣罗马帝国皇帝和西班牙君主的支持下，威尼斯和教皇联手把法国人赶出了意大利。1499年，法国人重返意大利再次要求得到米兰，西班牙人和德意志人联合意大利人打败了法国人。在接下来的几十年里，法国仍然不断入侵意大利。不过在此过程中，迷醉于意大利文艺复兴文化的法国统治者把它的艺术和知识理念带到了欧洲北部（插图2.2）。

1522年，法国和神圣罗马帝国之间爆发了决定意大利前途的全面冲突，

图2.2 让·克洛埃特（Jean Clouet）：《弗朗西斯一世》。约1525年。板上油画，96×74厘米。卢浮宫藏

在32年的统治期间，弗朗西斯一世受意大利文艺复兴的启发，着手开展了内容广泛的文化项目，目的是让自己的宫廷成为欧洲最华丽的朝堂。在弗朗西斯一世的直接安排下，包括列奥那多·达·芬奇在内的意大利工匠和美术家被引进到法国。具有讽刺意味的是，这幅风格化的肖像画的作者让·克洛埃特是弗朗西斯一世的首席画家，他从墨守成规的哥特肖像画风格获得的艺术营养比从意大利文艺复兴现实主义作品获得的灵感要多。

这是一场老欧洲对抗新欧洲的角逐。查理五世统治下的神圣罗马帝国是四分五裂的封建残余。而在机敏勇敢的瓦洛亚王朝弗朗西斯一世（Francis I，1515—1547年在位）统治之下的法国是新兴主权国家的代表。

第一次哈布斯堡—瓦洛亚战争（1522—1529年）是唯一一次发生在意大利的战斗。1527年，查理五世的部队在罗马奸淫、掠夺、屠杀，从而引发了一场骚乱。这场对罗马城臭名昭著的洗劫带来了两个重要后果。首先，它表明世俗领袖不再尊重教皇的世俗权力，人们开始怀疑教皇长期追求的控制意大利的能力。其次，它结束了教皇对艺术近十年的赞助，从而削弱了罗马作为文化领导者的地位。它对艺术理念产生了令人寒心的后果，导致了矫饰主义的兴起。

1529年签订的"坎伯雷条约"（Treaty of Cambrai）结束了哈布斯堡—瓦洛亚冲突的第一阶段。连年的入侵和战争使意大利的大多数地方四分五裂并且衰落下去。一些城市遭到了几乎是不可弥补的损害。遭到了巨大损失的佛罗伦萨状况最糟。1530年代，美第奇家族重新获得了佛罗伦萨的统治权，但他们不过是控制意大利半岛大部分地区的外国人的傀儡。唯一保持政治独立的意大利城市国家是威尼斯，它成了16世纪余下的时间里意大利艺术家和学者们最后的避难所。

查理五世和哈布斯堡帝国

到1530年，瓦洛亚王朝和哈布斯堡帝国的争夺转移到中欧。法国感到自己处于南方的西班牙人、东方的德意志人和北方的荷兰人的包围之中，这些人都处于哈布斯堡皇帝查理五世的统治之下。在法国人眼里，查理五世对权力和控制欧洲大陆有种贪得无厌的欲望。而哈布斯堡统治者认为法国国王是个渴求土地的暴发户，法王梦想使欧洲处于一个天主教君主的统治下，换句话说，实现基督教王国的梦想。经过一连串令双方精疲力竭的战争和法国一系列的胜利后，双方于1599年签订了"卡托—康布雷齐和约"（Cateau-Cambrésis），和约带来了短暂的和平时期（地图2.1）。

查理五世处在大多数这些事件的中心，他的一生充满矛盾（插图2.3）。由于他的帝国版图辽阔，在理论上他是前所未有最有权势的统治者；但事实上，同样由于领土广阔，他从没有成功地完全控制自己的帝国。从某些层面来说，他是最后一位中世纪的君王；但在另一方面，他又开创了一个由王权、常备军、外交条约和严重宗教分歧所共同推动的新时代。

查理五世在欧洲政治大动荡中的独特地位是由一系列恰到好处的死亡和诞生以及精明政治联姻形成的。这使得哈布斯堡王室统治者手中汇聚了大量的权力、财富和土地。查理1500年出生，父亲是德意志人，母亲是西班牙人，他是神圣罗马帝国皇帝马克西米利安一世（Maximilian I）的孙子和西班牙国王斐迪南五世的外孙子。他领有今天西班牙、法国、意大利、德意志和奥地利的土地，还拥有新世界刚刚获得的土地上的无数财富。到1519年，查理五世——同时还是西班牙的查理一世——统治着世界上已知的疆域最辽阔的帝国。

在查理一生中大部分时间里，他都从一个领地赶往另一个领地、打仗、签订条约，努力通过自己的控制手段和各方妥协来统一其帝国。查理五世的注意力常常分散，被西方的法国人和东方的土耳其人这两大仇敌纠缠不休，他们耗尽了查理的精力和其帝国的资源。

在神圣罗马帝国内部，查理五世长期不坐殿和全神贯注于法国和土耳其事务使德意志各公国的君主们常常从中渔利。马丁·路德（Martin Luther）反抗和新教改革（Protestant Reformation）开始后，他们不断损害皇帝的利益来获得政治权力（参见第3讲）。查理自相矛盾的政策也削弱了自己的权势。他插手德意志公国事务和谴责路德派教义的行为不时触怒公国心怀不满的王公们，另一方面，他向清教徒让步又惹恼了教皇。

查理对此感到身心俱疲，同时因自己无法君临欧洲而大失所望，他于1556年逊位，归隐于一所修道院。他的兄弟斐迪南继承了他在德意志—奥地

地图2.1　查理五世的欧洲帝国，约1556年

　　这幅地图展示了神圣罗马帝国皇帝查理五世、同时又是西班牙的查理一世国王所拥有的广阔领土。1.注意查理五世继承和夺取的土地。2.找出神圣罗马帝国的边界。3.在神圣罗马帝国的内部和外部谁是查理五世的敌人？4.思考查理五世在统治其地理上分离同时在文化上多样性的帝国所面临的挑战。5.在法国对查理五世帝国的态度中地理因素有多大影响？

图 2.3　提香:《查理五世与狗》。约 1533 年。布面油画，1.91×1.1 米。马德里，普拉多博物馆

提香这幅查理五世的全身肖像画于这位哈布斯堡皇帝权势如日中天的时候。在这幅画中这位"世界的统治者"以对立平衡的形式站立，手指随意地抠着他的狗的项圈，提香笔下的皇帝自然优雅。光线照亮了查理，把他从黑暗的背景中凸显出来，令人屏息的安静的氛围包围着查理五世和狗，这幅画是典型的提香风格。

利的遗产，很快又被选为神圣罗马帝国皇帝。他儿子菲利普控制了西班牙哈布斯堡王朝部分，包括西班牙、新世界领土和尼德兰。查理追求统一的欧洲和基督教王国的幻想终结了，这一幻想早已在无尽的会议、血腥的战争以及对和平与统一的失望交织中成了一场噩梦。

2.2　经济扩张和社会发展

到 15 世纪末，欧洲差不多已经从瘟疫的打击中恢复过来，16 世纪欧洲人口持续增长，社会不断繁荣。商业中心从地中海向大西洋沿岸转移，这使得诸如伦敦和安特卫普等城市成为金融业和商业中心。技艺精湛的工匠生产出优质产品，敬业的商人把这些商品销售到西北欧大部分地区。大胆的航海探险以及15世纪末、16世纪初的地理大发现为欧洲带来了来自美洲的新原料。新生产工艺刺激了经济增长并扩大了世界市场。

人口统计、经济繁荣和全球性世界的开始

现代研究表明欧洲人口1400年是4500万，到1500年增长到6900万，到1600年增加到8900万。社会更加城市化了，人口大量从乡村移居城市，1500—1600年间，10万人口以上的城市由5个增加到8个。例如，罗马的人口从1526年大洗劫前的5万增加到16世纪末的10万人。

对大多数城市中产阶级来说，繁荣带来了更高的生活标准，但在这个世纪的大部分时间里，物价的增长幅度超过了工资。那些没有从持续经济增长中获得好处的人——如贫苦农民或依靠贫瘠农田为生的没落贵族——受苦最多。在遭受通货膨胀或农业和商业萧条打击最严重的欧洲地区，经济危机时常同社会和宗教问题交织在一起，这些问题使区域和地方之间由来已久的差别更为加剧。

然而繁荣为某些人提供了赚钱的机会。许多商人在发财致富的同时为其他人提供了就业机会。这些商人和放贷的银行家还积累资本，投资其他盈利活动。查理五世的军事活动就得到了富裕银行家的资助，这些银行家在组织完善的货币市场上十分活跃。剩余资本积累和再投资标志着为未来欧洲经济扩张奠定基础的商业资本主义出现了。

到1550年，新世界丰富的原料和巨大的潜在市场刚刚开始影响欧洲经济。南美洲的黄金和白银对于物价的螺旋形上涨产生了重要的影响。1650年后新世界的农产品，如烟草、棉花和可可，被用来制造新的工业产品，这对消费习惯的改变意义深远。

在这些经济变迁中最重要的是奴隶贸易。一些欧洲人利用奴隶制和西非现有奴隶贸易机制购买非洲人并把他们运到新世界的殖民地进行残酷剥削。非洲人被迫在中南美洲的金银矿和西印度群岛的棉花和甘蔗种植园里劳动，在这些地方他们成为这种新型财富生产形式的一大要素。

技术

文艺复兴盛期是在技术进步的推动下发生巨大经济和社会变革的时代。发明家和思想家推动了这个生机勃勃的时代的发展，他们的发明和发现打开了探索未知世界的大门。在这个变革过程中，火药武器的改进是其中最具有标志

性的成就，火药武器使旧式的战争方式变得过时，进而逐步改变了正在兴起的民族国家的势力均衡状态。

航海 从1492年开始，欧洲开始探索并征服了世界上的诸多地区。探索活动出现的背景是基督教信仰的扩展，但其真正动机却是为了获取黄金、商品以及其他财富。在对海洋和海风知识了解的基础上，导航工具、船只和航行技术发展起来。欧洲进入探险时代并很快地统治了全球，直至20世纪中叶。

在导航和航海技术方面的历史性进步包括：

- 指明方向的磁石指南针
- 确定纬度的星盘
- 对主要的海风和洋流的路径不断了解

这些技术进步让航海家们越行离欧洲越远。1522年，这些航海活动达到一个高峰，葡萄牙航海家麦哲伦（Fernao de Magalhaes，约1480—1521年）率领的船队完成了西方人的首次环球航行。

在制造航海船只方面的重大创新包括：

- 1400年以后单层甲板大帆船（galley，一种以桨和帆为动力、配备有装甲的登船设施的战船）成为主要的海战船只。
- 1450年后，单层甲板大帆船被改进成使用方形帆并在甲板上装配火炮的战船。
- 葡萄牙和西班牙人把单层甲板大帆船改进成被称作小型快帆船（caravel）的货运船只（这是一种船体略圆、头尾高耸的三桅帆船）。
- 小型快帆船后来被大型帆船所取代，1550—1700年间它成为欧洲全球贸易和海军的主要船只。

大型帆船是如此成功，以至于欧洲战争的胜负往往取决于海战，例如1588年英国战胜西班牙的无敌舰队。

战争 其中影响最深远的技术变革是火药武器的出现，包括：

- 大炮（14世纪早期）；最早被用来轰击城堡的墙和城镇，如以火药发射、装填石头和金属碎块的攻城火炮。
- 重量较轻、不易生锈的青铜炮很快取代了铁炮。
- 还出现了兵工厂和铸铁工艺，造出了枪和子弹。

图2.4 列奥那多·达·芬奇：《努力移动一尊巨炮的人们》。约1488年。铅笔和墨水，素描。皇家图书馆，温莎宫藏

达·芬奇的这幅素描不仅仅是描绘了一个16世纪铸造厂的场景。一方面我们可以从图上的细节——使用轿车和滑轮、工具和设备以及不同的大炮——中得到很多信息，画家还展示出机器逐渐控制了人们生活。达·芬奇着迷于战争机器，但他也理解它们的破坏性力量，他写道："它一旦出现，就将会杀人夺命，摧毁城市和城堡。"

随着这些技术进步的出现，欧洲出现了最早的军备竞赛：西班牙大约从1500年开始领先，1600年后荷兰和英国赶上。囤积武器成为每个主权国家的需要，而新的战略战术也改变了战争的特点。

对新武器系统如何改变战争有深刻理解的人有画家兼科学家达·芬奇（参见"绘画"部分）。他设计了投石机、巨型十字弓和大炮。他计算投石机和大炮发射的弹丸的轨迹，画出了装甲车、潜水艇和飞行器的设计图。作为军事工程师，他为设计城市防御工事的人提出建议。达·芬奇对知识的探究不仅让他发明了武器，他还思考这些毁灭性装置如何让人变得野蛮而无人性（插图2.4）。

科学和医学

虽然这一时期科学进步没有技术进步的直接影响那么广为人知，但其影响可能更加持久。

在自然科学领域，达·芬奇在观察、实践和理解方面再次走在前列。他的天才在自然科学的各个领域得以呈现，尤其是在对人体的研究上。在他研究的领域里，他可能超越了所有的前人。他解剖尸体，进行详细记录并描述了器官、骨骼和肌肉的情况，还画出了详细的解剖图。尽管他的著作和解剖图在他生前并未公开，但达·芬奇在理解人体以及骨骼、肌肉和器官的机能方面所取得的成就反映了文艺复兴时代人们渴望理解我们自身和外部世界的情况。

1400—1600年之间意大利在医学领域的研究在欧洲是最优秀的。在这一时期，通过大城市的地方管理者的创造性工作，意大利取得了另一个新进步，这些官员赋予意大利文艺复兴另一个特征：**市民人文主义**（civic humanism）。市民人文主义是古希腊、罗马文化的另一个产物。意大利的市政管理者——受过希腊和拉丁文化教育、具有风险精神的人们——把自己看成是和古代城市里的市政公仆一样的人。他们同样也努力建立负责高效的城市管理机制。例如，他们的目标之一就是建立覆盖全城的包括医生和药师在内的委员会来应对公共卫生问题，尤其是瘟疫和其他传染病，这一举动对于医疗事业具有重大影响。虽然不具备细菌致病的知识，但健康委员会采取了在那时行之有效的做法。例如，从15世纪开始，他们就知道建立控制隔离区来隔离疫区，以防止传染病在人群中传播。这些新建立的城市健康委员会拥有广泛的执法权，如记录每一死亡案例及死因，检查食品市场，管理城市卫生状况，以及监督坟墓、墓地、医院甚至还包括乞丐和妓女。

2.3 从文艺复兴盛期到早期矫饰主义

文艺复兴盛期风格的特点大多来自视觉艺术。在推崇古代古典主义、特别是公元前5世纪晚期希腊古典主义理念的画家、雕塑家和建筑师的倡导下，文艺复兴盛期充满了恬静、和谐与英雄主义的艺术造型。执着于古典主义和简朴谨严的艺术家们试图以看似轻松的原则来驾驭庞杂无序的物质世界。

尽管视觉艺术主导了中期文艺复兴，但文学形象也为这个时代作出了贡献。文艺复兴盛期的作家们从古典主义那里借用了两个主要的美学目标，世俗主义和理想主义。历史学家同他们的古代前辈一样从人的原因而不是神的活动中去阐明当代事件——这是世俗精神不断增强无可置疑的证据。事实上，世俗主义对历史写作的影响比对艺术和建筑的影响更深刻，在这两个领域中教会的赞助和宗教主题仍然占据支配地位。正在增长的世俗意识还表现在论举止的流行手册中，这些手册指导人们如何成为一名理想的绅士或淑女。尽管在古代文献中没有这类著作，但这些作品通过理想主义式的行文来表现主题，具有古典主义的特征。

文艺复兴盛期对古典主义的关注和早期文艺复兴对古代事物重新感兴趣

历史分期表2.1　1494—1564年意大利文化风格

1494		1520					1564
	文艺复兴盛期		早期矫饰主义				
法国入侵意大利	1508—1512 米开朗琪罗的西斯廷礼拜堂天顶壁画	1519 达·芬奇去世 1520 拉斐尔去世	1532 马基雅维利的《君主论》出版	1536—1541 米开朗琪罗的《最后的审判》壁画	1550 帕拉蒂奥的圆厅别墅	1564 米开朗琪罗去世	

　　的不同很大程度上是创作感觉的变化。从晚期哥特风格中演化来的早期文艺复兴艺术家们找到了重新把握古代艺术和建筑和谐精神的新途径。文艺复兴盛期的天才们吸收早期文艺复兴的经验，成功地创作出了具有规范化形式和理想化美感的杰作。文艺复兴盛期的大师们高度自信使他们创作出了同他们自身和外在世界相和谐的作品，这正是古典主义艺术的特点。

　　尽管文艺复兴盛期成果辉煌，但它在西方文化史上不过是一个转瞬即逝的时期，从1494年的法国入侵开始，到1520年拉斐尔去世（此前达·芬奇于1519年逝世，历史分期表2.1）结束。在这个时代，文艺复兴教皇们再也没有金钱来资助美术和文学了。在14世纪的大灾难之后，教皇似乎已使教会恢复了像中世纪中期所具有的活力。但是事实上，16世纪早期的教皇主持着风雨飘摇的教会统治。往北，在德意志，一场理论风暴正在形成，这场风暴将最终造成基督教的大分裂并破坏教皇对基督教世界的统治。这场宗教危机，再加上文艺复兴盛期艺术不断增强的夸张潮流和1527年对罗马的大洗劫，导致了矫饰主义的发展和它在意大利的扩展，并最终传播到整个西欧（插图2.5）。

　　矫饰主义画家、雕塑家和建筑师偏离了文艺复兴盛期艺术的两个指导原则——描摹自然和追求古典理想。不同于文艺复兴盛期的大师，矫饰主义画家特意选择其他的透视画法，以引起观察者对艺术家的技巧效果和他们个人视角的注意。拒绝了理想主义理念的矫饰主义雕塑家把人物造型改变和扭曲成奇异的姿势来表达自己对于美的理解。同样，矫饰主义的建筑师通过设计令人吃惊的建筑来耍弄他们观众的情绪和期待。随着对世界不安定感的增加，在矫饰主义美学的背后隐藏着对人类内在价值的质疑甚至是否定和对人类本质的消极映像，以及对世界日益增长的不安全感。

图2.5 《教皇克里门特七世被围困于圣安杰洛城堡》。1554年。雕版画，15.7×22.9厘米。汉堡，美术馆

这幅雕版画描绘了1527年罗马陷落期间查理五世的帝国军队围攻教皇的行宫之一的圣安杰洛城堡的情形。画的作者同情教皇，这表现在巨大的圣彼得雕塑（右边，拿着钥匙）和圣保罗雕塑（左边，拿着宝剑）看上去十分失望。被围困在城堡中的克里门特七世从顶楼中间的一个阳台上往下凝视。

文学

意大利文艺复兴盛期的杰出作家们从希腊罗马经典中摄取主题和价值观。他们的想象力源自古典主义理念humanitas，这是一个在古代由西塞罗创造的词汇，它可以翻译成"人性"（humanity），意指机敏的人所具有的智慧、幽默、宽容和热情。尽管有部分保留，文艺复兴盛期的作家们也服膺古典主义的基本信条，即人的天性本质上是理性和善良的。文艺复兴盛期文学最杰出的代表作是美术家米开朗琪罗创作的诗歌，他的爱情诗和其他抒情诗很好地贴合了文艺复兴的传统。

但是，即使在文艺复兴盛期文学短暂盛极一时的时候，佛罗伦萨作家马基雅维利（Niccolò Machiavelli，1469—1527年）矫饰主义风格的作品就开始出现了，其作品的中心思想是反古典主义精神的。虽然马基雅维利所受的教育是古典主义的，他自己也是严格的理性主义者，但他却得出人类具有无法克服

遭 遇

葡萄牙人的探险为一个新世界的出现搭建了舞台

葡萄牙掀起了欧洲人向海外输出他们的人民、传统和文化的第一波浪潮。葡萄牙诗人卡莫斯（Louis Vaz de Camoes）像古代诗人维吉尔那样写了一首叙事诗来颂扬进行探险的他的同胞，同时也昭示了一个新的地理大发现时代的开始。

葡萄牙人抵达非洲、印度和远东开启了一个国际商业贸易的新时代，促进了民族、种族和文化的交流，改变了世界历史的进程。葡萄牙人探索了大西洋上的岛屿，沿非洲西海岸进行黄金和奴隶贸易。到1490年代，他们为了寻找可以越过中东穆斯林贸易体系前往亚洲的航线来到非洲南端的好望角。1497年在穆斯林水手的帮助下，达伽马从里斯本出发，航海绕过好望角，来到非洲东海岸，然后穿越印度洋在印度的古里（Calicut，即现在的加尔各答）登陆。达伽马两年后返回葡萄牙，他的船装满了胡椒和香料。葡萄牙人沿非洲海岸经印度东部到中国的商路建立了贸易站和要塞。他们垄断了香料和胡椒市场，控制了欧洲和远东之间的海上航线。在16世纪的大部分时间里，虽然这个国家领土面积不大，人口不多，但却是欧洲最富裕的国家。不过葡萄牙帝国很快就扩张过度了，开始遭到西班牙、荷兰、法国和英国的挑战，这些国家也正迈入欧洲的地理大发现时代。

葡萄牙声誉卓著的诗人卡莫斯（约1524—1580年）在他的叙事诗《卢济塔尼

路易斯·卡莫斯《卢济塔尼亚人之歌》卷首插画。1655年

在这幅作者佚名的画中，卡莫斯穿着像个战士，还戴着诗人的桂冠——这在古典文化中是荣誉的象征。他写到自己失去一只眼睛让他明白了战争的代价，提醒他为自己的个人英雄主义和自己国家的开疆拓土所付出的努力。

亚人之歌》(*The Lusiads*)中记录并颂扬了达伽马航行壮举造就的伟大葡萄牙时代。卡莫斯出身小贵族家庭，他父亲是个船长，他的航行经历可能也激发了卡莫斯的创作灵感。卡莫斯上的葡萄牙大学恰好受到文艺复兴思想的影响，他在那里学习了希腊文和拉丁文的古典文献。1546年之后他开始了冒险生活：在北非参军，到印度旅行，在远东为葡萄牙政府服务，并在1570年回到家乡。他在自己多年动荡生涯中创作的《卢济塔尼亚人之歌》出版于1572年。葡萄牙政府为了褒扬他创作的这首诗，给了他一小笔津贴，使他直到1580年去世前都过着还算可以的生活。

《卢济塔尼亚人之歌》的名字来源于传说中葡萄牙的创建者卢瑟斯（Lusus），这首诗模仿了维吉尔的诗歌《埃涅阿斯纪》(*Aeneid*)。诗歌共有十章，详细叙述了达伽马前往印度的航行。在这部叙事诗中，达伽马和他的人遭遇了各种敌人（通常是穆斯林），遇到了一位友善的国王，达伽马向他讲述了葡萄牙的辉煌历史，在印度建立了贸易商行，最后像英雄般载誉而归。像《埃涅阿斯纪》一样，作者从故事的中间、达伽马前往印度东海岸的情节讲起。接着卡莫斯给诗歌加入了起重要作用的希腊和罗马的神话人物：维纳斯和玛尔斯帮助达伽马，而巴库斯（酒神）则阻挠达伽马。

卡莫斯不仅仅是一个有成就的诗人，他还是16世纪葡萄牙和欧洲的代言人。葡萄牙把自己塑造成一个伟大的国家，是通向未来欧洲的先驱，将欧洲从外敌的手中拯救出来，并且帮助在全世界传播基督教思想。而且从跨文化的视角来看，他把葡萄牙甚至欧洲的未来与到那时尚不为人知的海外世界联系起来了。

读"遭遇"，学知识
1. 什么优势促使葡萄牙变成了一个从事海外探险的国家？
2. 葡萄牙和远东遭遇的后果有哪些？
3. 比较《卢济塔尼亚人之歌》和维吉尔的《埃涅阿斯纪》。
4. 讨论《卢济塔尼亚人之歌》与欧洲文化多元主义出现之间的关系。

的缺点的结论。把马基雅维利的作品和外交官兼廷臣卡斯蒂廖内（Baldassare Castiglione，1478—1529年）的作品放在一起进行比较，文艺复兴盛期的理想主义精神和矫饰主义反传统观点的区别便十分清晰地体现出来。尽管两本书都可称为人类行为的指南，但其相似之处仅此而已。

米开朗琪罗　同达·芬奇一样，米开朗琪罗是典型的"文艺复兴人"，集中体现了这一时期的文化理念。除了在建筑、绘画和雕塑领域取得了辉煌的成就以外，米开朗琪罗还是一位出色的诗人。他的短诗（主要是十四行诗）有三百多首留存下来，这些诗主要创作于1532到1548年。虽然他的诗在今天并不出名，但当时在其朋友和恩主中间流传甚广。例如，1547年一位米开朗琪罗的仰慕者在佛罗伦萨学院宣读了米开朗琪罗的一首诗，受到很多人关注，并进一步在更大的人群中流传。

米开朗琪罗的诗要么采用辞藻华丽的彼特拉克风格（参见第1讲），要么采用一种不规则的诗体——**牧歌**（madrigal）的形式，注意这里的牧歌不能同英文的"复调合唱曲"（madrigal）混淆（参见第3讲的"音乐"部分）。米开朗琪罗文艺复兴盛期风格中的古典主义元素包括彼特拉克风格和他还是年轻人时在佛罗伦萨和威尼斯宫廷里学到的新柏拉图主义哲学。在他的诗歌中，柏拉图式的爱情虽然源于肉体之美，但最终却会通往神圣的境界。米开朗琪罗在他那个时代的另一个贡献是通过诗歌描绘了他作为一个身体力行的美术家和面对衰老和死亡的男人的生活。

卡斯蒂廖内 卡斯蒂廖内的声誉来自其作品《廷臣论》，或者简单地称为《廷臣》，这是文艺复兴盛期最有影响最著名的书之一。他写这本书的目的是打算给意大利的宫廷社会的人们阅读。《廷臣》于1528年出版，到16世纪末期已经翻译成了大多数西方语言。它很快成为欧洲上流社会文雅活动的圣经，直到两百多年以后依然如此。甚至在21世纪初的今天，卡斯蒂廖内为文明行为设定的规则依然没有完全过时。

卡斯蒂廖内（插图2.6）是曼图亚人，他的礼仪指导原则来自于意大利北部乌尔比诺（Urbino）宫廷的生活，1504—1517年间，他在那里得到了当地蒙特费尔特罗（Guidobaldo da Montefeltro）公爵（参见图1.2）的恩庇。他的宫廷同僚优雅的谈话给他留下了深刻的印象，特别是乌尔比诺的女公爵伊莉莎贝塔（Elisabetta）的魅力深深地吸引了他，卡斯蒂廖内决心用写作记录下自己的经历。《廷臣》是以对话的形式写成的，这种文学体裁源于柏拉图，并为西塞罗所钟爱。卡斯蒂廖内把对话设计成发生在乌尔比诺的四个夜晚，对话者是一些现实中的人物，卡斯蒂廖内根据其广为人知的个性为他们设计了彬彬有礼而机智诙谐的对话。尽管他的书带有现实主义的特征，但其总调子肯定是理想主义的，因此也体现了文艺复兴盛期的艺术风格。

在有些章节中，被邀请来的客人试图去定义什么样的人才是完美的廷臣，或者说绅士，卡斯蒂廖内的理想主义理念就在其中清晰地闪现出来。在女公爵伊莉莎贝塔面前，客人们对于一个理想的绅士首先应该接受人文教育还是技术和击剑的训练争执不下，有些人认为一个完美的绅士首先应该是一个懂文法而且精通音乐、绘画和舞蹈的人。与之相反，另外一些人认为一个廷臣的技能首先应当准备去战斗，因此运动训练应该占据主要地位。但无论如何，双方都同意一个完美的廷臣应该通晓两个方面的知识。这些人都希望一名绅士应该精通

图2.6 拉斐尔:《卡斯蒂廖内像》。1514年。帆布油画，82×67厘米

《廷臣》的作者卡斯蒂廖内英俊的形象被文艺复兴盛期著名画家拉斐尔永久锁定在画面中。经过训练的姿势十分优雅、神态放松，卡斯蒂廖内看上去就是那个时代理想廷臣的化身——这种理想形象也是在他的帮助下塑造出来的。

绘画和雕塑，这标志着文艺复兴提升了上述两种艺术形式的地位。

《廷臣》还描述了完美宫廷妇女的形象。在对话参与者的心目中，理想的女性会使男人变得文明，否则他们就会粗鲁无理。最后，完美的妇女应该是出色的女主人，她魅力超群、聪慧、优雅、长相可人，并且十分有女人味。除了体育和使用武器，她应该和男人一样精通各个领域。只有具备了这些社会品质的有教养的妇女才可以出色地出入宫廷社交活动。但她以自己的方式对社会所作的贡献务必不能令男子自惭形秽。

卡斯蒂廖内的书背离了中世纪的价值观念，引导他的追随者进入现代社会。首先，他认为男女之间的社会关系应该为柏拉图式的爱情所主导，即精神的激情超越了肉体的征服，因此他反对中世纪的宫廷爱情（courtly love）及其对私通的兴趣。其次，他认为妇女在社会上应该接受和男子同等的教育，这样就扫除了使妇女被排除在中世纪大学之外的障碍。从短期来说，像宫廷爱情一样，卡斯蒂廖内的社会规则的影响提高了妇女的地位。但长远来说，他的建议使得妇女能积极地参与到社会生活的各个方面，并且令她们可以接受和男子一样的教育。

马基雅维利　与卡斯蒂廖内的乐观主义不同，佛罗伦萨人马基雅维利对人性持否定的观点，其作品的核心思想就是展现人类的缺点。如果说《廷臣》似乎发生在一个被特别美化的幻想中的世界，在这里礼貌和教养是人们的基本爱好，那么马基雅维利让读者回到了现实的政治世界中。他关于自己同类的矫饰主义式的愤世嫉俗思想源自其深受打击的理想主义，生活的教训使他意识到自己早年的乐观主义是错误的。通过对人类行为的率直的评价，他的许多作品力图使理智回归在他看来已经精神错乱的世界。

从1494到1564年，马基雅维利是除马丁·路德（Martin Luther，参见第3讲）以外对西方文化影响最大的人物。他最负盛名的作品是《君主论》（The Prince），这本书掀起了一场政治思想革命。马基雅维利摒弃了以基督教术语来谈论政治的中世纪传统，他把国家看成是一种不一定遵从宗教或道德准则的人造物。他开始将政治当作一门科学进行现代式研究，从此政治思想家和政策决策者合而为一。

同古代的许多作家一样，16世纪马基雅维利在意大利的生涯分为实践生活和思想生活两个方面。在1498到1512年间，他担任了刚刚恢复的佛罗伦萨共和国的高级官员和外交官，这使他可以直接学习治国之术。在这些动荡的年代里，教皇亚历山大六世的儿子——胆大妄为、无所顾忌的赛撒雷·博尔吉亚（Cesare Borgia）给马基雅维利留下了深刻印象。1512年，在佛罗伦萨共和国落入了卷土重来的美第奇家族手中后，马基雅维利被捕入狱，他饱受折磨，并最终被流放到城外其家族的一处产业。在他最广为人知的书信中，有一封描述到，他把自己的时间分为两部分，白天和当地的农夫在附近的一家小酒馆内游戏消磨时间，到了晚上则沉浸在自己的研究中同古代最著名的睿智思想家们心会神交。正是在这种情形下，一本被称作《君主论》的篇幅不长的书诞生了，在马基雅维利去世前，这本书一直以手稿的形式被传阅。1532年该书终于出版。

马基雅维利之所以撰写这本杰作，有多种原因。意大利被法国和西班牙国王瓜分令马基雅维利感到绝望，他期望这本书能够激励意大利当地的领导者统一整个意大利半岛，驱逐外来入侵者。受到在佛罗伦萨当政经历的启发，马基雅维利试图在自己的作品中把握政治的本质，他曾经是这些政治活动的见证人。另外一个同样重要的因素是，马基雅维利希望通过把《君主论》献给复辟的美第奇家族的统治者，使自己可以在佛罗伦萨城邦中重新获得任用。马基雅维利和同时代的其他作者一样无法依靠自己的智慧维生，而必须依赖世俗或教会的赞助过活。

马基雅维利的书并没有立即实现它的直接目的：美第奇独裁者对它视若无睹，意大利直到1870年依然四分五裂。但是由于揭示出冷漠无情是政治活动成功的必须条件，《君主论》迅速获得成功，尽管这种成功充满争议。这本书由于认为政治权力是非道德的而遭到宗教领袖们责难，同时却因为其睿智的建议而被世俗的统治者偷偷阅读。在16世纪基督教理想主义氛围中，"马基雅维利"这个名字成了欺诈不忠、背信弃义的代名词，而"**马基雅维利主义**"（Machiavellianism）一词则被创造出来以表示"为达目的，不择手段"这一非道德的观念。

从现在来看，否定马基雅维利既失之简单，又失之武断。首先他是一名对意大利的悲惨状况感到极度痛心的清醒的爱国者。《君主论》描述了新主权国家法国和西班牙在意大利事务中所采用的权力政治手段。马基雅维利意识到，驱逐意大利的外国入侵者的唯一途径是采取他们敌人取得成功的方法。马基雅维利认为他的同胞既懦弱又贪婪，所以他从不奢望会爆发一场人民起义赶走意大利的压迫者，而只有不拘泥于道德框框、意志坚强的君主才可以带领意大利从政治动荡中复苏。

马基雅维利的政治著作最富争议之处在于其向统治者建议最佳统治方式的部分。他建议君主应当在行事中有意识地表里不一，这是维持权势和确保和平的唯一途径，而这两点是任何国家都要追求的基本目标。君主应当表现得善良而正直，而在行动时又要相机行事，唯有如此，君主才能实现其根本目的。

绘画

在1494到1564年间，尽管雕塑家和建筑师在各自领域里创作出了十分重要的作品，但在各艺术门类中，这一时期无疑是绘画的时代。古典主义完美、均衡和内敛的价值观念被文艺复兴盛期的画家演绎成和谐的色彩、带有宁静面部表情而体态自然的人物、写实的空间与透视以及具有完美比例的人体。在1520年以后，矫饰主义的趋势表现得越来越明显，其表现包括绘画主题不寻常、变形的人物形象面部表情丰富以及色彩艳丽夸张。

列奥纳多·达·芬奇　列奥纳多于1495—1498年间完成的作品《最后的晚餐》(*Last Super*，插图2.7)，标志着文艺复兴盛期绘画阶段的开始。《最后的晚餐》是为米兰的多明我会圣玛丽亚·德拉·格拉齐耶修道院（Santa Maria delle Grazie）所画，它开创了一种明朗而和谐的画风，成为文艺复兴盛期风格的精髓。不幸的是，列奥纳多在画这幅壁画的时候使用了一种有缺陷的技法，

图 2.7　达·芬奇:《最后的晚餐》。经过修复。1495—1498 年。蛋彩壁画，4.6×8.8 米。米兰，圣玛利亚德尔格契修道院餐厅

古典主义的凝练是这幅文艺复兴盛期巨作的重要特点。达·芬奇没有给观察者堆砌凌乱的细节，而是把画中的事物减到最少，从朴素的房间到餐桌上简单的摆放物都是如此。

这使这幅画在他在世时就开始剥落。几个世纪以来，这幅画经常被修饰，并且曾经全面修复过几次，最近的一次修复完成于 1999 年。但达·芬奇高尚意图昭昭足以令它获得西方最知名和最受人喜爱的艺术品之一的美誉。

列奥纳多为《最后的晚餐》的设计是高度理想化的，这正是文艺复兴盛期艺术的指导原则。这幅壁画描绘了耶稣告诉在座的十二门徒他们中有一个人要出卖他时的场景（《马太福音》26：21）。列奥纳多没有采用传统做法把这一象征性的晚餐安排在一个真实餐室中，而是把这个场景同周围的环境区分开来，这样就使得画中人物看上去像是悬浮于在这间餐室吃饭的教士们的头顶上。理想主义同样明显地体现在列奥纳多运用直线透视手法上。画家把耶稣安排在窗子中间，使灭点位于他头部的后方，从而使他成为居于全图中心位置的焦点。另外，耶稣的每一侧都有六名门徒围绕，这种安排使画面有一种平衡的效果。这种和谐的构图打破了把背叛者犹大和其他人放在桌子相对两侧的中世纪传统。

列奥纳多最后一个理想主义的修饰表现在他把坐在耶稣右边第三个位子上的犹大的脸遮挡起来，而其他人物的面部则被耀眼的灯光照亮。尽管犹大不再远离其他人，但他却坐在暗影中，左手去拿面包，右手紧握一袋银币——银币是他背叛的象征，因此他仍然可以被容易地区分出来。几百年来，列奥纳多

图 2.8 达·芬奇:《蒙娜丽莎》。1503 年。板上油画,77×53.5 厘米。卢浮宫藏

达·芬奇的画中的蒙娜丽莎可能是一位佛罗伦萨富商吉奥康多（Giocondo）的妻子,她体现了意大利城市中产阶级的新地位。这个阶级开始学习使用宫廷时尚世界的社会规范,这正是卡斯蒂廖内所描述的社会圈子。达·芬奇把他的中产阶级的主人翁当成官廷贵妇来描绘,她的表情严肃淡然,沉静端庄。

的崇拜者发现他的壁画依然如此自然逼真,毫无疑问是这一基督教题材的代表作。

列奥纳多在《最后的晚餐》中对人物形象的设计和安排带有理想主义风格,但他对人物的描绘却是为了展现其内心世界。在画中,耶稣目光低垂,神情沮丧,胳膊向外伸展,做出一副听天由命的姿势,而另外一边则暴发出一阵骚动。在描绘门徒们对耶稣指责他们中有人背叛自己作出反应时,列奥纳多通过他们的身体姿势和面部表情揭示了每个人的内心世界。在这骚动的背后,文艺复兴盛期的艺术原则被恰如其分地展现出来。由于《圣经》和宗教传统都没有提供就餐者的标准位次,列奥纳多就采用数学方法安排门徒的位置。列奥纳多把他们分为四组,每组三人,每组依次有两名年长者和一名年轻者。在他的创意中,不单每个人对耶稣的话作出了反应,而且人人都和同组的人进行互动交流。

除了创作诸如《最后的晚餐》等叙事性题材外,列奥纳多还在创作半身坐像画《蒙娜丽莎》(Mona Lisa,插图 2.8)时开创了一种新的肖像画形式。随着这幅画声名远播,其他的画家（以及后来的摄影家）把列奥纳多式的半身模式当作肖像作品的基本艺术形式。这幅可能是西方艺术中最著名的肖像画是一名佛罗伦萨富商资助完成的。与《最后的晚餐》的直接表达不同,列奥纳多通过蒙娜丽莎羞赧的微笑以及右手手指轻抚左手这一略显笨拙却十分迷人的姿势,表现了她的端庄娴静。在她那张广为人知的著名的脸上,达·芬奇把真实的人物和永恒的理想结合起来创造了一个神奇的形象。画中崎岖不平的背景在时间和空间上将人物隔离开,这进一步提升了这幅作品的永恒品质,列奥纳多的另一幅作品《岩间圣母》(Virgin of the Rocks,参见插图 1.23)中的岩洞在很大程度上也起到了同样的作用。最后,他通过把作品的主体部分安排在烟霭缭绕的氛围中,进一步提升了蒙娜丽莎的神秘感,这就是所谓的渐次渲染法(sfumato),这可能是通过稀释油画颜料实现的,这使得人物的细部特征以及背景变得柔和。

在文艺复兴盛期,列奥纳多的伟大作品引起了人们对天才的崇拜,那时一些杰出的画家、诗人和知识分子获得很高的声望,甚至是深深的敬畏。《最后的晚餐》让达·芬奇在世时就声名鹊起。《蒙娜丽莎》的历史更为复杂,他活着时这幅画并未公开示人,直到1519年他去世后,人们才在他的遗物中找到了它。他死后,《蒙娜丽莎》开始广为人知,最初为法国国王所有,后来成了卢浮宫的珍贵馆藏。列奥纳多也被尊为西方艺术界的不朽巨匠之一。

米开朗琪罗 当达·芬奇在1490年代的大部分时间里在米兰工作时,米开朗琪罗·博纳罗蒂(Michelangelo Buonarroti,1475—1564年)开始了其艺术生涯,这最终将他推向了先是佛罗伦萨、后来是罗马文艺复兴的最前沿,他成为16世纪最令人钦佩的艺术家。米开朗琪罗最早成名于他的雕塑天赋,他年仅13岁就开始跟随早期文艺复兴大师吉兰达约(Ghirlandaio)学艺,一年后他被带到佛罗伦萨的美第奇家族统治者"豪华者"洛伦佐(Lorenzo the Magnificent)的家中,在这个过程中他就已经展露了自己的才能。很快,米开朗琪罗就在绘画、建筑以及雕塑方面取得了巨大的成就,但他骨子里始终是一名雕塑家。

米开朗琪罗的艺术理念很早就形成了,并且毕生遵循不渝。他认为,雕塑这种艺术形式把人物形象从他们周围的物质环境约束中解脱出来。从这个意义上说,他把雕塑家的创造性和上帝的创造性相类比,这在早期基督教时代可以说是一种渎神的想法。同怀疑论者达·芬奇不同,米开朗琪罗是一个常常习惯于渴望上帝的虔诚之人。他的艺术创作可以说是在以某种形式来礼拜神灵。

米开朗琪罗艺术创作中的主要作品是他那雄伟的男性裸体雕像。同米开朗琪罗学习和崇拜的古希腊罗马雕塑家一样,他把裸体男子的形象看作是人类高贵品格的象征。在文艺复兴盛期,米开朗琪罗的裸体雕塑都有着古典式健壮

图2.9 米开朗琪罗：西斯廷礼拜堂顶壁画。经过修复。1508—1512年。整个屋顶13.7×39米。梵蒂冈

米开朗琪罗的建筑学知识使他在中间9个画面的两边各画出以希伯来先知和异教徒预言家为内容的奇幻的壁龛。新柏拉图主义启发他使用三角形、圆形和矩形，因为这些图形被认为是开启宇宙奥秘的钥匙。这种布局让人们可以看清壁画上的300多个人物。

的身体和安详的面部特征。但在1530年代，随着矫饰主义的兴起，教会的精神危机以及他自己的健康状况变差，米开朗琪罗对人体形象的描绘发生了变化。他的后期裸体雕塑作品则身体比例扭曲，脸部表情丰富。

1508年米开朗琪罗应教皇尤利乌斯二世（Julius II，1503—1533年任教皇）的要求前去装饰西斯廷礼拜堂（Sistine Chapel）的顶壁。米开朗琪罗一度以自己是一名雕塑家、对壁画没有经验为由不愿接受这项任务，但坚辞不下。这间礼拜堂是尤利乌斯二世的叔叔、教皇西克斯图斯四世（Sixtus IV，1471—1484年任教皇）于15世纪晚期所建，礼拜堂的大部分墙壁上都已绘有壁画。米开朗琪罗所要创作的壁画是为了最终完成对礼拜堂的装饰。

礼拜堂的顶壁距地面有21.3米高，侧面向下弯曲，这势必会形成多重透视的变化，其总面积达540平方米，这一切使得在西斯廷礼拜堂顶壁上作画具有巨大的挑战性。米开朗琪罗克服了所有这些困难，自学了壁画技法，在脚手架上工作了整整四年，最终创作完成了这件文艺复兴盛期的煌煌巨作，无疑也是西方艺术史上最伟大的主题集成画（插图2.9）。

米开朗琪罗可能是在教皇顾问的支持下为西斯廷顶壁画设计了一个十分复杂的布局（插图2.10），把圣经故事、神学、新柏拉图主义哲学以及古代典故联系起来。在从祭坛到礼拜堂后方的位置，他创作了9幅画，这些画展现了

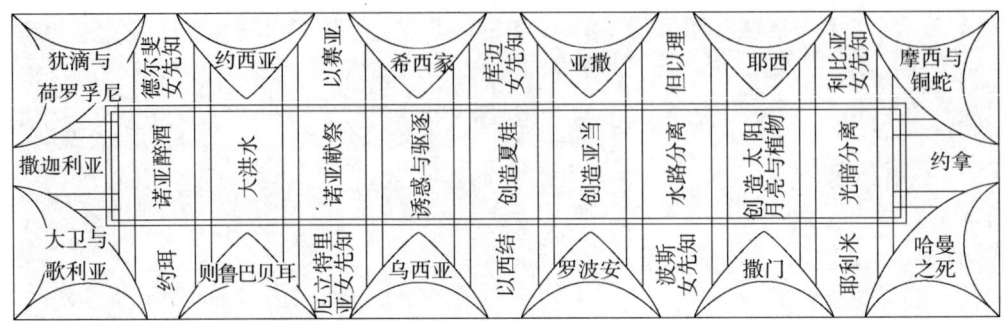

图2.10　西斯廷礼拜堂顶壁画内容布局。1508—1512年

西斯廷礼拜堂天顶上的绘画可以分为如下几组：(1)中间部分描绘了从创世纪（被称作"光暗分开"）到诺亚大洪水时代的故事；(2)两侧描绘了圣经里的先知和异教神使；(3)四角描绘了克服困难帮助人们生存的犹太男女英雄人物。

世界的早期历史，包括创造万物、亚当和夏娃的堕落以及诺亚的生活场景。构成每个圣经故事场景的人物都是裸体青年形象，这种安排表明米开朗琪罗认为男性形体是上帝力量的展现。

在中间那幅画的两边，他描绘了希伯来的先知和异教徒的女预言家或称作神使，他们都在预言基督的降临。异教徒女预言家的形象代表了新柏拉图学派的思想，他们认为上帝的话语曾经在基督诞生前预言家的预言里被揭示出来。在顶壁的四角，他安排了四个《旧约》中关于暴力和死亡的情节，它们被理解为基督降临的预兆。米开朗琪罗用一种易使人产生错觉的建筑结构把人神共处的复杂情节统一起来，同时使用白背景让人物形象显得突出。

这幅巨作中最著名的一幅画是居于中心位置的《创造亚当》(The Creation of Adam，插图2.11)。在处理这个取材于《圣经·创世纪》的情节时，米开朗琪罗把这个场景简化为几个细节，这也符合文艺复兴盛期热爱简朴的艺术特点。米开朗琪罗把亚当描绘成一个让人感觉到有脉搏有呼吸活生生的人。在西方艺术中，如此有活力的人体造型自古希腊繁荣的人体艺术之后还从未出现过。米开朗琪罗大胆创新，没有遵循《创世纪》中记载的上帝使用泥土塑造亚当的说法，而是把亚当塑造成半睡半醒中把手伸向上帝的造型，上帝将通过他神力的点触为亚当植入灵魂，这反映了新柏拉图主义思想中肉体从属于精神的观念。

1530年代后，米开朗琪罗开始采用矫饰主义的风格作画，这反映了他对佛罗伦萨自由传统丧失殆尽的深深失望和自己精神的苦闷。通过这种风格，他的英雄主义壮丽图景变成了对这个世界的焦虑和恐惧。关于这种转变一个引人注目的例子就是他画在西斯廷礼拜堂神坛后面墙上的《最后的审判》(Last

图2.11　米开朗琪罗:《创造亚当》。西斯廷礼拜堂顶壁画局部（经过修复）。1511年。2.87×5.69米。梵蒂冈

　　这幅壁画最精彩的细节是上帝和亚当伸出的手指似接触而未接触。通过这个生动的象征，米开朗琪罗暗示出来自上帝的神圣火花将传入亚当的身体，为他植入生命。人物形象展现了文艺复兴盛期简约的特点。梵蒂冈对作品的修复揭示了原作绚丽的色彩，如这个局部所表现的那样。

Judgment）。这幅画反映了他自己的原罪意识以及未来人类的毁灭（插图2.12）。《最后的审判》作于西斯廷顶壁画完成后25年，描绘了末日审判和惩罚的景象，同时也反映了欧洲分裂为好战的新教和天主教两大阵营之后充满危机的气氛。在画的中央，米开朗琪罗描绘了作为最终神圣裁判者的耶稣，他抬起右臂，作出发号施令的姿势。在壁画的底部，坟墓打开，亡灵尽出，将要被拯救和被诅咒的人（分别在耶稣的右边和左边）向上升腾去接受自己的命运。

　　在这幅画中，米开朗琪罗没有采用像顶壁画那种层次分明的结构，相反，观察者面对的是一个杂乱的画面，环绕在中间耶稣四周的是一圈看似纠结在一起的人体。米开朗琪罗把这些躯干拉长，同时还通过缩小头部尺寸改变躯体的比例。这里的人物面孔上没有古典主义那种安详宁静，在这恐怖时刻每个人的表情都是痛苦异常。面对审判，有的人表现出癫狂的姿势，而另外一些人则虔敬地望着他们的救世主。在这幅矫饰主义的杰作中，繁复替代了简朴，条理让位于多变。

拉斐尔　文艺复兴盛期三杰中最年轻的画家是拉斐尔·桑提（Raphael Santi，1483—1520年）。尽管拉斐尔没有达·芬奇那样的科学精神，也没有米

解读艺术

构图：三个人物（前景中有一个女性，中景中有两个男孩），一把被遮盖住的椅子，还有一本巨大的打开的书，都拥挤在一个虚拟的壁龛中。

建筑元素：壁龛的两侧各有一个雕刻精美的柱子，底部线条流畅，将中心人物框在一个空间中。

女人形体：强壮的肩膀和后背反映出米开朗琪罗使用男性模特来绘制女性人物。最终的形象偏离了古典主义对女性美的认知。

解剖学：米开朗琪罗对皮肤下面肌肉和骨骼的运动规律很着迷，他笔下的这个女神使，背部朝向观察者，抬起举着她的箴言书籍的胳膊，她的下半身靠脚尖来支撑。

宗教观：米开朗琪罗的整个计划是将基督教神学与新柏拉图思想混合起来，以使基督教关于创世和人类历史的观点合法化。

色彩：作者运用色彩以使得人物有立体感，身体、衣服和罩布使用了基本色，以使这些从背景的暗哑色调中跳出来。

米开朗琪罗：《利比亚女先知》(Libyan Sibyl)。经过修复。西斯廷礼拜堂顶壁画局部。1508—1512年，3.95×3.81米。梵蒂冈

  米开朗琪罗创作的这个人物是古代利比亚的一个女神使。影响了西斯廷礼拜堂顶壁画布局的新柏拉图思想认为，上帝应该对所有人传道，虽然可能做的并不完美。因此上帝的福音也会体现在利比亚女先知的言辞中。到1500年，教会接纳了利比亚女先知和其他11个异教预言家，因为他们认为这些受到神启的先知预告了基督的诞生。

开朗琪罗那样善于思考的天赋，但他同样拥有良好的艺术品质，他在自己的绘画作品中比别的画家更好地展现了对文艺复兴盛期理想的追求。拉斐尔在乌尔比诺接受培训后，在佛罗伦萨度过了四年（1504—1508年）时间，他从那里的绘画传统中汲取营养，学习揣摩达·芬奇和米开朗琪罗为公共场所创作的作品。受这些作品的启发，拉斐尔发展出以在空间上十分有条理为特征的美术理念，他的作品中人物的优美和空间的和谐得到同样重视。

图 2.12 米开朗琪罗:《最后的审判》。1536—1541 年。14.6×13.4 米。梵蒂冈,西斯廷礼拜堂

《最后的审判》集中体现了视觉艺术的反古典主义风潮。其他画家研究这幅壁画来寻找灵感,借鉴它看起来不整齐的布局、集中表现大量的男性裸体以及带有矫饰主义意味的奇特透视和人物姿势。这幅壁画经过修护,恢复了米开朗琪罗最初设计的生动色彩,除掉了布帘(天主教改革时期加上了这些布帘)。

到了罗马以后,拉斐尔得到了大量赞助,特别是来自教皇们的赞助。拉斐尔获得成功的最重要的一点是他把宗教和世俗风格天才地融合在一起。在那个教皇既能领兵作战又会围猎消遣的时代,这份才能不仅被赏识,又回报颇丰。拉斐尔最出色的作品是为梵蒂冈宫内室所作的一组集成画,这也是文艺复兴时期最精美的赞助艺术作品之一。这组壁画是教皇尤利乌斯二世赞助的,它和米开朗琪罗在西斯廷礼拜堂顶壁所作的壁画一样,同样体现了基督教精神和古典主义的融合。

拉斐尔在名为 "签字大厅" (Stanza della Segnatura) 的教皇会客室房间的四面墙上分别安排了哲学、诗歌、神学和法律四个不同主题的壁画。其中最著名的是以哲学为主题、被称作《雅典学院》(The School of Athens,插图 2.13)的壁画。在这幅作品中,拉斐尔描绘了一场不同时期古代哲学家间进行的严肃讨论。拉斐尔模仿达·芬奇在《最后的晚餐》中的处理方法,把哲学家们进行分组排列,每位学者都有揭示他们各自基本思想的不同姿态。例如,第欧根尼

图2.13　拉斐尔:《雅典学院》。1510—1511年。壁画，5.5×7.9米。梵蒂冈，签字大厅

拉斐尔的成功有许多要归功于他借鉴那个时代的流行的思想。例如，墙上壁龛中的阿波罗雕像的姿势就可能借鉴了米开朗琪罗的《垂死的奴隶》（参见图2.1）。不过对所有他借鉴的对象拉斐尔也很慷慨，他明显在他的壁画中突出了米开朗琪罗的存在：就是前景中一个陷入沉思独坐的一个天才，对周围的嘈杂一无察觉。

（Diogenes）远离旁人四肢伸展躺卧在台阶上，这是这位行为怪诞的犬儒学派成员蔑视同侪的生动写照。在右前方，经典几何学教材的作者欧几里得（Euclid）正在作图证明他的一条定理。在对这个拥挤场景的细致安排中可以看出拉斐尔是安排空间条理的大师。

拉斐尔在《雅典学院》中贯彻了古典主义的形式和思想，整幅作品展现出一种宏大庄严的氛围。画中圆拱、镶嵌浮雕、格子平顶等建筑物的灵感来自古典时代建筑的遗迹，有的也可能来自当代建筑。在近乎完美均衡的前提下，整幅画以站在画面中心圆拱下的柏拉图和亚里士多德为中心。为了突出他们的中心位置，拉斐尔把透视灭点放在他们头部上方靠中间的位置。这两位学者不同的姿态暗示出他们哲学观点的不同：左边的柏拉图手指指向天空，表达"理念"或抽象思维的世界；而右边的亚里士多德指向地面，表示他更重视实践和经验的方法。拉斐尔还通过两位哲学家位置的安排来说明哲学研究发生了人文和自

图2.14 拉斐尔:《椅子上的圣母》。约1515年,木板油画,直径73.6厘米。意大利,佛罗伦萨,皮蒂宫

婴儿基督贴着圣母的脸——这是一个文艺复兴时期画家描绘耶稣和圣母的常见姿势。玛利亚瞪着观察者,似乎在思索着她儿子的命运。她头上戴着充满东方风格的头巾(参见第1讲),她在紧身上衣上披了一件披肩。婴儿基督坐在一个蓝色的枕头上,这种色彩与圣母神秘地联系在一起。由于圆形的构图压缩了图上三个人物身体之间的空间,让他们显得更亲密。拉斐尔可能是为一个教会官员画了这幅画。

然科学两个方向的分野。在柏拉图一侧,带有浪漫主义色彩的思想家聚集在希腊音乐和诗歌之神阿波罗的雕塑下,而在亚里士多德一侧的则是集合在希腊智慧女神雅典娜雕像下的科学家们。

拉斐尔的圣母肖像画甚至比他的叙事性绘画更为出名。它们以其细腻甜美的色彩以及和谐的构图为这种题材的肖像画方法创立了典范。《西斯廷圣母》(Sistine Madonna)可能是这组作品中最著名的一幅。拉斐尔的圣母画深受达·芬奇影响,他的圣母和幼年基督画很早就很著名(参见插图1.23)。像拉斐尔的其他圣母像系列一样,《椅子上的圣母》(Madonna of the Chair,插图2.14)也是金字塔式构图,这也是学自达·芬奇。在这幅画中,圣母和婴儿基督并没有坐在王座上,而是以可爱的姿势相互依偎地坐在椅子上,这从雕刻的纺锤形扶手可以看出来(左边)。右边站着施洗者约翰,他崇敬地朝圣母子看。在这幅温馨的画中,圣母的虔敬通过拉斐尔描绘她美丽和亲切的神态方式展现出来。和其他宗教画不同,《椅子上的圣母》没有传递神学信息,没有传经布道,也没有讲故事。由于这幅画的场景是在室内,它被认为是拉斐尔最自然的一幅圣母画,至今仍是他最著名的作品。

威尼斯画派:乔尔乔内和提香 文艺复兴盛期,威尼斯在政治和文化上都维持了自治状态。尽管在艺术风格上威尼斯艺术家深受罗马和佛罗伦萨画派影响,但他们的作品中也体现了拜占庭艺术的颇多影响,诸如世俗化的主题、艳

图2.15 乔尔乔内:《暴风雨》。帆布油画。79.3×73厘米。威尼斯,艺术学院美术馆

乔尔乔内神秘的绘画展示了一个被称作"紧张的寂静"的时刻,可能是一场暴风雨来临前的时刻。他通过暴风雨前的环境特征创造了这一紧张氛围,呼啸的风、一道闪电照亮水面、闪电照射下的建筑、刺眼的色彩和天空、大地和河流的阴沉色彩形成了鲜明的对比。这种氛围因画面上的两个弱小的人物显得更突出,尤其是那个正在给孩子喂奶的母亲,她神情古怪地盯着观察者,很快就要被暴风雨吞没。这幅画具有鲜明的威尼斯画派特征,很好地表现了各种物体的质感,如人体、织物、木头、石头和叶子。

丽的色彩和夸张的用光。文艺复兴盛期威尼斯画派两位最伟大的画家是乔尔乔内(Giorgione,约1477—1510年)和提香(Titian,约1488—1576年),乔尔乔内晚年时被认为是威尼斯最重要的美术家,提香后来成为整个欧洲最杰出的画家。

直到乔尔乔内晚年,人们对于他短暂的一生仍知之甚少。作为贝里尼的学生,乔尔乔内成名很早,这从他获得大量公私资助可见一斑。尽管乔尔乔内只有为数不多的作品存世,但他对欧洲艺术的发展影响巨大。他的两大创新——女性人体和风景画创作促进了欧洲绘画的逐渐世俗化。这些发展使得威尼斯画家的作品明显有别于罗马和佛罗伦萨的绘画风格。

《暴风雨》(The Tempest,插图2.15)可能是乔尔乔内最著名的作品。在这幅画中,乔尔乔内摆脱了贝里尼的影响,创造了一幅不同寻常的作品,图的左边是一名士兵,图的右边是一名抱小孩的妇女,这一切并没有涉及神话、圣经或预言故事。与贝里尼在其作品《圣方济各的神迷》(见图1.24)中将圣徒置于画面中心位置不同,《暴风雨》画面上的人物却为险恶的暴风雨所遮盖。因此,乔尔乔内画中的风景摆脱了叙事的成分而成为绘画的主题,乔尔乔内的作品因这种风格而广受欢迎。

提香的作品之所以被赞赏,不仅是因为它们简单优雅和用光自然这些文艺复兴盛期威尼斯画派的特征,还在于他娴熟地运用丰富的色彩创造出迷人效果(见插图2.3)。

图 2.16 提香:《殉难的圣劳伦斯》。1550年代。帆布油画,5×2.8米。威尼斯,耶稣教堂

尽管提香的作品大多遵循文艺复兴盛期的古典主义原则,但就像这幅画所展示的,他有时也会偏离这种艺术风格。由于教堂的立柱呈斜线排列,因此画的前景看上去很深;画面上人物按照三角形排列,而画面顶部有一束神圣的光投射下来。提香的宗教作品中经常会使用对角斜线和三角形布局,通过使用这种方法,提香在画面连贯紧凑的情况下表现了强烈的情节冲突和情感效果。他通过天上的光线、火把的火苗和圣劳伦斯身体下面的火光对人物身体的照射强化了这个效果。

提香在一些叙事性作品中体现了文艺复兴盛期风格,例如在他的《殉难的圣劳伦斯》(*Martyrdom of St. Lawrence*)之中。根据传说,西班牙人劳伦斯担任负责保管罗马教会财产的助祭。当被命令将这些财富转给民事当局时,他将穷人聚集起来并将财富分发给他们。因为这种蔑视行为,罗马人在258年谴责并处死了他。之后,作为圣劳伦斯,他成了穷人和被压迫者的守护圣徒。

提香对折磨和殉难的场景的谨慎安排反映出他遵循简化的原则。在前景中,他展示圣劳伦斯在烤架上被烧烤;在右侧,他描绘了一座异教神殿,使用了急剧后退的视角,因此将圣徒死亡的场景框住。即将死去的圣徒和古典神庙的并置让观看者想起异教的罗马人并没有摧毁基督教。提香对色彩的微妙调制创造了和谐的感觉,使他成为杰出的"色彩主义者",即指他对色彩的关注要甚于形式的关注,这启发了其后几代的画家。

帕尔马画派:帕米贾尼诺 意大利北部的帕尔马是中期文艺复兴艺术的另一个中心,但这里最著名的艺术家却是一个矫饰主义艺术的奠基人帕米贾尼诺

图 2.17　帕米贾尼诺：《高颈圣母》。1534—1540年。板上油画。2.16×1.3米。佛罗伦萨，乌菲齐美术馆藏

帕米贾尼诺笔下的这幅高颈圣母是矫饰主义绘画的标志性作品。帕米贾尼诺无视古典主义原则，描绘的人物身体比例夸张，尤其是圣母修长的手和脖颈，正在睡梦中的耶稣的身体也被拉长了。这件反古典主义的作品和拉斐尔创作的流行的圣母形象大异其趣。

（Parmigianino），其作品《高颈圣母》（*Madonna with the Long Neck*）表现出帕米贾尼诺对模糊、变形和不和谐风格以及反传统构图的偏好（插图2.17）。在这幅画中，玛利亚肩膀倾斜，修长的胳膊做出波提切利绘画中经常出现的姿势，同时她富有美感的形象也不再掩映在透明帘幕后面——这是一种宗教之爱和世俗之爱令人不安的混合。同样令人不解的是对婴孩基督的描绘：没有头发的小耶稣看上去似乎了无生气，这让人不由得联想到死去的基督躺在圣母腿上的"圣母怜子图"（pietà）。在左边，五个人从不同的方向注视着圣母子，背景是几根未完工的石柱和一名正在读卷轴的老人，这似乎暗示着《圣经》对基督降生的预言，它还呈现出一种多重聚焦以及比例不统一的感觉。与文艺复兴盛期艺术风格不同，这幅矫饰主义的绘画表现了一个容易理解的主题，同时又把宗教的虔敬和隐蔽的性主题令人不安地融合起来，这一切让它显得不可捉摸。

图2.18　米开朗琪罗:《圣母怜子》。1498—1499年。大理石，高1.74米。梵蒂冈，圣彼得大教堂

这件《圣母怜子》是米开朗琪罗唯一的一件署名作品。传说这件作品一开始展出时并没有署名，不过当米开朗琪罗听到别人以为这是与他相竞争的一位雕塑家的作品时，就在圣母玛利亚的胸部刻上了自己的名字。

雕塑

如同在绘画领域一样，米开朗琪罗雕塑作品也是文艺复兴盛期风格的典范。他在21岁时创作的一件早期雕塑作品《圣母怜子》(Pietà，插图2.18)是这种风格的肇始。圣母玛利亚怀抱基督尸体的"**圣母怜子（Pietà）**"主题引起了米开朗琪罗的深深共鸣，以致他一生中创作了好几尊同一主题的雕塑。

第一尊《圣母怜子》雕塑创作于1498—1499年，与达·芬奇画《最后的晚餐》的时间大致相同，这幅作品表明米开朗琪罗已经进入创作高峰。他通过这件作品，在沉静中展现出圣母的巨大悲伤，说明他完全理解了那种无法言状的失落感。在这件作品中，耶稣尸体的头部沉重地垂下、两腿悬摆，造型肃穆；圣母伸展的裙摆成了裹尸布；圣母的身体塑造成了在她儿子尸体重压下的形态，无处不强化这种深深的哀伤。圣母怜子主题令人回想起许多古代悼念亡者的场景，这件圣母子雕塑以其哀伤而平静的基调征服了观众的心。

在完成《圣母怜子》两年后的1501年，米开朗琪罗接受佛罗伦萨市政府的委托，开始创作其公认的最杰出作品《大卫》(David，插图2.19)。米开朗琪罗十分希望得到这个任务，因为这可以使他与其他已创作过这一主题的伟大雕塑家——如文艺复兴早期的多纳太罗——相对比，从而验证自己的艺术水平。此外，作为一个伟大的佛罗伦萨爱国者，米开朗琪罗把大卫看作是佛罗伦萨城

生活片段

美术家及其批评者：米开朗琪罗的策略

乔其奥·瓦萨里（Giorgio Vasari）
摘自《米开朗琪罗生平》

中世纪的美术家是行会成员，也就是说，只是没有多少社会地位的熟练手艺人。在接下来的场景中，米开朗琪罗被描绘成自信的文艺复兴美术家：自豪，愿意应对批评，甚至是来自佛罗伦萨共和国最高首领的批评。这个节选的作者瓦萨里曾师从米开朗琪罗学画，但在今天他以记录了文艺复兴时期的画家、雕塑家和建筑师的生平而闻名。

他（米开朗琪罗）的一些朋友从佛罗伦萨给他写信要他回去，因为他很可能得到存放在圣母百花大教堂（Santo Maria del Fiore）雕塑园的那块大理石。那时皮耶罗·索德里尼（Piero Soderini）被选为终身执政官（Gonfalonier，佛罗伦萨共和国的最高领导人），他曾一度说要把它送给达·芬奇，但后来把它送给了一名十分想得到这块石料、也颇有造诣的雕塑家安德烈·康图奇（Andrea Contucci）。尽管用这块石头似乎无法雕刻出一个完整的人像（也只有米开朗琪罗大胆到没有添加任何新的石料而尝试这样做），但米开朗琪罗多年前就期望能用它创作雕塑作品，他一回到佛罗伦萨就努力争取得到它。这块大理石有5.5米高，但不幸的是一名叫做西蒙内·达·菲耶索来（Simone da Fiesole）的雕塑师曾经准备用它制作一个巨大的雕像，但他将这件作品搞砸了，在人物的两腿之间劈开了一个窟窿，使这块石头被完全破坏成了一块废料。圣母百花大教堂的执事（负责管理教堂的人）将它弃置一旁，许多年无人理会，似乎永远不会有人再用它。然而米开朗琪罗对它量了又量，测算是否可以按照石头的形状设计人物姿势，从而雕出一个令人满意的作品。最后他下定决心索要这块石头。索德里尼和教堂执事决定把石料给他，因为它已没有多少价值，他们觉得不管是保持残缺的原状还是将它分解开，这块石料对他们都没有什么用处，因此不管米开朗琪罗要拿它雕什么都是值得的。米开朗琪罗制作了手拿投石器的年轻大卫的雕像蜡模，它象征着城邦的自由，也就是说，如同大卫保护其人民并公正地统治他们一样，不管是谁统治了佛罗伦萨，都必须努力保护城邦，并且以正义原则来治理它。米开朗琪罗在大理石周围搭起隔板和脚手架，在圣母百花大教堂的雕塑园开始进行雕刻工作。他连续工作直到最后完成，这期间他不让外人看到作品……

皮耶罗·索德里尼看到制作完成的《大卫像》后十分高兴，不过当米开朗琪罗对雕塑进行修饰时，他说他认为雕塑的鼻子太高了。米开朗琪罗注意到执政官站在雕塑的下方，从那个位置他不可能正确地观察这件巨大雕塑。为了让他满意，米开朗琪罗爬上了雕塑肩部的脚手架，抓起一柄凿子和一些洒落在隔板上的大理石粉末，然后轻轻地敲击凿子,让石粉一点点地落下来,而没有对雕塑作任何改动。然后他向下望着停止说话而去观察他的举动的执政官,说道:"现在看看它。"

"啊,这样好多了",索德里尼答道,"现在你让它真正栩栩如生了。"

尔后米开朗琪罗从脚手架上爬下来,心里觉得那些只是为了表现非凡见识而废话连篇的批评者很可怜。

解读本篇生活片段:
1. 为什么米开朗琪罗非常渴望雕刻这块特别的大理石?
2. 这个故事揭示了米开朗琪罗什么样的个性?
3. 米开朗琪罗向索德里尼玩了什么花招?
4. 思考米开朗琪罗行为背后的动机。
5. 今天的艺术家有这个故事里米开朗琪罗所表现出来的品质吗?请解释。

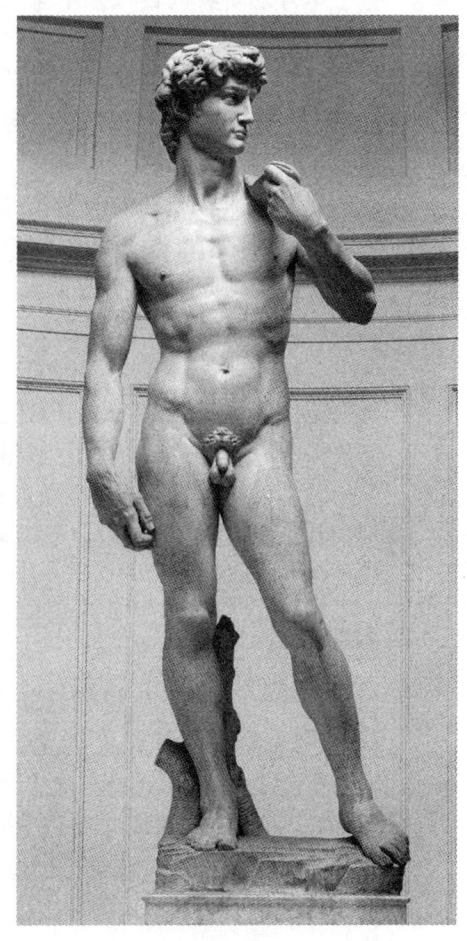

图2.19 米开朗琪罗:《大卫》。1501—1504年。大理石,高4.34米。佛罗伦萨美术学院藏

米开朗琪罗这尊超过4米高的巨大的大卫像体现了文艺复兴盛期艺术的平衡理念。右半部"闭合"的身体加上肌肉紧张的右手和下垂的胳膊与支撑身体重量的右脚相呼应,在"打开"的左侧身体部分,胳膊弯曲,与曲起的左腿相协调。大卫一触即发的凝视和抓着石头握紧的右拳所形成的对比烘托了雕塑的紧张氛围。米开朗琪罗通过这些细节塑造了一个在思想和行动之间踌躇不定的年轻男子形象。

邦精神的象征。米开朗琪罗的《大卫》很快获得了成功，佛罗伦萨共和国把这尊雕塑当作自己城市的象征，把它安放在市政厅维奇奥宫（Palazzo Vecchio）前的露天广场上。气候和当地的骚乱使雕塑遭到损害，这使市政当局不断为米开朗琪罗这尊最著名的雕塑作品加盖房屋，最终使它置于室内，在那里一直保存到今天。

　　米开朗琪罗的《大卫》没有模仿多纳太罗塑造的身体部分着衣、略显疲惫的造型，而是把这个年轻的犹太勇士塑造成古典主义风格的裸体英雄形象。米开朗琪罗利用一块破损废弃的大理石块，把形体巨大的《大卫》塑造成一名健壮的青春少年，他的右脚姿态优雅地支撑着全身的重量，整件雕像采用了古典主义对立平衡技巧。《大卫》完美地表达了米开朗琪罗的雕塑理念：首先构想一个被囚禁于大理石中的人物形象，而作者只是用凿子把他解放出来。

　　米开朗琪罗同古代艺术家一样，以追求更高艺术理想的名义，他在塑造大卫形象时并没有完全遵照古典主义原则。例如，大卫的大手完全不合古典主义的比例，这同时暗示他还是一个没有完全发育成熟的少年。另外他紧缩的眉头尽管和古典主义要求面容安详的原则不相符，却表现了他高度专注的神情。

　　米开朗琪罗后期的雕塑作品也同他后期的绘画一样具有矫饰主义的风格特点。第二件圣母怜子主题雕塑中的人物塑造，包括基督、圣母、抹大拉的马利亚、亚利马太的约瑟（Joseph of Arimathea），都体现了米开朗琪罗对人物形态刻画风格的转变（插图2.20）。米开朗琪罗对这群哀伤人物的塑造中的反古典主义精神十分突出。耶稣的尸体被拉长了，并且不自然地蜷曲着，其他人则吃力地扶着他沉重的身体。但造型并不优美的耶稣尸体不仅没有分散人们对雕塑效果的注意力，反而为整个场景增添了感情色彩，这正是矫饰主义艺术家追求的艺术目标，他们认为观众不会与循规蹈矩的作品产生共鸣。根据圣经福音书记载，富人约瑟把自己的坟墓献给耶稣，雕塑中约瑟有一张和米开朗琪罗一样的脸，这张脸不仅不像活生生的人脸，反而像死者的面具。

建筑

　　16世纪早期阿尔贝蒂建筑艺术的继承者是布拉曼特（Donato Bramante，1444—1514年），他是文艺复兴盛期建筑艺术发展的重要推动者。布拉曼特曾受过绘画艺术训练，他拒绝接受当时居于统治地位、被称作**透视图法**（scenographic）的建筑方法，这种风格的建筑物包含许多独立的单元。相反地，布拉曼特把空间汇聚整合，创造了一种把建筑物的所有组成部分组合在一起、符合古典主义建筑型式的规则。

第 2 讲　文艺复兴盛期和早期矫饰主义　81

图 2.20　米开朗琪罗：《圣母怜子》。1555 年之前。大理石，高 2.33 米。佛罗伦萨，圣母百花大教堂

米开朗琪罗在《最后的审判》中所表现出来的矫饰主义风格在这尊圣母怜子像中似乎完全没有了——他在 88 岁去世之前完成了这尊雕塑。虽然从死去的基督扭曲的身体以及不太明显的整个人物布局下坠的结构中可以看出，矫饰主义的扭曲特点仍在，但从人物平静的面容可以看出，神性开始回归到米开朗琪罗的作品中。

现存建筑中最能体现布拉曼特天才的是罗马的小神殿（Tempietto，插图 2.21）。这个小型建筑既是一个可以容纳十名祷告者的礼拜堂，又是圣彼得殉难处的标志性建筑。这座神殿仿照古罗马的圆形神庙建造，此后圆形成为文艺复兴盛期及以后流行的城市中心教堂建筑的标准形式。

布拉曼特对小神殿的设计灵感源自古典主义。他最主要的信念是认为建筑设计应该符合人类理性，一座建筑外观应当朴素，不应通过特殊设计的效果取悦观众。此外，他认为一座建筑应当统一如一件雕塑作品，装饰应该被严格限制在一些建筑细节方面。

遵循这一艺术信条，展现在人们面前的小神殿有如一件雕塑作品，它建在一个基座上，基座带有通向柱廊的台阶。由于缺少雕刻装饰，小神殿的外部

图2.21　布拉曼特：小神殿。1502年后。高14米，柱廊直径8.8米。罗马，蒙托利欧的圣彼得修道院

　　布拉曼特建造的小神殿是现存文艺复兴盛期最早的建筑，也是这种建筑风格的绝妙代表。遵从古典主义的形式，这座建筑除了建筑本身的特征之外，几乎没有什么装饰，而圆顶、圆柱式鼓状部位和圆形地基构成了和谐的整体。

特征体现在建筑细节上：如立柱、**扶栏**（balustrade），以及微微露出肋拱的穹顶。建筑各部分的比例是根据古代数学公式计算所得，如立柱直径和柱高的比例。不幸的是，布拉曼特把小神殿融合到附近教堂环形庭院中的计划最终没有实现。尽管缺少了这一点睛之笔，但这座小礼堂依然是文艺复兴盛期建筑中的珍品。

　　教皇尤利乌斯二世委派布拉曼特重建世界上最著名的教堂——圣彼得大教堂，但重建计划尚未得以实施他就去世了。后来监督重建工作的重任落到了其他建筑师肩上。米开朗琪罗最终在他71岁时接手了这项宏大非凡的工作。从1546年直到他去世时的1564年，同米开朗琪罗的其他艺术工作相比较，圣彼得大教堂、特别是其穹顶的建造，占据了他的最主要精力。尽管若干年来米开朗琪罗还接手了不少其他建筑项目，但没有一项建筑的意义可以同圣彼得大教堂相提并论。虽然圣彼得大教堂穹顶的建造是在米开朗琪罗死后完工的，而且设计作了一些小的修改，但它依然是米开朗琪罗建筑艺术的一块丰碑，而且是他整个艺术生涯的辉煌顶点。

　　米开朗琪罗同布拉曼特一样把雕塑手法运用到建筑中来。米开朗琪罗使用双科林斯柱作为结合部件，把圣彼得大教堂大穹顶和教堂已有的建筑统一起来。由于圣彼得大教堂的正面在17世纪时有过一些改动，所以观察米开朗琪罗穹顶的最佳方位是西南方（插图2.22）。科林斯风格从地基部分开始就成为将整座建筑联成一体的艺术纽带。科林斯双柱的形式出现在立柱、半露方柱、肋拱、墙壁、鼓状部位以及穹顶上。

　　圣彼得大教堂的这种设计说明作为建筑师的米开朗琪罗和作为画家、雕

第 2 讲 文艺复兴盛期和早期矫饰主义　83

塑家的米开朗琪罗完全不同。到1530年代，他在绘画和雕塑方面已成为一名使用夸张和富有表现力效果的矫饰主义者。但在建筑方面，他依然忠诚于文艺复兴盛期艺术风格及其和谐均衡的设计理念。

最著名的矫饰主义风格建筑师是活动在意大利北部维琴察（Vicenza）的安德烈·迪·皮耶特罗（Andrea di Pietro，1508—1580年），又被称作帕拉蒂奥（Palladio）。帕拉蒂奥这个名字来自智慧女神雅典娜的另外一个名字帕拉斯（Pallas）。帕拉蒂奥的艺术信念植根于古典主义，但他却长于丰富的创新手法，通过这种手法，他在建筑设计中利用古典主义元素

图2.22　米开朗琪罗：圣彼得大教堂穹顶。从西南侧观察。1546—1564年。由贾科莫·德拉·波尔塔（Giacomo Della Porta）与1590年最后完成。穹顶高137.8米。罗马

当1590年在米开朗琪罗死后这个设计和谐、遵从古典主义形式的大穹顶建成后，它获得了广泛的好评。从那时至今，其他建筑师常常模拟这个穹顶，希望复制他的古典主义精神。

的组合令人耳目一新。他擅长驾驭光影效果，反复强调这种效果，从而建造出在某种装饰性的庄严氛围中富有无限变化的建筑。

帕拉蒂奥设计的最有影响的家居建筑是卡普拉别墅（Villa Capra），由于其中间的圆形建筑和上面的穹顶，又被更通俗地称为圆厅别墅（Villa Rotonda，插图2.23）。帕拉蒂奥从古罗马的农舍得到灵感设计建造了这座建筑。圆厅别墅是16世纪一座乡村别墅，用砖头建造，外表以灰泥拉毛粉刷，它建于一处可俯瞰维琴察的高阜之地。以中心的穹顶为轴，四面侧厅呈放射状对称。四个侧厅都有带有台阶的爱奥尼亚式走廊通向户外。门廊由立柱支撑，通过凹陷式的阶梯通向地面。在四面山墙的转角和最高处以及四面阶梯的两侧都安放了雕塑艺术品。

帕拉蒂奥的矫饰主义精神体现在这座建筑的设计中。虽然说这些冷峻严肃的柱廊外观上是古典主义风格的，但没有哪一座希腊或罗马的神庙会在建筑

图2.23　帕拉蒂奥：圆厅别墅。始建于1550年。大约于1592年由文森佐·斯卡莫齐（Vincenzo Scamozzi）最后完成。穹顶高21.3米，别墅24.4米见方。意大利，维琴察

　　虽然带有古典主义的元素，但圆厅别墅是矫饰主义风格的建筑。不像文艺复兴盛期的建筑那样与周围的环境相融合，这座方方正正像盒子一样的乡村别墅与它周围的花园的空间格格不入。此外，矫饰主义延伸拉长的风格也体现在它的四个长长的台阶上。不过圆厅别墅最令人惊讶的矫饰主义风格是它的布局上设计了四个完全一样的门廊。

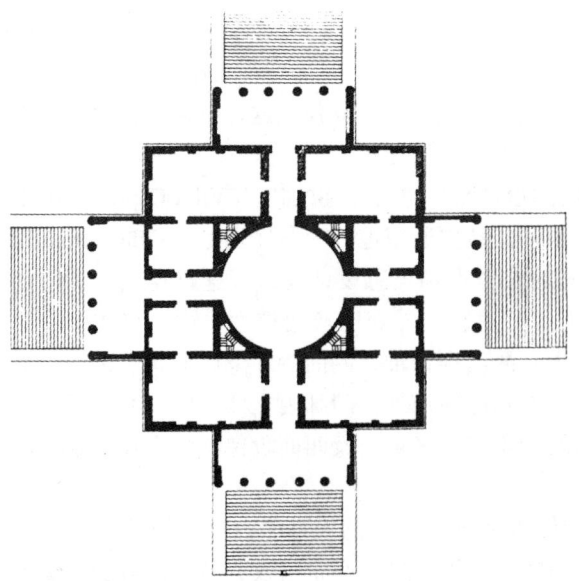

图2.24　帕拉蒂奥：圆厅别墅建筑平面图

　　帕拉蒂奥设计圆厅别墅的目的是为了实现其富有的威尼斯人业主追求社会地位的野心，把它的中心设计成装饰精美的圆形空间，适合举办音乐会、餐会和其他集会。在中心区周围他设计了四个一样的两层房间，这是为业主的家人和客人住宿准备的。走道的尽头是四个门廊，在那里居住者可以消暑以及享受有趣的乡间美景。

的四面拥有四个完全相同的柱廊（插图2.24）。帕拉蒂奥在一座看起来是古典主义风格的建筑中融入了令人意想不到的、相互对立的因素。

帕拉蒂奥除了设计建筑外，还创作了建筑论文集《建筑四书》（*Quattro libri dell'architettura*）。这本书被翻译成英文后广为传播，使帕拉蒂奥建筑风格在英语世界大为流行。18世纪英国贵族喜欢按照帕拉蒂奥风格建造自己的乡村别墅，美国南北战争以前的南方种植园主也有同样的偏好。

音乐

文艺复兴盛期和早期的音乐没有太大的差异。

合唱音乐 盛极一时的法兰西—尼德兰乐派著名作曲家若斯坎·德普雷（Josquin des Prez）在其受雇于教皇和其他意大利当地贵族期间，将文艺复兴早期的音乐艺术水平推上了顶峰（见第1讲）。16世纪德普雷的作品主要有宗教弥撒曲、赞美诗以及一些世俗的歌谣，这些只是进一步强调了其早期作品中的完美特点，即由多声部和声（通常是二到六声部）、无伴奏合唱和用歌词表达情感等方式演绎甜美乐曲。虽然德普雷钟情于音乐的情感力量，但他却仍然重词而轻歌，这反映了当时最大的音乐赞助者教会的需要。这种追求乐曲和歌词平衡的努力催生了大量可以吟唱的文词，这也是德普雷文艺复兴盛期音乐风格受到古典主义限制的表现。这种风格一个突出的特征是当演唱者被细分为不同声部组合时会产生丰润嘹亮的和声效果。

这种和声经验被阿德里安·维拉尔特（Adrian Willaert，约1490—1562年）运用到下一代音乐中，维拉尔特是尼德兰乐派成员和德普雷的门生。维拉尔特在他的导师去世后可能是欧洲最著名的作曲家。维拉尔特曾担任威尼斯圣马可大教堂的礼拜堂管弦乐队指挥，他被认为是威尼斯乐派的奠基人，在音乐史上占有重要地位。借助圣马可大教堂的两架管风琴和威尼斯乐派的乐器伴奏经验，维拉尔特同时为两个唱诗班作曲。维拉尔特借助一系列的音乐技巧，如分声部与合声部、进行音乐强弱对比、编配回声效果等，创造了一种优美而富有表现力的音乐，它成为巴洛克时代华丽的教堂协奏曲的先驱。维拉尔特创新的一个优点是把管风琴从歌唱音乐中解放出来。

为四声部合唱创作的《基督复活弥撒曲》（*Missa Christus resurgens*）体现了维拉尔特华丽的表现风格。维拉尔特的弥撒曲以法裔弗莱芒作曲家让·理查福特（Jean Richafort）的一首合唱短曲为基础，维拉尔特的弥撒曲用装饰音和模拟技法创造了动人的声音混合效果，同时还能确保歌词听得准确无误——这是"时髦"宗教合唱音乐的特点，也是维拉尔特的音乐遗产。短曲《上帝的羔

图2.25 乔万尼·迪·卢德罗（Giovanni di Lutero），又叫多索·多西（Dosso Dossi）:《阿波罗和达芙妮》。约1538年。帆布油画，1.88×1.14米。罗马，博盖塞美术馆

多索·多西（约1490—1542年）画了许多带有隐喻和神秘色彩的场景。他从威尼斯画派的乔尔乔内和提香那里学来的对色彩和光线的感觉又为他的作品添加了神秘的和梦幻般的氛围。在这幅画中，掌管诗歌和音乐的主神、缪斯的领导者阿波罗位于前景中，而他不断追求的达芙妮则位于中景，正在试图逃脱自己的追求者。背景是一个意大利城市，可能是博洛尼亚（Bologna，这从城市中的双塔可以看出来）。阿波罗没有弹奏古希腊的乐器鲁特琴，而是拿着一把小提琴。这可能是最早描绘小提琴的一幅画，因为直到1510年小提琴才出现。

羊》(Agnus Dei) 开始时全部四个声部齐唱，形成了一个连绵不绝的背景，然后高亢的男高音出现，声音缥缈宛若来自天上，用音乐来隐喻基督的重生。

其他成果 但与人声相比，这一时期器乐仍处于次要地位。虽然德普雷和维拉尔特针对具体乐器谱写了一些曲子，在这些曲子中他们或者改变了最初为歌唱者设定的旋律，或者采用舞曲曲调。

这一时期音乐发展的另外一个成果是出现了小提琴，小提琴是从阿拉伯三弦琴（rebec）和中世纪提琴以及它的意大利近似乐器演化来的（插图2.25）。小提琴使用弓和弦演奏，它可能是今天世界上最流行的乐器。虽然小提琴琴弦的数目在几十年内变化不定，但到1600年，意大利的小提琴制造者就已经将它的基本形状和尺寸确定下来。安德里亚·阿马蒂（Andrea Amati，约1520—1578年）开创了制作优质小提琴的传统，他在16世纪中期在克莱蒙那（Cremona）创立了小提琴作坊。历史上两位最著名的制琴大师安东尼奥·斯特拉迪瓦里（Antonio Stradivari，约1644—1737年）和安德里亚·瓜奈里（Andrea

文艺复兴盛期和早期矫饰主义的遗产

从现在的眼光来看，文艺复兴盛期和早期矫饰主义繁荣的 70 年时间是西方某些艺术和人文领域的黄金时代。在视觉艺术（绘画、雕塑和建筑）领域，许多标准被确定下来，大量后来无法超越的不朽艺术形象被创造出来。在政治理论方面，这个时代诞生了矫饰主义的思想家马基雅维利，他是现代政治思想的奠基人。

除了这些成就以外，在通向现代世界的道路上，这个时代还迈出了另外两大步。从政治层面来讲，现代世俗国家开始在法国、西班牙和英国的变革中兴起，对这些国家来说具有创新性甚至是革命性的特点已成为 21 世纪的西方和非西方国家的第二天性。从社会层面来说，在意大利宫廷一种新的行为规范开始出现，并迅速被整个欧洲所接受。这些礼仪规则不仅最终渗透到欧洲的贵族当中并改变了他们的行为，而且逐渐深入到中产阶级当中。直到今天，卡斯蒂廖内笔下廷臣和女士的行为仍然是任何希望获得社会尊重的西方人的行为典范，尽管其形式简化了。

或许这一时期出现的最伟大的转变是关于人在社会中的作用的观念。在古代和中世纪，与传统和普遍价值观念相一致的合作与公共精神受到褒扬。但在 16 世纪，一些艺术家和人文学家同他们的赞助人一道开始将注意力转向个人和私有领域。文艺复兴盛期展现自由表达和作为"天才异教徒"的一个极端例子是列奥纳多·达·芬奇，他那些已被解码的笔记只是为自己所用，并非为了出版发行。矫饰主义通过从个人的怪癖和不受约束的行为中寻找优点，把个人化的表达推向极致。赞助人对于这些艺术家和人文学者新式作品的支持表明，不论是在社会层面还是在个人层面自由表达都被认为是件好事。文艺复兴盛期和早期矫饰主义风尚都鼓励大胆的个人主义思想，这开创了西方文化中的一个永恒主题。

Guarneri，约 1626—1698 年）都是安德里亚的孙子尼克洛·阿马蒂（Niccolò Amati，1596—1684 年）的徒弟。安德里亚·瓜奈里把小提琴制作推向了臻于完美的最高水平，一共制作了 540 把小提琴和其他弦乐器。今天，瓜奈里小提琴被认为是世界上最珍贵的乐器。

这一时期对后世影响最大的音乐成就是发明了从低音到高音的乐器族，这些乐器的混合使用可以演奏出优美的音乐。这些乐器族常常被叫做**乐器组**（consort），它们要么由管乐器组成，要么由弦乐器组成。乐器组的出现体现了器乐合奏的要求，并且意味着管弦乐从此开始诞生。管乐器和弦乐器可以混合使用演奏一种令人愉悦的乐曲，如果再加上人声演唱，这就为歌剧的成熟创造了条件。

文化关键词

文艺复兴盛期（High Renaissance）
市民人文主义（civic humanism）
马基雅维利主义（Machiavellianism）
透视图法（scenographic）
乐器组（consort）

矫饰主义（mannerist）
牧歌（madrigal）
圣母怜子（pietà）
扶栏（balustrade）

批判性思考提问

1. 以法国、西班牙和英国中的一国为例，讨论新的民族国家兴起的原因。新兴的民族国家对艺术和人文有什么影响？

2. 有哪些因素促使1494—1520年间文艺复兴盛期的短暂勃兴？什么因素导致1520年后矫饰主义的兴起？

3. 比较和对比文艺复兴盛期和矫饰主义在文化趣味上的不同。

4. 选择文艺复兴盛期和早期矫饰主义时期的一幅画、一件雕塑和一座建筑，比较和对比这两组作品，以区别这两种文艺风格的典型特征。

5. 这一时期文化发展的最重要的一个原因是什么？请解释。

3 北方人文主义、北方文艺复兴、宗教改革和晚期矫饰主义

1500—1603年

当中期文艺复兴和早期矫饰主义文化活动在意大利如火如荼地展开时（见第2讲），在三种趋势的影响下欧洲其他地方也正发生变革，这三种趋势包括一场文学运动、两种新艺术风格和一场宗教危机。不过宗教危机一开始仅仅出现在北欧，但到了16世纪中期，这一事件已经和当地以及国际政治发展紧紧联系在一起。北方（或基督教）人文主义一如人们称呼文学运动那样，它在两个事态推动下出现，一个是强调古典主义研究的意大利文艺复兴，另一个是中世纪晚期着眼于简化基督教教义的俗家修道。这时期欧洲出现了两种令人瞩目的艺术风格，即从1500年持续到约1560年的北方文艺复兴和流行于这个世纪其余时间的晚期矫饰主义。这些文学和艺术发展过程则受到很快席卷整个欧洲的宗教危机的影响。（历史分期表3.1）

这场被称作**宗教改革**（Reformation）的精神地震的震中在德意志，这场运动永久性地瓦解了西方的宗教团结。宗教改革和文艺复兴一样，都

◀ 小汉斯·荷尔拜因（Hans Holbein the Younger）：《鹿特丹的伊拉斯谟》。约1523—1524年。板上油画，42×31.6厘米。卢浮宫藏

历史分期表3.1　16世纪

1500				1545	1563			1600
宗教改革和新教修道制度的建立				特伦特公会议	反宗教改革运动			
1509 伊拉斯谟的《愚人颂》	1517 路德的《九十五条论纲》	1533 英格兰教会建立	1540 耶稣会修道制度建立		1564 米开朗琪罗去世		1586 格列柯的《奥尔加兹伯爵的葬礼》	1592—1594 丁托列托的《最后的晚餐》
1513 丢勒的《骑士、死神与魔鬼》	1521 独立的路德派教会建立		1541 独立的加尔文教会建立		1566 老勃鲁盖尔的《婚礼舞蹈》		1590—1610 莎士比亚的戏剧上演	

从历史中寻找灵感和思想来源，但宗教改革领袖并没有关注希腊罗马的古典世界，而是属意于等级化和官僚化之前的早期基督教教会。这些改革马上遭到了当时教会的坚决抵制。这种对立造就了今天的基督教两大派别，即那时希望彻底改革教会的新教徒（Protestants）和对教会现状满意的罗马天主教徒（Roman Catholics）。

不过天主教徒并非反对一切变革。16世纪下半叶，天主教派发起了**反宗教改革运动**（Counter-Reformation）来净化教会，从而开辟了一条新道路，直到20世纪60年代他们仍然遵循这条道路。相反新教徒内部在主要信条上分歧巨大，很快就又分裂为不同的教派。

1560年代，反宗教改革运动对于西方文化、尤其是西班牙和意大利文化产生了巨大影响。在美术、建筑和音乐领域，后期矫饰主义开始蓬勃发展，这个过程一直延续到16世纪末巴洛克艺术兴起。这后期矫饰主义趋势的一个重要例外见诸西班牙文学。1500年前后西班牙文学进入黄金时代，塞万提斯的作品是其艺术水平达到顶峰的标志。

3.1　北方人文主义

北方人文主义又叫**基督教人文主义**（Christian humanism），其审美观与文艺复兴盛期艺术颇有一些相似之处，如理想主义、理性主义以及热衷于古典文献等。但是，和意大利人文主义运动不同，北方人文主义者十分注意教会和广大基督教世界的情况。对于这些北方思想家来说，研究基督教著作和研究古希腊罗马经典同等重要，他们的研究进一步推动了未来的教会改革。

北方人文主义者与启发他们的中世纪晚期俗家修道者一样，也通过简单的形式实现信仰。他们宣扬任何有着纯净和谦卑之心的基督徒都可以直接向上帝祷告。这些学者宣称这种简洁信条符合他们从方言版本的《新约》里找到的基督的圣经训示，他们借此进一步强化了这种简洁信条的魅力。

一些德意志人文主义者的思想带有民族情感，他们痛恨意大利对当地宗教事务的干涉。这种带有简单信仰特点的基督教人文主义思想使他们认为，通过模仿早期教会，摆脱腐败的意大利宗教领袖的控制，他们就可以复兴基督教，使它的目标回复本原。

著名法国人文主义者弗朗索瓦·拉伯雷（François Rabelais，约1494—1553年）写了一本由5部分组成的讽刺作品《巨人传》（*The Histories of Gargantua and Pantagruel*）。在这部作品中，拉伯雷猛烈攻击教会的陋习，嘲笑教士和神学家。他强调人类本质是善的，宣称人类基于理性和常识有能力享受美好生活。然而他的怀疑主义、世俗主义，还带有粗俗幽默和伤风败俗的内容，再加上他笔下主人公怪诞的胡作非为，使拉伯雷处在北方文艺复兴的主流作家之外，成为一类独特的人文主义者。

另外一位非主流人文主义者是昂古莱姆的玛格丽特（Marguerite of Angoulême，1492—1549年），她是纳瓦拉（Navarre）的王后、法王弗朗西斯一世（Francis I）的姐姐。她是拉伯雷、新教改革者以及其他自由思想人士的庇护者。她另一个更常用的名字是纳瓦拉的玛格丽特（Marguerite of Navarre）。她闻名文学史是因为与《七日谈》（*Heptameron*，该词来自希腊文的"七"）联系在一起，这本书模仿薄伽丘的《十日谈》文体，由70个不加掩饰的性爱故事组成。尽管玛格丽特是否真正写了这些故事在学术上依然是颇有争议的，但一般都认为这些故事是为法国宫廷所写。这些故事证明，法国贵族欢迎直言不讳地描写性事故事（这些故事的主题涉及强奸、类似强奸的诱奸、乱伦以及贵族们在性和婚姻方面不合伦常的行为），同时他们还对新教一类的思想持宽容态度（故事中的坏人常常是隐修会修士，而且一般被描绘成饕餮之徒、寄生虫和强奸犯）。十分憎恨垂死的中世纪禁欲主义的北方人文主义是孕育《七日谈》的社会基础。

北方人文主义者、甚至可能是所有人文主义者中最著名的人物是荷兰学者伊拉斯谟（Desiderius Erasmus，约1466—1536年，图3.1）。伊拉斯谟完全具备在基督教人文主义运动中担当大任的素养。他曾经在具有虔诚宗教氛围的共生兄弟会（Brethren of the Common Life）学校里学习，在那里他接触了希腊罗

图3.1 小汉斯·荷尔拜因:《鹿特丹的伊拉斯谟》。约1523—1524年。板上油画,42×31.6厘米。卢浮宫藏

最著名的北方文艺复兴画家汉斯·荷尔拜因为伟大的人文主义者伊拉斯谟创作了这幅传神的肖像画。画家通过选取伊拉斯谟写论文的场景来表达人物的人文精神和知识威望。写实的细节、温暖的色彩和生动的光线是荷尔拜因作品的典型特点。

马古典文献。后来他在巴黎大学完成了自己的学业。这种教育背景意味着他可以成为一名神职人员。虽然教会曾正式授予伊拉斯谟神职,但他从没有穿过神职人员的服饰,也没有像神甫一样生活。相反,伊拉斯谟在他的庇护人的帮助下毅然决然地选择以著述为生,享受学术生活的乐趣。他也曾广泛游历西欧,最后在以英国大法官、又一位著名人文主义者托马斯·莫尔(Thomas More)为中心的英格兰文人圈子中找到了自己的精神家园。

作为一名人文主义者,伊拉斯谟推崇西塞罗提倡的强调古典文献研究和个人尊严的人性(humanitas)教育。作为一名基督徒,他信奉"救世主哲学"(Philosophy of Christ),这体现在"登山宝训"(the Sermon on the Mount)和耶稣谦恭正直的生平事例中。伊拉斯谟诚挚地感到教会应该改革,并且应当采用他提出的温和方法进行改革以使教会免遭分裂。

伊拉斯谟著作宏富,内容涉及专题论文、评论、格言录、一本资政教范和一部希腊文权威版本《新约》,但其卓著的名声来自写于1509年的名著《愚人颂》(*The Praise of Folly*)。这部生动的作品博学而幽默,体现了基督教人文主义的得体和机智。甚至这部作品的拉丁文题目《莫尔颂》(*Encomium Moriae*)也一语双关地提到了他的英国朋友莫尔的名字,这本书就是献给他的。

在这部作品中，伊拉斯谟塑造了一个象征愚昧的特殊人物"愚人"（Folly），通过他的口对人类进行嘲弄。在一系列的说教中，愚人对从学者、律师到牧师和枢机主教的各个社会群体进行嘲讽。伊拉斯谟轻快的讽刺，特别是对教士伪善的揭露，在有文化的人群中引起了共鸣。但随着新教思想的迅速发展，这种文雅的批评只会为伊拉斯谟招惹麻烦。罗马天主教徒认为这种虽温和却刺耳的话是一种背叛，而新教徒则认为他走的还不够远。最终，这个温和的改革者和文雅的学者一面被两方非难，一面眼睁睁看着自己热爱的教会悲哀地走向分裂。

路德一度希望得到伊拉斯谟对自己改革斗争的支持。但事情在1524年发生了变化，伊拉斯谟在这一年宣称人的意志是自由的，否则《圣经》就不会劝有罪的人忏悔，而这种观点和路德截然相反。伊拉斯谟的观点深深激怒了路德，为此他专门写了一本小册子进行反击，在这本小册子中，路德认为人的意志具有无法消除的缺陷，只有上帝慷慨的怜悯才能把人从地狱之火中解救出来。路德的回应如此激烈，以至于此后这两位学者再也没有联系过。伊拉斯谟平静的声音在那个辞令狂放、信仰混乱的时代没有引起人们的注意。

3.2 北方文艺复兴

当文艺复兴盛期和早期矫饰主义正在意大利如火如荼地展开时，北欧文化也迸发出勃勃生机。北欧文化运动的高涨深受同时期文化变革的影响，如宗教剧变、以哥特风格和神秘主义为代表的中世纪晚期潮流、北方人文主义以及意大利文艺复兴盛期和矫饰主义等等。这些不同文艺潮流共同作用的结果就是出现了所谓的**北方文艺复兴**（Northern Renaissance），这个词用来描述16世纪不同风格百花齐放的北欧文化。不过矫饰主义原则到16世纪中期还一直在侵蚀着阿尔卑斯山以北地区在绘画和文学领域的文艺复兴理念。

北方文艺复兴时期的思想与科学

北方文艺复兴诞生了从分析政治制度的特点和作用到分析人体的组织与结构等各方面理解世界的新方法。让·博丹（Jean Bodin，1530—1596年）对政治体系的解析和安德里亚斯·维萨留斯（Andreas Vesalius，1514—1564年）对人体奥秘的解释看似没有什么关联，但却都在文艺复兴改变欧洲方面做出了贡献。两个人都是新知识造就的，他们都追求理解自然世界和人类社会的文艺复兴目标，他们也都深受自己身处其中的政治和宗教事件的影响。

让·博丹　让·博丹是法国政治哲学家和作家,一生中经历了八次内战和宗教战争,这些战争威胁着法国的君主制,还差点把法国分裂成两个宗教地区。胡格诺派(Huguenots),又称法国清教徒,组成了包括法国贵族和正在兴起的中产阶级在内的联盟,与信仰天主教并忠于国王的人作战,这些人主要是农民和巴黎市民。这些战争大约从1562年持续到1598年,因皇室联姻、君主竞争以及联盟变化而变得更加复杂。

博丹在图鲁斯大学研究了巴黎的哲学和民法。在图鲁斯大学任教时,他推崇基于文艺复兴人文主义的教育方法。后来他回到巴黎,在一家皇室机构担任宗教和政治事务方面的顾问。1583年他搬到了拉昂(Laon),在那里为市政府工作并写作了一些关于政治制度的小册子。

作为一名这一时期战争的参与者与观察者和一名历史与法律的研究者,博丹一生都致力于探究他在其名著《共和国六书》(Six Livres de la République)中提出的理想国家形态。按照博丹的理解,政治的根本问题是主权问题,即政治体控制其内外事务的权力。他认为,主权是绝对的、永恒的,归属于君主。博丹宣称主权是不能让与的——不能分享、让渡或丢失,他借此为绝对君主制辩护。在绝对君主制的背景下,博丹思考了多种统治形式:一人统治,即君主制;少数人统治,即贵族统治;全体人统治,即民主制。被天然地赋予了绝对权力的君主挑选最富有的或是出身贵族家庭的人来加入政府从事管理工作,就构成了贵族统治。同样君主必须将包括出任公职在内的某些权利赋予所有人,这就是民主制。然而,不管是贵族统治还是民主制,最终权力仍然掌握在君主手中。

博丹认为,虽然专制君主不必遵守民法,他们只遵守自然法和神权法,而违反这些法律的君主——如奴役人民或剥夺人民的财产——就是暴君,应该被推翻。君主依神权统治,因为是神在照顾人类的福利——他们的生命权和财产权。博丹目睹了胡格诺派和天主教徒的战争,他得出结论认为在一个君主政体内部有一个统一的宗教信仰是最好的,因为只有这样才能使这个国家繁荣并保证国家的和平与和谐。他认为宗教和国家团结是一个民族生存的必由之路。

博丹和马基雅维利一样是近代世界最早关注理想国家模式的政治哲学家之一。博丹抨击反对王权的封建残余势力,他的书还预示了未来对主权含义的争论。在后来的两个世纪中,直到民主革命时代,政治思想家一直把主权问题当做研究的核心主题,探讨谁拥有主权以及在国内事务中如何最好地使用主权。

安德里亚斯·维萨留斯　像博丹一样,维萨留斯也为文艺复兴的文化特质打上了自己的烙印。两人都观察和分析周围的世界,都从历史中寻找指引,都为我们理解人类自身提供了新的途径。不过维萨留斯的贡献是在自然科学领

第3讲 北方人文主义、北方文艺复兴、宗教改革和晚期矫饰主义

域,而博丹则推动了政治科学(这个术语的出现要归功于他)的研究。

维萨留斯出身于为神圣罗马帝国皇帝服务的外科医生家族。他在欧洲顶尖的大学学习:鲁汶大学(在今天的比利时)、巴黎大学和帕多瓦大学。在巴黎学习的岁月十分关键,他在那里开始解剖人体并开始研究人体骨骼。在帕多瓦大学,他发现了盖伦(Galen)医学中的错误,盖伦是古罗马时代著名的医生,在此前的1300年,他关于人体解剖结构的理论是中世纪时代医学教育的标准。

年轻的维萨留斯证明盖伦的观察是错误的,人类和动物的解剖结构并不相同,维萨留斯最初发表了一些他的课堂绘图。后来在1543年,他出版了自己的研究成果《人体的构造》(De Humani Corporis Fabrica),该书更常见的名字是《构造》(Fabrica)。

基于人体解剖的研究,《人体的构造》详细准确地揭示了人体的构造,尤其是它还配有人体解剖插图(插图3.2),这本书彻底改变了解剖学研究。与此

图3.2 安德里亚斯·维萨留斯:《人体的构造》(《构造》)插画。1543年

维萨留斯撰写了历史上第一本全面的配有插图的解剖学教科书并为之配图,他还亲自指导书的插图绘画、刻版和印刷。他的解剖插图是木刻画,被认为是16世纪最好的雕版作品之一。《人体的构造》以其清晰准确的插图、高水准的雕工以及印刷、版式、编排超越了以前所有的医科图书。维萨留斯按照文艺复兴解剖学绘画的传统,把他的"肌肉人"放置在风景中,背景可能是一个村庄或是古代遗迹。他为插画的每个人物都安排了某种姿势。没有一个人物是躺在解剖台上的尸体。维萨留斯借此让观察者更能接受他的发现,同时也表明,即使是医书插图,这些画也一样受这个时代创造性文化成就的影响。

同时，维萨留斯激起了两类人的强烈反对。一是那些相信盖伦是对的同僚科学家，一是认为解剖尸体是冒犯教规的教会官员。通过证明盖伦是错的，维萨留斯的研究对于解剖学的意义和哥白尼通过证明托勒密是错的所做研究对天文学的意义是一样的（参见第5讲）。很快，维萨留斯的著作就被几乎所有的欧洲医学院校接受，他的作品还进而影响了其他学科——生理学、生物学以及药物学研究。

北方文艺复兴时期的文学

在文学史上，16世纪是一个令人吃惊的时代，因为此时的方言作品表明本土语言可以和拉丁语一样作为文学创作工具。在中世纪中期，但丁以其作品《神曲》开辟了这种文学创作的道路，此时其他作家的本土语言作品也大行其道。以法语写作的蒙田和以英语写作的莎士比亚为后世留下了丰富的遗产，双双被尊为各自文化传统中的杰出作家。

米歇尔·蒙田 蒙田（Michel de Montaigne，1533—1592年）像古罗马的元老院议员一样在担任公职和从事写作之间游刃有余。他一面担任法官和市长，一面用毕生精力创作了他称之为《随笔》(*Essays*) 的作品。这本随笔沉思录文集实际上是心灵自传，因而成为文艺复兴推崇个人精神的代表作。这本书展现在我们面前的是一个勤于求知、对探究自己的心路历程和个性抱有浓厚兴趣的男人的自画像。尽管他在书中说自己一贯忠实于真理，但他同样也提及自己在追求真理过程中的矛盾、无意识的偏离和有意的歪曲。《随笔》之所以没有流于枯燥乏味的自说自话，就在于蒙田坚定地认为他在揭露自己的时候是代表别人说话的。

不过《随笔》不仅仅是早期经典忏悔文学。它还是法国传统文化中最早的道德论（moralisme）作品，也是近代怀疑论哲学的开端。按道德而论，蒙田并不看重基督教伦理道德，因为新教和天主教都认为宗教名义下的残忍野蛮有道理。蒙田的这种深入思考反映了宗教战争时期法国的动荡状态，这种社会动荡引发了他对文艺复兴的天生乐观主义的质疑。蒙田在追求一种能够主导人类社会并且无人可以置身其外的道德准则，虽然他从没有找到这种准则。蒙田是怀疑论者，他不赞同文艺复兴关于人类是天地万物之缩影的观点。事实上，他宣称人类及其推理能力都是虚无和渺小的。但蒙田不是绝对怀疑论者，虽然他否认人类可以掌握完美的知识，但他认为实际理解是可能的。

威廉·莎士比亚 蒙田进行文学创作时恰逢宗教战争席卷法国，而此时

第3讲 北方人文主义、北方文艺复兴、宗教改革和晚期矫饰主义　　99

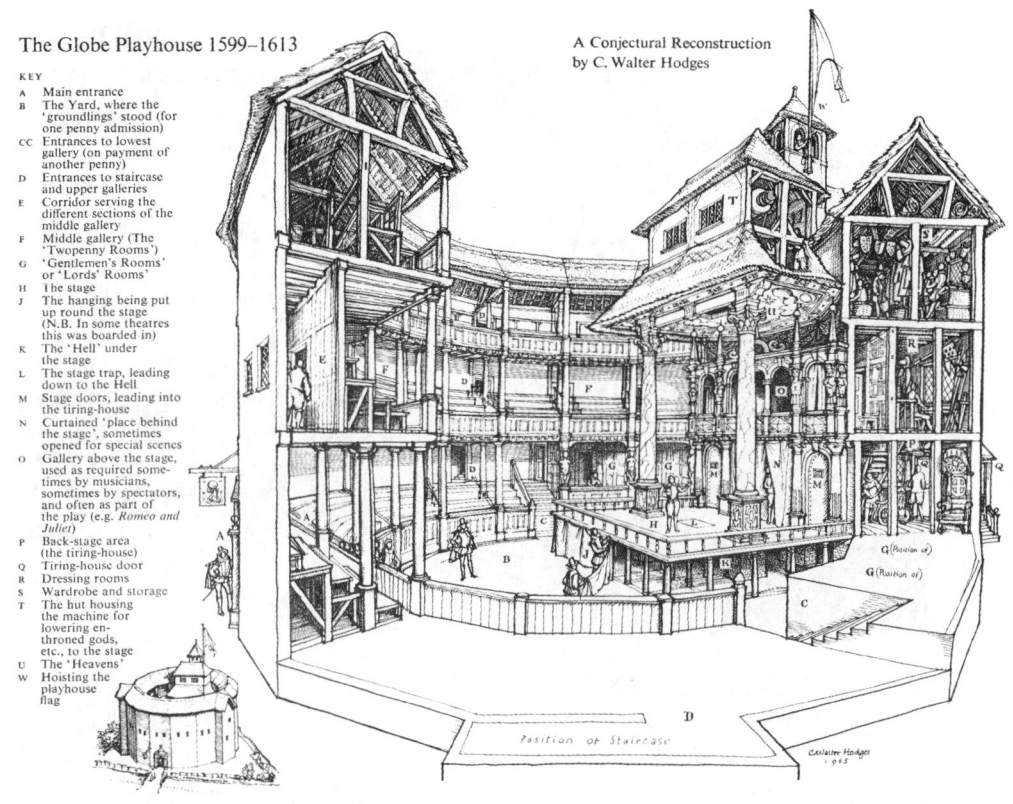

图3.3　圆形剧院的结构，1599—1613年

当1644年伦敦的圆形剧院被拆除为一个新建筑腾地方时，文艺复兴时代英格兰最重要的纪念物消失了：莎士比亚的大部分戏剧是在这个剧场首演的。这幅霍奇斯绘制的剧场结构断面图试图描绘莎士比亚时代圆形剧场的型制，霍奇斯是著名的莎士比亚时代剧场研究专家。如图所示，圆形剧场是一个十六面结构的建筑，舞台在露天的院子里，三面环绕着三层的看台。

的英格兰却经历了一个文化上生机勃勃的相对平静时期，这就是伊丽莎白时代。英国女王伊丽莎白一世（Elizabeth I）于1558至1603年间在位，在她的统治下，伦敦崛起为一个可以和文艺复兴早期的佛罗伦萨相媲美的重要城市。英国剧作家将那些随着罗马帝国衰亡而湮灭的悲剧和喜剧作品重新挖掘出来。同古希腊时代一样，悲剧和喜剧再次成为流行文化的一部分。此时出现了进行商业性演出的世俗戏剧，随之而来的是专业剧作家和演员、剧院，还有买票看戏的观众（图3.3和3.4）。

戏剧的重新流行表明从5世纪奥古斯丁时代以来西方盛行的文化观念发

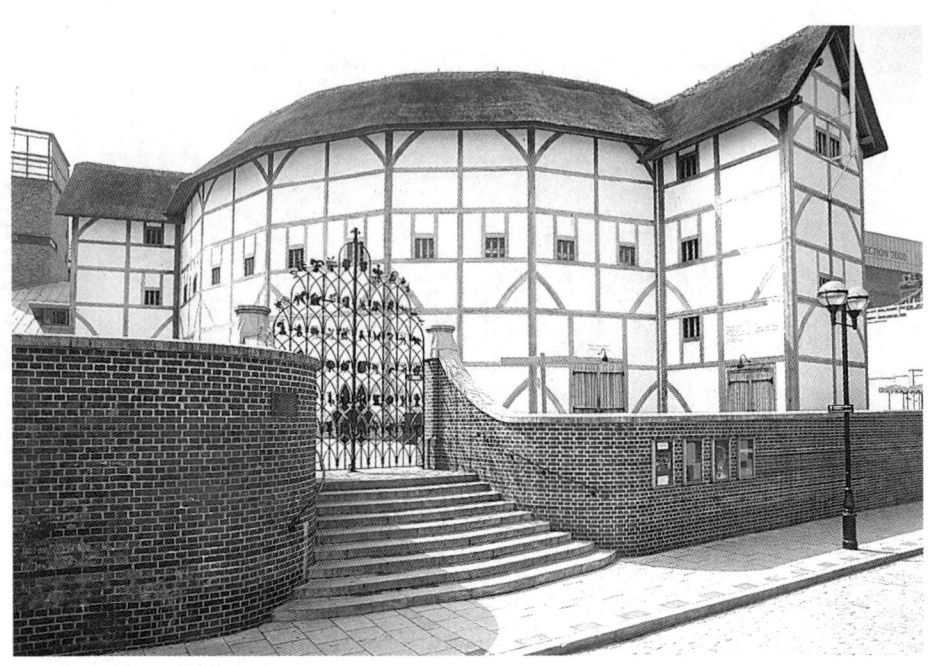

图3.4 重建的圆形剧场。1996年。伦敦

在美国演员萨姆·沃纳梅克（Sam Wanamaker）的推动下，通过国际上的共同努力，莎士比亚圆形剧场原址附件重建了这座现代的圆形剧场。这座剧场1996年8月进行了首场演出，它的建设忠实于伊丽莎白时代的建筑风格和建筑方法，包括使用木楔子和茅草屋顶。在这里，如果天气许可的话，白天会有演出，这和四个世纪前一样。

生了转变。基督教学者曾谴责那时的舞台是海淫海盗的场所。中世纪文化有时也会孕育出一些道德剧和一些以圣经内容为主题的舞台剧。但是这些带有说教意味的作品还比较原始，较少重视演出的语言、角色和情节。例如15世纪的戏剧《每个人》（*Everyman*），其主要内容是强化基督教道德，只是偶尔带有一点娱乐性和启发性。伊丽莎白统治时代许多优秀的剧作家涌现出来，如托马斯·基德（Thomas Kyd，约1557—1595年）和克里斯托弗·马洛（Christopher Marlowe，1564—1593年）。这些剧作家用短短一代人的时间就让戏剧发生了根本性变革。不过，最高荣誉应该归于英语世界最伟大的剧作家莎士比亚。

莎士比亚（Shakespeare，1564—1616年）生于埃文河畔的史特拉福（Stratford-upon-Avon），这是一个集镇，莎士比亚在这里接受了初级教育。从1590年他的剧本在伦敦舞台上演出，他积极投身公共生涯一直到1610年才回到故乡史特拉福享受田园生活。莎士比亚很早就退休了，这说明作为演员、戏院老板和剧作家他获得了成功。但他名声卓著是因为他是那个时代最出色的剧作家，在历史剧、悲剧和喜剧三个不同的领域都取得了非凡的成就。他的三十七部戏剧是他奉献给世界的遗产。就像古希腊时代悲剧的地位高于喜剧一样，莎士比亚的悲剧作品获得的赞誉要多过他其他作品。在他的十一部悲剧作品中许多都被认为是旷世之作，《李尔王》（King Lear）、《奥塞罗》（Othello）、《裘力斯·恺撒》（Julius Caesar）《麦克白》（Macbeth）《罗密欧与朱丽叶》（Romeo and Juliet）等作品不断被用英语和其他语种演出，还时常被拍成电影。不过莎士比亚最著名的悲剧作品是《哈姆雷特》（Hamlet），不少人认为它是莎士比亚戏剧的巅峰之作。

《哈姆雷特》是一部**复仇悲剧**（revenge tragedy），这是伊丽莎白时代最流行的戏剧题材之一。复仇剧有自己的特定程式，一般是发生了一起谋杀，而受害者的一个亲人通常会在死者鬼魂的指引下于戏剧结尾时完成复仇。这种带有暴力和悬疑特征的戏剧的最初来源已不甚清楚，但古罗马塞涅卡的悲剧在英国流传很广并有人对它进行研究，几乎可以肯定是它的一个源头。

《哈姆雷特》的基本情节、人物和背景均取材于中世纪发生在丹麦的一场宫廷阴谋。在莎士比亚的作品于1600—1601年上演以前，伊丽莎白时代的戏迷就观看过以这个故事为题材的更早版本戏剧的演出（现已失传）。尽管莎士比亚是从一个家喻户晓的故事中选材，但他把自己的天才和对主人公的情感倾注其中。《哈姆雷特》就其基本观念而言是矫饰主义原则的完美体现。莎士比亚从不断变换的视角展现哈姆雷特偏好模棱两可，而不是按照古典主义理想从单一视角对他进行描绘。哈姆雷特从一个疯子依次变成了学者、王子和剑客，他从来没有在观众面前展现统一连贯的个性品质。哈姆雷特令人难以捉摸的个性使他成为莎士比亚作品主人公中最常被分析和表演的人物。

这部作品中另外一个符合矫饰主义审美观的情节是当哈姆雷特独自思考时对自己的厌恶，这几乎贯穿了他的性格特征。当中期文艺复兴给人类的基本尊严以最高评价时，哈姆雷特却几乎不珍视自己、不珍视别人，或者说不珍视人生。相反，他表达了自己矛盾的内心世界：

> 我的心灵沉重得使我觉得这整个世界仅不过是块枯燥的顽石。这个美好的天空，看，好一个悬于头顶之壮丽穹苍，好一个有金色火焰点缀之华丽屋宇，但是，现在它对我来说，只不过是一团乌烟瘴气而已。人类是个多么美妙的杰作，它拥有着崇高的理智，也有无限的能力与优美可钦的仪表。其举止就如天使，灵性可媲神仙。它是天之骄子，也是万

物之灵。但是，对我来讲，它岂不是朽如粪土？人们已无法令我欢欣……
（第2场第2幕）

就其结构而言，《哈姆雷特》是典型的莎士比亚戏剧作品。莎士比亚所有的作品都是为商业剧团的演出而作，而不是有意写给公众阅读的。只是在莎士比亚去世后他的剧作才公开出版并在普通读者中传播，从此这些戏剧才被认为是"文学"作品。

北方文艺复兴时期的绘画

北方文艺复兴出现于一个文化危机的时代。佛莱芒画派的晚期哥特风格逐渐失去了吸引力，除一个特殊的画家希罗尼莫斯·波许（Hieronymus Bosch）的作品是个例外。同时，越来越多的画家被新的意大利艺术，特别是矫饰主义艺术吸引。在16世纪20年代，新教改革在艺术领域的影响日益明显。个人的艺术品位和风格变得重要起来，世俗的主题也已被接受，这部分是因为激进的新教徒把欣赏宗教主题的视觉艺术品当作一种偶像崇拜的形式。他们甚至捣毁了一些绘画、雕像和描绘宗教主题的彩绘玻璃。在矫饰主义和新教主义的共同影响下造就了三位了不起的艺术家，丢勒、格吕内瓦德和老勃鲁盖尔，他们从不同的角度描绘了后路德时代动荡的欧洲社会。

阿尔布雷希特·丢勒 阿尔布雷特·丢勒（Albrecht Dürer）出身铁匠家庭，曾经是一名版画师兼油画师。丢勒在德意志完成学习后周游意大利，他在那里吸收了文艺复兴艺术的精华。丢勒1510—1519年间为神圣罗马帝国皇帝制作的版画作品为他赢得了巨大声誉，同时他也发现自己的真正艺术爱好是在木材或金属上雕刻制作版画。他发行的不同版本版画作品令其名声大噪，并因此在德意志和尼德兰获得了大量的委托创作工作。丢勒晚年成了一名路德派信徒，他的一些后期绘画作品反映了这种新信仰。

丢勒对自己和自己在世界上的位置认识十分清醒，他在一幅内省式的自画像中表现了其文艺复兴情结，尤其是丢勒在一幅著名的作品中把自己描绘成了基督的形象（图3.5）。这一令人吃惊的形象——人物双眼紧盯前方——表明作者是对着镜子作画，丢勒把自己的盛装肖像同佛兰芒画派表现基督的标准画像混合起来，这种把自画像和耶稣的神圣权力合二为一的做法在文艺复兴以前是无法想象的。不过丢勒仍然遵循神秘主义传统，把他自己当作是以耶稣基督为榜样努力进行模仿的人，因此他依然忠诚于中世纪精神。

尽管丢勒的绘画使他当即获得了承认和财富，但他留给后世的最大艺

第 3 讲　北方人文主义、北方文艺复兴、宗教改革和晚期矫饰主义　　103

图 3.5　阿尔布雷希特·丢勒:《自画像》。1500 年，木板油画，66.7×48.9 厘米。德国慕尼黑美术馆古典分馆（Alte Pinakothek）

　　北方文艺复兴和意大利文艺复兴一样强调个人精神，就像德国画家丢勒的这幅自画像所展示的——丢勒是最早的把自己当做创作对象的画家之一。他的系列自画像始于 13 岁，在其中他用精确的细节描绘了自己的脸和上半身，记录了他的年龄变迁和气质变化。丢勒的自画像不寻常的一面是他似乎认为自己作为画家承担着类似于耶稣作为救世主的角色。

遗产还是他的版画作品。在路德抗争的年代，丢勒创作了名为《骑士、死神与魔鬼》（Knight, Death and the Devil，图 3.6）。这幅恢宏的版画表现了一名骑马穿过森林的骑士，他对手举沙漏奚落自己必死命运的死神和旁边虎视眈眈的凶残恶魔毫不在意。这个骑士可能就象征着不得不生存在现实世界中的基督徒。

　　这件作品把晚期哥特风格和文艺复兴艺术的元素结合起来创造出一个令人不安的画面。来自北方传统的是精致的细节、怪异的恶魔以及背景中不同的景物。源自文艺复兴的是那匹马，这是丢勒模仿了自己在意大利游历中所见美术作品中的造型。

　　马蒂斯·格吕内瓦德　第二位重要的德意志画家是马蒂斯·格吕内瓦德（Matthias Grünewald，约 1460—1528 年）。与丢勒相比，他的绘画方法受意大利艺术影响较小，受北方文化影响较大。他的绘画作品代表了晚期哥特风格的延续，而不是文艺复兴潮流在北方的发展。

　　格吕内瓦德最著名的作品是为德意志伊森海姆（Isenheim）的圣安东尼教堂（the Church of St. Anthony）创作的祭坛饰画（Isenheim Altarpiece）。祭坛画由九幅画面组成，根据教堂的活动安排，这些画可以从三个不同的方位进行展

图 3.6　阿尔布雷希特·丢勒:《骑士、死神与魔鬼》。1513 年。铜版画，约 25×19.3 厘米。哈佛大学，福格美术馆（Fogg Art Museum）。威廉·格雷（William Gray）捐赠，来自弗朗西斯·凯利·格雷（Francis Calley Gray）的藏品

　　丢勒这幅画的创意可能是来自于伊拉斯谟一本教导基督教君主最佳统治方法的小册子。在这幅画中，丢勒描绘了一个身披信仰甲胄的普通基督徒，坚定不移地乘马向着艰难险阻进发。这个人物其实有时被认为是丢勒所崇拜的伊拉斯谟的形象。

示。如果祭坛关闭，人们看到的是以耶稣受难（Crucifixion）为主题的最大一幅画（图3.7）。格吕内瓦德在这幅画中使用了晚期哥特风格，他在画面前景位置上描绘了聚集在一起的五个人物和一只具有象征意义的羔羊，同时还把耶稣的尸体描绘得比其余的人像都大。在表现耶稣遭受折磨的每个细节上这种风格都十分突出：扭曲的身体、大张的嘴巴、暴露的牙齿、低垂的头颅以及扎满蒺刺的身躯。格吕内瓦德晚期哥特风格的感伤主义（emotionalism）在他对受难场景中次要人物的处理上也表现得十分明显。右边施洗约翰手指耶稣，这强调耶稣是舍身而死。施洗约翰的平静同左边人物的悲伤形成鲜明对比：左边抹大拉的玛利亚跪在耶稣脚下，使徒约翰扶着已经昏厥的圣母玛利亚。这三个人扭曲的身体强化了他们脸上的痛苦表情。这幅在其他方面属哥特风格绘画的一个文艺复兴特征是其较低的视野，这表明格吕内瓦德掌握了意大利式的绘画透视方法。

希罗尼莫斯·波许　希罗尼莫斯·波许（Hieronymus Bosch，约1450—1516年）不仅身世是个谜，他的许多绘画作品也让专家至今仍然疑惑不解。

第 3 讲 北方人文主义、北方文艺复兴、宗教改革和晚期矫饰主义 105

图 3.7 马蒂斯·格吕内瓦德:《耶稣受难》,伊森海姆祭坛饰画。1515年。板上油画,3×3.28米。法国,科尔马(Colmar),菩提树下博物馆(Musée d'Unterlinden)

耶稣受难和死亡是北欧虔敬运动的核心主题,尤其是在14世纪大瘟疫之后更是如此。北欧画家生动地描绘了耶稣受难的细节。格吕内瓦德的《耶稣受难》遵从了这一传统,耶稣布满伤痕的身体不仅象征着他的牺牲,还表明人类的生命是有限的。

他使用奇异怪诞的方式来表现普通的宗教主题,这使波许的作品在他在世时就以高深莫测著称。

  波许大量别具一格的作品从那时北欧正在发生的变革可以得到解释。15世纪晚期勃艮第的政治动荡导致了贵族赞助艺术活动的衰落,与此同时,因周期性瘟疫带来的恐惧感在北欧大地上蔓延。16世纪早期,后来以马丁·路德造反而告终的严重的宗教动乱正蓄势待发。在上述因素影响下,或许还有来自他自己内心的冲动,波许创造了一批在风格上不遵循严格界限的作品。

  在他的绘画中可以看出,波许似乎游移于正在衰落的晚期哥特风格和即将诞生的矫饰主义风格之间。他嗜好细部刻画,经常使用大范围的画面场景,这些是他借鉴佛兰芒流派绘画、尤其是那个时代的彩饰手抄本的明证,但是他还倾向于赋予自己的作品模棱两可、甚至是愤世嫉俗的道德寓意,这又与后来

图3.8 希罗尼莫斯·波许:《乐园》。约1510—1515年。木板油画,中心画板2.19×1.94米;每块侧板2.19×0.97米。马德里,普拉多博物馆

仔细研究一会儿这幅折叠三联画,就可以发现波许艺术灵感的源头,即中世纪民间传说、谚语故事、异国知识和宗教信仰。例如,民间传说中的渡鸦和猫头鹰(左边画板上)传统上分别是无信仰者和巫师的象征;在球形玻璃罩下面做爱的情侣指示了弗莱芒谚语"好运易破如玻璃";异国知识反映在三个画板上的蛋形物体中,指的是世界和炼金术伪科学中的性;基督教信仰贯穿整个三联画,尤其是在右边的画面上描绘了对原罪者的惩罚。

老勃鲁盖尔等荷兰艺术家的作品类似。最好的办法可能是把波许看作一个原创精神如此显著的画家,以致他超越任何历史时段。

在波许的三十多幅画中,最著名也是争议最多的是《乐园》(The Garden of Earthly Delights),这是一件画在三块木板上的油画,被称作"**折叠三联画**"(triptych,图3.8)。当打开时,三联画展现了三幅不同但相互联系的画面,作品围绕人类被创造、堕落和被诅咒的主题展开。在中央和右边画面上布满了许多微小的画像,大多数是人物,尽管其中有些怪异恐怖,做出古怪的动作。虽然对这幅作品的最终含义在学术上并没有一致的意见,但可以从中找出或许对观赏者理解它的有帮助的某些特征。

《乐园》左边的画板上表现的是伊甸园的景象,亚当和夏娃以及最初的植物和动物(包括"野生的"动物和奇兽怪物)分散在画面上。与圣经故事的描述不同,耶稣拉着刚刚被创造出来的夏娃的手,把她介绍给亚当。许多学者把这幅画解释为波许把夏娃当作原罪的根源。

中间的画板是整个三联画中引人注目的焦点部分，它通过恐怖而带有隐喻的细节描绘了肉欲的罪恶。在最上面的横向部分，地上的水汇成一眼泉，这被认为象征着人类虚幻的幸福。在中间的横向部分，水池中的裸体妇女在放荡地玩乐，同时有一队骑在动物上的裸体青年环绕着她们，这些动物部分是真实的，部分是幻想的。在最下面的横向部分，更多裸体男女在进行各种性活动，或者同巨大的鸟、水果、花卉和鱼混杂在一起。中间这幅画上的不同形象象征着波许对人类社会状况的看法：人类永远沉溺于被亚当和夏娃的原罪所激发的对性的欲望中。另外值得一提的是，这个拥挤的画面上还有黑人男女，这是西方美术作品中存在非白人形象的一个较早例子。

三联画右边画板描绘了令人憎恶的地狱景象，还有人类为自己的罪孽所受的痛苦。这里有火红色的废墟和各种恐怖的折磨人的工具，表明波许认为人类的放荡行为已无可救药。在他看来，正是人类的邪恶欲念导致了自身毁灭。在整幅作品中没有丝毫救赎思想的痕迹。

有些学者试图把这件三联画和一个秘密存在的裸体主义异教信仰联系起来，而不承认波许作品悲观阴郁的内涵。如果他们的解释是正确的，那么中间这幅画就可以被理解成裸体主义对天堂不寻常的想象。但大多数学者不同意这种观点，相反认为波许是一个苛刻的道德主义者，他在嘲笑当时社会的堕落。

老勃鲁盖尔　老勃鲁盖尔（Pieter Bruegel the Elder，约1525—1569年）的生活和作品是16世纪中期北欧艺术变迁的标志。此时伟大的德意志艺术家丢勒和格吕内瓦德已经去世，曾经主导北欧艺术的德意志绘画渐趋式微。新教毁坏圣像运动大势已去，对宗教艺术品的需求大大下降。在这种背景下，老勃鲁盖尔开始选择一系列新绘画主题，如风景、乡村生活场景、民间故事等，在这一过程中，他成了北欧第一位真正的近代画家。老勃鲁盖尔的绘画主题植根于佛莱芒传统，虽然他也创作了许多标准宗教主题绘画，如东方三博士（Magi）向初生的耶稣朝拜，但他的绘画常常较少宗教内容，而只是展现世俗风情。

老勃鲁盖尔给人印象最深刻的绘画是那些表现农民生活场景的作品。画面上农民们始终处于自然背景之中，不浪漫美化，也不可怜兮兮。勃鲁盖尔不是把这些普通人当作单个人而是当作一种典型形象加以塑造，展现的常常是一种自在的自然力量。对于一些观画者来说，这些作品也传递了一些悲观主义信息，它赞誉农民简单快乐的举止中表现出的人性有点勉强。他的灵感更多的是来自身边寻常的乡野生活，而不是那个时代盛行的高深思想。这个特点在描绘荷兰谚语和劝善格言的《尼德兰谚语》（*Netherlandish Proverbs*）中表现得最为清楚（插图3.9）。谚语体现了民间智慧，是聪明的语言。老勃鲁盖尔描绘的富

图3.9　老勃鲁盖尔:《尼德兰谚语》。1559年。木板油画，3.17×1.64米。柏林国家美术馆

老勃鲁盖尔对人性的挖苦讽刺以及最终的悲悯情绪充满《尼德兰谚语》。在描绘"世界颠倒"谚语时，老勃鲁盖全面展示了人的愚笨和自负。这些谚语中的许多条流传至今，如左下方的男子（"不撞南墙不回头"），前景中间的男子（"不要明珠投暗"），水中（"大鱼吃小鱼"），右下角（"覆水难收"）。许多谚语有性的含义，如穿红衣的女子（前景中间）在给他丈夫批上一件蓝色的斗篷。这个场景说明她不贞洁，而她丈夫被戴了绿帽子。

有魅力的风景和乡村生活场景构成了他在《尼德兰谚语》中所展现的格言和故事的背景。老勃鲁盖尔绘画的视点在高处，画中的物体散落在加了标题的画面上——这是典型的老勃鲁盖尔风格。这幅画上有一百多个人物，有的是一个人有的是几个人在一起，分别代表了来自《圣经》、民间传说或是民俗文化的谚语和格言。和他其他的人物肖像画一样，老勃鲁盖尔在这幅画中把各种很跳的颜色——黄色、褐色、红色、蓝色、白色和绿色——汇成有机的整体。他用浓重的红、蓝、绿等色彩来吸引人们对特定场景的关注，例如那个穿着红色斗篷和红色长袜的男人（画面右前方）左手大拇指上顶着一个旋转的地球仪（"他主宰着世界"）。这幅画也说明老勃鲁盖尔在那个时代受到了波许的影响。复杂的人物构图，一些人物和场景风格怪诞，通过生活中的愚昧、荒诞和罪恶来进行道德说教。

第 3 讲　北方人文主义、北方文艺复兴、宗教改革和晚期矫饰主义　　109

图3.10　老勃鲁盖尔:《婚礼舞蹈》。1566年。板上油画，1.19×1.57米。底特律艺术学院藏

老勃鲁盖尔对跳舞者和观看的人的安排富有动感。跳舞的人群呈一队从前景向后延伸，穿过树木后又绵延回到队伍的起点。红色的帽子和背心以及踏着舞步的脚和拉起的手臂强化了这种动感。

一幅生动的绘画《婚礼舞蹈》(*Wedding Dance*，插图3.10)说明老勃鲁盖尔对农村人也并非尽是负面印象。这幅画描绘了一场盛大的结婚狂欢，参加舞会的人都是朝气蓬勃的汉子和精力充沛的妇女。新娘和新郎根本无法和其他的跳舞者区别开来。这幅画安排的视野和观察点位置都很高，所以我们是从上往下俯瞰画面场景，这是典型的老勃鲁盖尔风格。这种效果再加上对农民们粗线条的面部勾勒，这幅画给人的印象是画面中没有农民个人而只有农民类型。画面前景中旋涡般的人群在背景总以缩小的比例不断重复出现，这种构图也强化了农民类型的感觉。

勃鲁盖尔除了彩画外还因61幅表现幻想和自然主题的素描而享有盛名，这些素描中有一半是准备用来制作印刷雕版的。在这方面勃鲁盖尔成了中世纪晚期尼德兰艺术家的继承者，他们把印刷术当作一种新的艺术表现手法。这些作品中有一幅不是用来印刷的，即《画家和鉴赏家》(*The Painter and the*

图3.11　老勃鲁盖尔:《画家和鉴赏家》。1560年代中期。铅笔和灰棕色墨水,以浅棕色墨水渲染,25×21.6厘米。维也纳,形象艺术博物馆(Graphische Sammlung Albertina)

老勃鲁盖尔画这幅素描的目的可能是为了在画家群体内开玩笑,而不是为了雕版印刷或出售。画中的画家戴着无沿便帽,须发蓬乱,目视远方,正在深思,沉浸在自己的思想中。而他身后的艺术品鉴赏家紧抓着挂在腰间的钱袋,目光的方向与画家不同。

Connoisseur,插图3.11)。这幅作品开辟了一个全新的美术题材,讽刺性地刻画了画家和美术鉴赏家之间的关系。勃鲁盖尔把画家描绘成一个古怪的幻想家,而把鉴赏家描绘成一个自欺欺人的不学无术之徒,他戴着一副眼镜和一顶盖住自己耳朵的滑稽帽子。其他的一些细节也强化了鉴赏家的负面形象:没有胡子的面部、似乎不存在嘴唇和尴尬的表情。

3.3　基督教的分裂:宗教改革的根源

虽然欧洲宗教团结分裂的原因很复杂,但两个根本的原因是显而易见的:一是西方社会和文化自1350年左右开始剧烈重塑,二是人类在精神上的永恒追求。1500年后这两种因素在德意志结合起来,宗教改革的条件成熟了。中世纪晚期出现了一系列历史事态,这些因素包括教会内部腐化堕落、主权国家兴起、中世纪思想没落和人文主义复兴,它们相互结合使宗教改革从根本上来说不可避免。

基督教自14世纪阿维农教廷建立和教廷大分裂以来出现了许多问题,再加上诸如胡斯教派这样的异端团体的发展对陈规旧俗提出了挑战,所有这些令教会备受困扰。就教会自身来说，教皇领导不力，许多神职人员尤其是那些修道院中的教士生活不甚检点。世俗作家此时也不再畏惧教会，对描绘教士的丑闻乐此不疲，民众中充斥着关于他们神父最新渎神罪行的流言蜚语。反教权思想在各地兴起。

如果教廷在道德和政治上强有力的话，或许教会本可以改革神职制度，阻止正在兴起的反教权思想潮流，但事实并非如此。到1500年时，教皇们深陷意大利政治旋涡，全身心地谋求世俗利益。教会也丧失了对世俗统治者的权威，他们决意要把一切事务置于国家控制之下。到1500年，英国和法国国王已经建立了相对不受教廷控制的本国教会，这让其他欧洲统治者羡慕不已。

但是在德意志，由于没有形成统一的民族国家，当地世俗统治者对神职人员的任命无缘置喙，也不能控制教会法庭或阻止教会收税，这些因素激化了反教权思想和对罗马教廷的憎恨。早就努力想摆脱查理五世（Charles V）控制的德意志君主们以改革教会为号召，不但反对罗马教廷也反对神圣罗马帝国皇帝。教皇渐渐地再也无法阻止这些君主们将他们的领地变成不受教皇管辖的独立国家（地图3.1）。

新教秩序

新教思想首先在德意志出现，1520年代马丁·路德（Martin Luther，1483—1546年）在那里领导建立了一个新教派。1530年代，第二代新教徒借路德创造的良好时机采取行动，一名法国学者约翰·加尔文（John Calvin）在瑞士日内瓦组建了一个独立教会，而英王亨利八世则使英国教会摆脱了罗马教廷的控制（见历史分期表3.1）。

路德的抗争　教会更加明目张胆的丑行之一是出售赎罪券（indulgences），这是一种免罪符，可以用来减少基督徒因自己的罪行所必须进行的忏悔的次数，售卖赎罪券的行为自中世纪中期就开始了。1517年，美因兹（Mainz）大主教出卖赎罪券敛财。在附近威登堡大学（Wittenberg University）任教的修道士马丁·路德出版了他著名的《九十五条论纲》（Ninety-five Theses，图3.12）回应抨击这种行为。在这本著作中，他提出了关于赎罪券合法性的问题和辩论，这些问题含蓄地挑战忏悔和补赎等圣礼的意义和教皇的权威。路德本希望只是在大学中引起争论，但他引发了人们对教会的批评，将自己置于宗教改革运动的先锋地位。

教会一开始的态度是犹豫不决，不过1520年教皇利奥十世（Leo X）却宣布将路德逐出教会。路德当众焚毁了教廷敕令后，教会便诬蔑他是异端和罪犯。

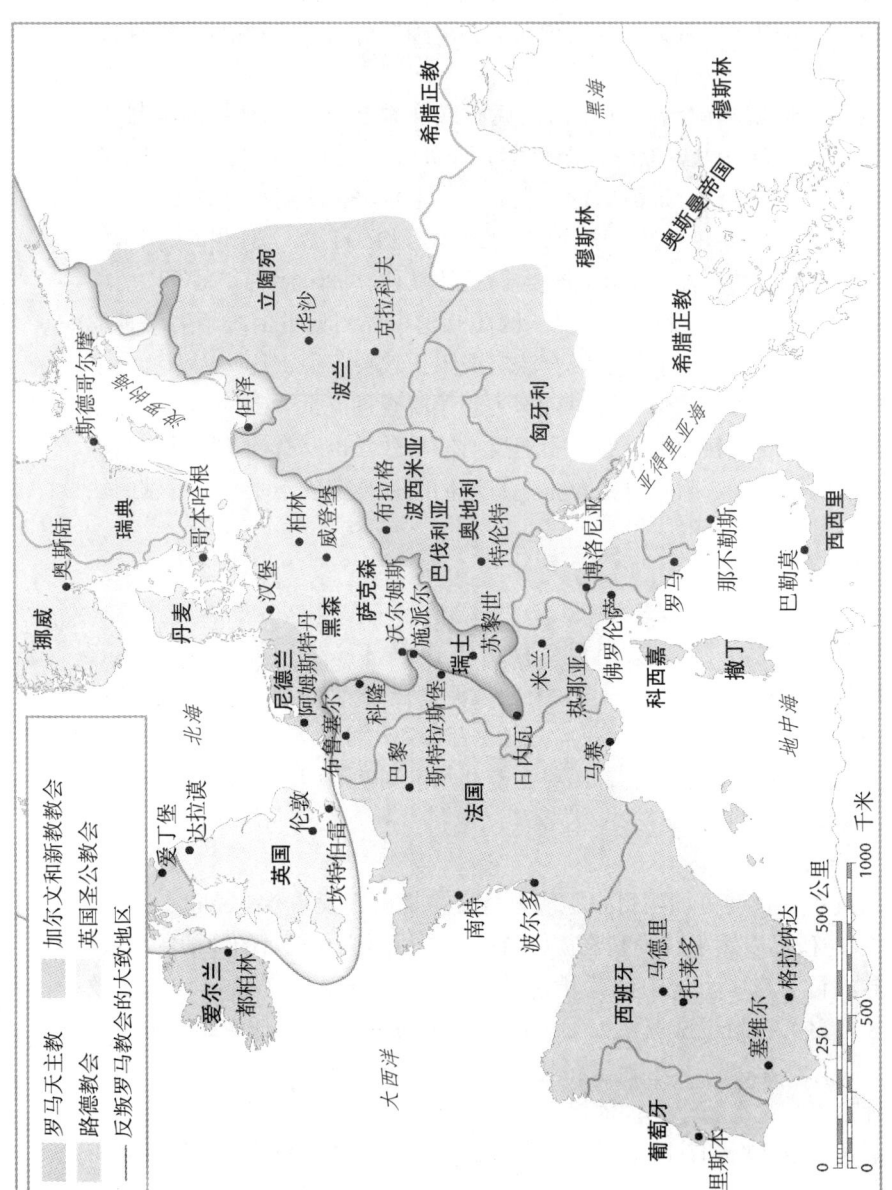

地图3.1 1560年的欧洲宗教形势

这幅地图标明了16世纪中期欧洲的宗教分野。1. 注意把新教欧洲和天主教欧洲分开的那条线。2. 这两块地方哪个更大？3. 辨别三个主要新教区域以及它们的范围。4. 哪一块新教区域最大？5. 哪里最有可能成为新教和天主教势力的战场？6. 从这幅图可以看出，查理五世的帝国中的哪个地区受新教改革影响最大？

第 3 讲 北方人文主义、北方文艺复兴、宗教改革和晚期矫饰主义

图3.12　老卢卡斯·克拉纳赫（Lucas Cranach the Elder）:《马丁·路德像》。1553年。板上油画，20.3×14.6厘米

在这幅生动的肖像画上，马丁·路德下巴紧绷，眼神犀利，体现了他在宗教改革运动中坚韧不拔的精神。这幅带有敬意的画是路德新思想的支持者和亲密朋友、德意志画家卢卡斯·克拉纳赫的作品。在他创作这幅画的时代，宗教改革运动如火如荼地开展起来。

路德在他的庇护人、曾经领导德意志君主们反对神圣罗马帝国皇帝的萨克森选帝侯智者腓特烈（Elector Frederick the Wise of Saxony，1486—1525年在位，图3.13）的保护下逃过一劫。

路德的信念　路德对赎罪券的攻击源于他努力探究原罪和救赎本质的精神追求，为此他曾当过教士。路德通过对圣经的长期研究认识到救赎不是来自良好的德行，而是来自上帝的仁爱，或者说恩典，就像他所说的，"唯信称义"（"justification by faith alone"）。根据路德的观点，救赎来自对耶稣为拯救人类而死的信仰，因此购买赎罪券就是试图购买救赎——这与路德在自己神学研究中所体验的圣经真理直接相悖。

路德在他被称作"**路德教**"（Lutheranism）的神学理论中试图以《圣经》上的先例和早期教会往事为基础来复兴基督教。他认为宗教权威的唯一来源是《圣经》，而不是教皇或教会公会议，人们可以过简单的修行、悔悟生活，不需要神父作为接近上帝的中介。路德还批判了神秘主义的圣礼定义、炼狱涤罪说、崇拜圣徒以及为死人作弥撒等行为，他认为圣礼中只要保留洗礼和被他称作面包和酒（Eucharist）的圣餐（the Lord's Supper）就可以了。同时以德语布道也可以代替拉丁语弥撒成为礼拜仪式的中心内容。

遭遇

土著人和新西班牙

16世纪，常常是在宗教推动下出现的新世界欧洲殖民地改变了西方文化的地理版图。西班牙以其巨大的海外帝国走在前列，1535年西班牙把海外领地划分为四个总督区。最北部的新西班牙总督区包括了今天的巴拿马以北直到美国西南部、加利福尼亚和佛罗里达的所有西班牙殖民地，以及菲律宾群岛。新西班牙总督区一直统治这些领地，直到1821年的革命战争使它走向崩溃。

新西班牙把自己的领地和人民纳入西方的轨道，但也有反映土著人民思想、仪式、信仰、意象和传统的明显特征。西班牙与土著人民的遭遇有点类似古罗马最终被他们征服过的希腊的文化所征服。土著文化逐渐渗透到殖民地生活的各个方面，尤其是艺术和宗教。

西班牙征服者在阿兹特克首都特诺奇蒂特兰城（Tenochtitlán）的废墟之上建造了新西班牙的首都墨西哥城，它变成了西属北美的最大城市。在那里，总督区把西方的价值观和制度强加到土著人民身上：要他们信奉基督教，建立了学校和大学，建立了以采矿业、畜牧业和种植业为主的经济。这些政策的执行如此严苛，以至于在1500—1600年间，土著人口从两千五百万减少到一百万。

作者不详。《瓜德鲁佩圣母》（*Our Lady of Guadelupe*）

瓜德鲁佩圣母很好地抓住了人们对于信仰人物的想象，许多信徒跪拜爬行几英里来拜自己的女神。这个形象的含义是两重的。对土著来说，它意味着圣母玛利亚战胜了阿兹特克的神祇（以她背后的太阳和脚下的月亮为象征）。而对于基督徒来说，它描绘了《启示录》第12章第1节的景象："有一个妇人身披日头，脚踏月亮，头戴十二星的冠冕。"

虽然土著美洲人惨遭西班牙统治阶级的剥削，但其后代迅速成为新西班牙和正在出现的新文化的支柱力量。大量因通婚而拥有欧洲和美洲印第安人各一半血统的梅斯蒂索人（mestizos［西班牙语"混合的"之意］）的出现，推动了跨文化的交流。现代墨西哥以梅斯蒂索遗产为荣，认为西班牙人的入侵促使"梅斯蒂索国家痛苦地诞生"。种族文化还因坚守自己的服饰、习俗和语言的"纯种印第安土著人"（indigenas）的存在而更加丰富。尽管在瓷器、刺绣、织布、制衣、制陶等美术和手工制作领域，西方的风格占有优势，但在主题、题材和技法等方面土著印第安人和梅斯蒂索人的影响也十分明显。印第安人土著发明的象形文字（有象征意义的图形和符号）此时已经被转化为字母形式的写法，而在西班牙征服以后留存下来的手稿上的这些文字还可以看出来是用各种形象的图形来表示的。

在建筑方面也体现了西方和当地传统的混合。征服者们拆毁印第安人的庙宇，再利用这些建筑的石头建设公私建筑，他们建了教堂、修道院，还为皈依天主教的印第安人建了学校。印第安文化对这些建筑的影响常常取决于它们所在的位置。墨西哥城的富裕教堂或许会从西班牙引进美术师，但贫穷的乡村教区只能雇佣当地的美术师。虽然教会对宗教形象的型制有严格要求，土著美术师也常常按照自己的口味进行创作。

天主教会为了加强它们对于新皈依者的控制，他们常常也会采取某些异教的修行方式。最显著的宗教混合的例子是在西班牙人特派雅山（Tepeyac Hill）上修建了天主教堂，特派雅山是阿兹特克人的圣地，他们相信那里是圣母托南贞（Tonantzin）的家。1531年在一个印第安皈依者的眼前出现了圣母玛利亚，之后那里出现了许多神迹。很快那里建立起了瓜德鲁佩（Guadelupe）圣母教堂，把一个阿兹特克人的神庙变成了一个基督教圣殿。今天瓜德鲁佩圣母已经被尊为墨西哥城的庇护神，其圣殿是西半球最吸引人的朝圣之地。

读"遭遇"，学知识
1. 为什么土著人能对新西班牙的社会和文化有如此大的影响？
2. 讨论土著人对新西班牙艺术的影响。
3. 新西班牙出现的基督教和土著信仰的混合有何意义？

路德丰富的著作为后世留下的遗产超过了其他所有的德语作家。在他大量小册子、论文、书信等著作中，路德的圣经德文译本的影响力最为持久。路德与北方人文主义者尤其是伊拉斯谟翻译《圣经》使用的方法一样，都是依据《圣经》最早语言版本进行翻译，这开辟了一个《圣经》学术研究的新时代。在选择把哪些篇章收入《圣经》的问题上，路德剔除了《圣经·旧约》七十子译本中的伪经内容，而是依据希伯来文本圣经（即《旧约》）和《新约》的正经进行翻译，这为后来的新教改革者铺平了道路。虽然到1518年时已有19

图 3.13　丢勒:《选帝侯智者腓特烈》。1524年。铜版画,18.7×12厘米。阿斯特、莱诺克斯和狄尔登基金会,纽约公共图书馆,米亚姆和伊拉·沃拉克绘画、印刷品和照片分馆印刷品收藏部

　　丢勒的画描绘了萨克森选帝侯区统治者、也是路德的主要支持者智者腓特烈的帝王气度。具有讽刺意味的是,腓特烈拥有最多的基督教世界的遗物,拥有17443件赎罪之物,可以减少在炼狱的时间127799年零116天。

种《圣经》德文译本印行,但只有路德的译本流传下来,给德语的发展打上了圣经的印记。他的简洁文体以实在的形象和地道的言词吸引读者的情感。

　　路德抗争的社会和政治意义　《九十五条论纲》在德意志广泛流传,从1521年开始路德派教会在各地兴起。与此同时,路德的激进追随者也带来了新的问题,他们引发骚乱,驱逐自己家乡的天主教士,关闭修道院,毁坏宗教偶像。不过路德反对这种暴力,主张温和。但他的确接受了取消隐修主义的思想,于1523年脱下修士服,1525年和一名前修女凯瑟琳·冯·葆拉（Katherine von Bora,图3.14）结婚。

　　不同于天主教欧洲的独身传统,他和凯瑟琳生了几个孩子,他们为路德派神职人员建立了有家传统。随着女修道院的关闭和在婚姻生活中重新获得尊重,路德派妇女的地位大为改善,但由于路德强调男子在家庭内部居于统治地位而妇女处于从属地位,因此这种进步流于幻想。

　　另外一个被路德的思想深深改变了的领域是教育。他的支持者建立了自己的学校和大学以取代天主教教育机构。路德派学校和教会掌管的天主教学校不同,其开支来源于税收,因此教师就是国家的雇员。这反映了路德认为教会和国家应该共同发挥作用的理念。这些教育领域的变革为路德派妇女带来了一个左右为难的问题:一方面当时的社会不允许妇女进入学校,但另一方面,她们是虔诚的路德派教徒,并且如果有文化就可以对她们孩子进行道德教育,这

第3讲 北方人文主义、北方文艺复兴、宗教改革和晚期矫饰主义

生活片段

16世纪基督教欧洲的良心

拉斯·卡萨斯（Bartolomé de Las Casas）
《西印度群岛毁灭之简述》

拉斯·卡萨斯（1484—1576年）是一名多明我会神甫，他亲眼目睹了西班牙帝国的征服活动。他被1502年西班牙征服古巴中的大屠杀所激怒，在其著作《西印度群岛毁灭之简述》（*A Short Account of the Destruction of the Indies*，1542年）中批评西班牙所有的海外征服行动都是错误的，甚至是种族屠杀。这里的Indies指的是新世界的西印度群岛。他在这本书中呼吁要给土著民族正义。

新西班牙发现于1517年，那时西班牙就对当地土著人民犯下了严重的暴行，许多土著人被探险队杀害了。1518年，所谓的"基督徒"开始从土著人那里偷窃财产，还在殖民开拓的借口下有计划地屠杀他们。从1518年到现在——现在是1542年——这些基督徒不公不义、令人愤恨的暴力行为和血腥统治日益升级。这些入侵分子完全忘掉了对上帝的恐惧、对君主的爱戴和对自己的尊重……也就是说……在所有他们入侵的地区都是一个模式：先开始一场对那些可能还很和善的人的大屠杀，以恐吓当地恭顺的土著人民。他们是像下面这么干的。他们要求当地首领召集所有土著人的贵族和城市里的名人以及他们所统治的周边社区的领导人，当这些人到达后进入一间屋子，开始和西班牙军队的首领科尔特斯（Hernán Cortés，1485—1546年）会谈，在外面的人毫无察觉的情况下，他们就被抓起来了。西班牙人开始要挟他们，其中之一是要他们找五六千个搬运工，西班牙人一去就要把他们集合起来。人们如果看到这群准备为西班牙人搬运行李包裹的可怜人的话，不可能不为之动容，他们身上除了少得不能再少的遮羞布几乎完全赤身裸体，每人背着一个网兜，里面放了少得不能再少的粮食。他们在乡下曾经都很安全，但现在已经等在那里的带着武器的警卫把住出口，西班牙士兵拔出剑、拿起长矛开始屠杀这群无辜的可怜人。一个人也没能逃脱……西班牙军队首领下令把100多土著贵族用绳子捆在一起，绑在木桩上用火烧死了。

解读本篇生活片段

1. 拉斯·卡萨斯是如何描述土著人的？
2. 他对西班牙入侵者的态度如何？
3. 拉斯·卡萨斯写这本书的动机是什么？证明你的答案。
4. 你认为拉斯·卡萨斯以正义对待土著人的呼吁在他生活的时代没被重视是为什么？

图3.14　卢卡斯·克拉纳赫画坊：《凯瑟琳·冯·葆拉像》。约1526年。木板油画，19×12.7厘米。德国，瓦特堡基金会收藏

　　凯瑟琳·冯·葆拉是1523年的狂暴日子里从威登堡附近一个偏远的修道院里解放出来的12名修女之一。她来到智者腓特烈赠与路德的黑色修道院（Balck Cloister），与他们生活在一起。虽然路德反对，但她还是决意成为他的妻子，最后她做到了。路德对她充满敬意，称她为"我的凯特大人"（My Lord Kate），虽然路德也打趣说她贪财。这幅肖像是在卢卡斯·克拉纳赫画坊完成的，他也见证了两人的婚礼。

些母亲们又被期望可以掌握圣经。

　　路德没有卷入他的有些信徒们发起的反政府政治和社会改革。1523年在路德信仰的旗帜下爆发了一场短暂的农民战争，但路德却力主贵族镇压劳动者，这清楚表明他更倾向维持现状。他依靠萨克森统治者保护的经历为他的宗教奠定一种模式，在路德教派的观念中，教会是国家的左膀右臂，教师的薪水由公共资金支付。路德的宗教改革没有涉及政治或社会领域的个人权利，但新教君主们的确因摆脱了罗马教廷的限制而比他们前辈的势力更强大了。

　　加尔文宗教改革　在第二代新教改革者中影响最大的是约翰·加尔文（John Calvin，1509—1564年，图3.15）。加尔文在巴黎获得法学学位后宗教信仰发生改变，开始投身宗教改革事业。他因此遭到了法国当局的猜忌，遂逃亡到路德教派的中心瑞士巴塞尔，在那里他出版了《基督教要义》（*The Institutes of the*

第3讲　北方人文主义、北方文艺复兴、宗教改革和晚期矫饰主义　　119

图3.15　作者不详。《约翰·加尔文》。1550年代。日内瓦大学公共图书馆藏

　　这幅作者不详的肖像画描绘的可能是加尔文希望观察者看到的样子，而不是他真实的形象。人物生硬的表情、热切的凝视和呆板的嘴唇都暗示了加尔文严守清规戒律所获得的声誉。精心修剪的胡须和略显夸张的皮毛衣领是这个时代中产阶级的典型特征，这在这幅朴素风格的画面上形成了具有讽刺意味的矛盾。

Christian Religion）一书，这本书的最终版本成为一部非常重要的基督教神学文献。

　　同路德一样，加尔文的神学思想也支持以圣经为根本的宗教信仰和实践。但在上帝的本质、教会—国家关系以及基督教道德等方面与路德有所不同。加尔文的宗教思想被称作**加尔文教**（Calvinism），它的理论基础是加尔文认为存在一个令人敬畏的、愤怒的上帝，这决定了其信仰的核心内容是天定命运思想（认为上帝已经提前确定了哪些人可以得救，而另外的人则要被诅咒的思想）。加尔文主张建立政府从属于教会的神权国家。在这种国家里，他认为应该推行严格的道德标准，以此来规范从在教堂里发笑到男女公开表露感情的每件事。这些清规戒律后来和被称作**清教**（Puritanism）的宗教改革运动联系在一起，加尔文正因为这些清规戒律而声名鹊起。

　　加尔文神学理论对政治、社会和经济生活的影响比它的清教徒特色更重要。加尔文主义鼓励节俭、勤奋、节制和守纪，确切地说这些都是取得商业成功的必备品格。加尔文的说教刺激了基督徒资本家去积累财富，甚至逐渐出现了一种认为在尘世的成功就等于获得上帝的肯定、而贫穷就意味着为上帝所不喜的思想。此外，加尔文主义还是各新教流派中最有国际影响的，按照加尔文主义为指导进行改革的教会在欧洲尤其是苏格兰和尼德兰迅速发展起来（参见

图3.16　小汉斯·荷尔拜因:《亨利八世像》。木板油画，88.3×74.9厘米。罗马，国立古典美术馆

小汉斯·荷尔拜因和伊拉斯谟一样，在去英国之前就已经在欧洲享有声誉。1537年他成为亨利八世的宫廷画师，在那里荷尔拜因为亨利八世画壁画（现已失传）、设计首饰、银盘、国礼服，还为包括国王在内的宫廷贵族画肖像画。在这幅画中，荷尔拜因把人物的正面填满了画面的四分之三，而没有其他别的东西来分散观察者的注意力，通过这种方法来表现其恩主的权力和威严。国王的右手上臂支腰，手里握着一副手套。陛下的目光直视前方，充满自信，表现了大权在握和自负自满的感觉。镶满珠宝的袍子、膨胀的袖子、华美点缀的帽子和精美的项链进一步增强了这种感觉。荷尔拜因的这幅画传递了关于主人公的个人权威和高高在上的地位的明确信息，这和他画的荷兰学者和思想家伊拉斯谟的像形成了鲜明的对比（参见图3.1）。不过加尔文的信徒准备以武力反抗暴政的行为也使他们在各处都面临危险。

英国教会改革　1530年代另一个著名的宗教改革家是英国国王亨利八世（1509—1547年在位），他创建了英格兰教会（the Church of England，又称英国圣公会［the Anglican Church］），这在很大程度上是出于政治上的考虑。1529年亨利要求教皇宣布他和妻子凯瑟琳（Catherine of Aragon）的婚姻无效，她虽然为亨利生了一个女儿，却没有子嗣。在亨利看来，凯瑟琳命定就会如此，因为这是上帝对自己和寡嫂结婚而犯罪孽的惩罚，在教会看来这种结合有悖伦常。在平时，教皇本可以颁布命令特许亨利离婚，但此时凯瑟琳的侄子神圣罗马帝国皇帝查理五世刚刚洗劫了罗马，并实际上囚禁了教皇。查理不能容忍任何导致他的姑母婚姻无效的行为，不想让她的女儿没有了父亲。为此，1553年亨利推动议会颁布法律建立了以自己为首领的英国圣公会，国教教会批准了他的离婚请求（插图3.16）。

虽然**英国圣公会**（Anglicanism）是亨利八世建立的，但基督教人文主义和英国路德教派为它打下了基础。这两股力量共同催生了一届所谓的宗教改革议会（Reformation Parliament，1529—1535年），这届议会甚至在亨利决定和罗马教廷决裂以前就开始推动改革英国的教会。

第 3 讲 北方人文主义、北方文艺复兴、宗教改革和晚期矫饰主义 121

图3.17 小马库斯·加拉德（Marcus Gheeraerts the Younger）:《伊丽莎白一世像》。16世纪晚期。板上油画，2.41×1.52米。伦敦，国家肖像画美术馆

这幅所谓的迪奇雷（Ditchley）肖像画中的伊丽莎白女王身着文艺复兴时期的华美服饰。遵从西班牙时尚，女王穿着轮状皱领和挂满珠宝的紧身胸衣，还拿着一把扇子。她站在一幅英国地图上，她充满热情同时强有力地统治了英国45年，直到1603年去世。

1547年亨利死后，宗教动乱随之而起，英国宗教改革依然前途未卜，直到他的女儿伊丽莎白（Elizabeth，1558—1603年在位）即位成为女王情况才开始好转（插图3.17）。1559年伊丽莎白采用介于天主教和已有许多英国信徒的加尔文教之间的折中路线，在议会帮助下解决了这场危机。英国圣公会的教义被简化为《三十九条信纲》（Thirty-nine Articles），凡想成为议员、获得学位或任职军官的人必须宣誓遵从这些信纲。从而加尔文教徒和天主教徒就被依法排除在英国公共生活之外，至今已达275年之久。

反宗教改革运动

马丁·路德的学说在德意志站稳脚跟以前，罗马天主教就已经在欧洲一些孤立地区开始了静悄悄的改革。面对几个新教团体取得的惊人成功，罗马天主教会以反宗教改革运动来还击。到1600年，这场声势浩大的运动延缓了新教的传播，同时赢回了不少信众。天主教在南欧和中欧的大部分地区取得优势，

阻止了新教在波兰、法国和瑞士的传播，将新教运动限制在北欧。反宗教改革运动在三条战线上展开：复兴教廷、建立新修道会，还举行一次著名的宗教改革会议。天主教以这三大力量共同应对新教的威胁，净化腐败的教会，重组教会结构。

革新的教廷　从教皇保罗三世（Paul III，1534—1549年在位）当政开始，罗马天主教出现了一批锐意改革力图复兴教会的教皇。保罗为应对咄咄逼人的新教势力，召集全欧洲的天主教神职人员代表举行教会公会议来获得了他们的支持，并建立了新的修道会。

保罗和他的继任者重新强调教会在道德上拥有领导权，他们还重组了教廷的职官体系，以便教廷指令可以在整个教会等级体系内畅行无阻。教皇们意识到新教思想不会消失，而随着印刷机的出现人们获得书面资料十分容易，他们试图使教会远离这些异端邪说。一个由教会人员组成的委员会拟定了一个禁书清单，上面列举了被认为违背信仰或道德的著作，天主教教徒不允许阅读这些书籍。第一份清单包括了路德、加尔文和其他新教作家的作品。从长远来看，这种方法不能压制自己不喜欢的思想传播，但这个清单直到1960年代仍在更新。

新的修道会　新的修道会制度也影响了反宗教改革运动。自中世纪中期以来修道会改革在教会生活中只起到很小的作用。出于各种需要，例如培养男女直接充任牧师主持弥撒和劝诫动摇的信众回归信仰，16世纪新的修士团体出现了。

乌尔苏拉会（Company of St. Ursula）的命运是欧洲反宗教改革运动中女修道会改革的缩影。乌尔苏拉会是由圣安琪拉·梅里奇（Angela Merici，约1470—1540年）于1535年在意大利布雷西亚（Brescia）创立的。乌尔苏拉这个名字来自一位传说中的英国公主，她和一万一千名童贞女在赴自己婚礼的途中殉道。乌尔苏拉会重视个人的品行修养，没有教士制度，这反映了近代早期的新教思想，乌尔苏拉会本意只接纳世俗妇女入会，也不允许任何男性教会官员介入它的事务。梅里奇的信徒后来分为"少女派"和"已婚妇女派"，她们住在自己家里，过着不需正式立誓的独身生活，为病人和穷人服务，还承担教育青年人的工作。在1540年梅里奇死后，乌尔苏拉会在新教压力下由教会领袖进行了改革，他们将修道会设立在修道院内，将其成员置于男子的控制之下。改革后的乌尔苏拉会变成了天主教妇女的生活方式：非教职妇女被纳入到由男人督导的正式组织中。

影响最大的新修道会是**耶稣会**（Society of Jesus，通常叫做Jesuits）。1540

第 3 讲　北方人文主义、北方文艺复兴、宗教改革和晚期矫饰主义　　123

图 3.18　加科比诺·德尔孔特（Jacopino del Conte）:《圣依纳爵·罗耀拉像》。1556 年。罗马，耶稣会总部藏

　　这幅画捕捉到了罗耀拉离世前的慈祥神态。此时的他韶华已逝，青春成追忆，从面容上看他正在沉思。加科比诺·德尔孔特的这幅画不是罗耀拉在世时画的，而是在他去世后很快就画好的。画家可能看到过罗耀拉死后制成的面部模型，因此这幅画不像后来的其他画，可能是最像这位耶稣会创立人在世时的面容。

年耶稣会获得教皇保罗三世的承认后，在教皇们的特别呵护下，到 1600 年成为罗马天主教会最主要的修道会。勤勉的修士们帮助教会抑制新教思想在欧洲的传播，他们在海外的传教活动为罗马天主教发展成一种全球性宗教迈出了头几步。耶稣会经过最初的踉跄之后迅速强大起来，这种成功很大程度上归功于它的创始人西班牙人依纳爵·罗耀拉（Ignatius Loyola，约 1493—1556 年，插图 3.18）。

　　罗耀拉的一生充满了中世纪骑士游侠色彩。他的第一个壮举是抵御外敌保卫自己家乡。在 1521 年的一场战斗中他的腿受伤成了一个瘸子，此时他的宗教信仰也发生了改变，这种改变使他成为基督军的一名"战士"。最终他建立了耶稣会，耶稣会有着严格的等级制度、严明的纪律，要绝对服从创始人，就像一个军事组织一样。

　　最初耶稣会关心做无信仰者和贫民的工作，尤其是教育他们的子女。但 1540 年代它的使命发生了变化。在西班牙人方济各·沙勿略（Francis Xavier，1506—1552 年）的领导下，耶稣会士在远东建立了传教点，使成千上万的人

皈依基督教。其他耶稣会士在北美和南美洲的传教活动中同样取得了成功。

由于耶稣会宣誓效忠教皇，这使它和其他的修道会关系疏远。由于这种背景再加上他们在教育方面富有经验，耶稣会士很快成为天主教对抗新教徒的主要武器。在他们的著作中，耶稣会士清楚明了地阐明了他们的正统信仰，以回应天主教会的批评者。

特伦特公会议 致力于反宗教改革运动的第三股力量是在意大利北部特伦特召开的宗教会议上推行的宗教改革，会议在1545到1563年间分别举行了三次。由于教皇的支持者、来自意大利的代表和耶稣会士主导了会议，他们不同情清教徒，于是接受了基督教欧洲已经分裂这一不幸的事实。会议重新申明了被新教诟病的各种宗教惯例：如独身主义、特赦、圣迹等，虽然为杜绝其弊端而建立的机制已开始运作。此外，会议进行了一些有关教职人员、特别是教职人员教育和培训方面的改革。

会议之所以对新教不妥协是因为它坚信《圣经》和教会传统都是上帝权威和指令的根本，而非新教徒鼓吹的只有《圣经》才是。这次会议认为，唯一权威的《圣经》是拉丁文本圣经（Vulgate，包括七十子圣经中的伪经），拒绝接受其他的任何版本。会议重申不能仅仅通过信仰，而是应该通过信仰和善行才能得救，它还重新强调了七种圣礼。这次会议的道德、教义和风纪成果奠定了今日罗马天主教的政策和思想。

回应宗教歧见的战争，1520—1603年

随着宗教信仰歧见的扩展，世俗统治者忧心忡忡地关注着事态的发展。直到1530年，路德教派和罗马天主教之间的冲突似乎出现了缓和的可能，但随着此时彼此敌对的信仰流派不断增加，世俗统治者越来越依赖战争来化解危机。

1546年路德去世后，查理五世和路德派之间爆发了战争，战争一直持续到1555年才以签订《奥格斯堡宗教和约》（Religious Peace of Augsburg）而告结束。这个停战协定在严格的条件下宽容了信仰路德教的国家。统治者信奉的宗教成为各自领地上的官方信仰，信仰少数派宗教的人，不论是天主教还是路德教，都可以移居到信仰相同宗教的附近地区。但由于诸如加尔文教等其他少数教派的权利没有得到重视，和约埋下了未来战争的种子。

1556年菲利普二世（Philips II, 1556—1598年在位）继承查理五世登上西班牙王位，成为罗马天主教统治地区的首领。除西班牙外，天主教还统治了今天的意大利、葡萄牙和奥地利，而新教则控制了斯堪的纳维亚半岛。在其他地

区，两个宗教对手互争雄长。在16世纪余下的时间里，直到1603年德意志都处在和平状态，但此时西欧却饱受宗教冲突的折磨。

菲利普靠着来自墨西哥和秘鲁的黄金和白银的资助在欧洲政治中取得了主导地位。他的装备精良的军队使他控制了欧洲大部分地区。他把令其放心不下的穆斯林驱逐出西班牙，在地中海击败了土耳其，入侵葡萄牙并将其并入西班牙。但到他对尼德兰北部荷兰联合省（united province）发动血腥战争时，他的气运就不济了。（最终，联合省在1609年成为一个独立的新教国家。）随着对荷兰的战争告一段落，菲利普把注意力转向了支持荷兰反叛的新教国家英国。在菲利普看来，英国是他重新统一基督教世界的严重障碍，而且西班牙和英国此时也在争夺新世界的贵金属。菲利普的解决办法是试图入侵英国。1588年西班牙无敌舰队（Spanish Armada）被英国海军和一场大风暴摧毁，菲利普的计划惨然告终。

菲利普二世重新统一基督教世界的梦想从一开始就是不可能的。新教世界如此锲而不舍，民族意识的成长如此茁壮，主权国家体系进展如此迅速，这些使得没有哪一个君主可以把欧洲统一到一面旗帜或一个目标之下。1598年菲利普去世时，西班牙的势力已然衰落，欧洲已分裂成独立的国家和几种宗教信仰。

3.4 晚期矫饰主义

1563年的特伦特公会议后，反宗教改革运动对美术、建筑和音乐产生了最重要的影响。西班牙和意大利诸国这两个较少新教思想的地区深受这次会议决议的影响。会议颁布教令，认为美术和音乐应该易于让未受过教育的人理解。例如，先要使宗教音乐的歌词明白易懂而后才是曲调优美，建筑应该营造崇拜上帝的氛围。会议认为绘画和雕塑的主题应该简单直白，在外形上应该高雅得体，不惹人讨厌。正是在这种原则的指导下，反宗教改革运动时期的教皇们宣称米开朗琪罗《最后的审判》中的男性裸体形象是伤风败俗的，命人给他们画上遮羞布。此时教会的总体政策开始回归中世纪理想，认为美术和音乐的唯一目的是服务和阐明基督教信仰。

由于特伦特会议后罗马天主教会需要符合大众品位的简单艺术品，因此这种艺术指导原则和着力展现杰出人物的自我意识并有意复杂化的矫饰主义风格大相径庭。只是到1600年以后随着巴洛克艺术的兴起，才出现了满足教会迎合大众口味需要的艺术风格。在这期间，特伦特会议对矫饰主义最后阶段艺术创作的主要影响是强化了它的宗教价值观。

1564年后在欧洲兴起的**晚期矫饰主义**（late mannerism）主导了西班牙绘画，却对西班牙文学几乎没有什么影响。随着剧场的复兴和新的文学流派的出现，西班牙文学在文艺复兴的影响下繁荣起来。

西班牙绘画

1576年以后，没有一个天主教画家比埃尔·格列柯（El Greco，1541—1614年）更好地体现了反宗教改革精神。这些幻想性作品成为晚期矫饰主义风格的缩影。埃尔·格列柯的真实姓名叫做多米尼加·泰奥托科珀洛斯（Domenikos Theotokopoulos）。他生于希腊克里特岛，曾在威尼斯生活，在那里他借鉴了威尼斯绘画的五彩风格。虽然他在威尼斯没有获得成功，也没能在罗马找到富裕的赞助人，但他从米开朗琪罗和矫饰主义画家的作品中受益良多。大约1576年他回到了西班牙的托莱多（Toledo），在托莱多他从富裕贵族中找到了知音。但让格列柯大失所望的是，他从没有获得西班牙统治者菲利普二世的青睐，后者认为这个希腊画家的作品太过怪异。

不过对懂得欣赏的贵族和罗马天主教教士观众来说，格列柯的作品堪称完美。他们认为格列柯描绘圣徒、殉道者和其他宗教人物的作品抓住了西班牙感伤主义宗教热情的本质，正是同样的热情促使罗耀拉创立了耶稣会。格列柯创作的大量人物形象为其赞助人的宗教渴求找到了很好的具体目标。格列柯的画中不以常规透视方法来描绘自然世界，尤其是在展现或暗示一个与神性有关的内容时更是如此。在其作品中，通过拉长的人体、衣褶中醒目的线条和鲜艳的色彩呈现出来的宗教幻想场景别具一格。

格列柯最著名的作品是《奥尔加兹伯爵的葬礼》（*The Burial of Count Orgaz*，图3.19），这幅画是为纪念托莱多城圣托梅（Santo Tomé）教堂的创始人而作的。这幅画用来装饰教堂高祭坛旁边的一个特殊空间。这幅画的主题表现了一个神奇场景，据传说在这位伯爵的葬礼上出现了两位圣徒：奥古斯丁（Augustine）和史蒂芬（Stephen），在他们的帮助下完成了最后的祭礼。

这幅画被分成两部分，下半部分描绘了伯爵的真实葬礼，上半部分重点描绘他的灵魂升入天堂的情景。除了少数人抬头仰望天空外，这个城市参加葬礼的权贵们似乎没有意识到他们头顶发生的一切。格列柯采用不同的手法处理两个不同的场景。用现实主义方法塑造下面权贵们的形象，他们按格列柯时代的风格穿着打扮，如轮状皱领、上嘴唇上的髭须和下巴上的山羊胡。天上的情景被描绘得虚无缥缈，这成了他后来不断使用的创作手法。

格列柯还画过几幅教堂官员的肖像画，其中最有名的是《红衣主教格瓦拉像》（*Cardinal Guevara*，图3.20）。这幅画描绘的是这位宗教法庭首席大法官

第3讲 北方人文主义、北方文艺复兴、宗教改革和晚期矫饰主义 127

图3.19 埃尔·格列柯:《奥尔加兹伯爵的葬礼》。1586年。帆布油画。4.88×3.61米。西班牙,托莱多,圣托梅教堂

在这幅画中一个矫饰主义风格的创新是对第一个基督教殉道者圣史蒂芬的衣袍的描绘,在本画中这个人物就是那位抱起伯爵尸体没有胡须的人。在袍子的最下面绣有一幅圣史蒂芬遭受石刑处死的场景,这是来自《新约》的故事。格列柯质疑传统的写实手法,他通过画面场景的套叠,创造了一种幻像制造手段,这正是矫饰主义的主要技法。

图3.20 埃尔·格列柯:《红衣主教格瓦拉像》。1596—1600年。帆布油画,1.71×1.08米。大都会博物馆理事会。H. O. 哈弗梅耶(H. O. Havemeyer)收藏。哈弗梅耶夫人1929年遗赠(藏品编号29.100.5)

格列柯的这幅画表明他对矫饰主义技法已经完全掌握了。令人不安的细节到处都能看到。格瓦拉的头对他的庞大身躯来说似乎太小了,让主教的红袍看上去更大,甚至画的背景也被分成了两部分,一半是木板,一半是富丽堂皇的挂毯,这产生了一种不协调的效果。甚至主教的椅子也造成了令人不安的氛围,它能看到的那条椅子腿似乎是直接放到地板上的。

图3.21　安古索拉:《贝尔纳尔迪诺·坎皮画安古索拉》(*Bernardino Campi Painting Sofonisba Anguissola*)。约1550年。帆布油画，1.11米×1.1米。锡耶纳，国立美术馆

　　安古索拉以绘画为职业在那个时代是很不寻常的事，更不寻常的是，她没有在父母家里学习画画，而是出钱住在贝尔纳尔迪诺·坎皮（1522—1591年）的家里在他指导下学画。她从他那里学到了矫饰主义风格，就像这幅有她和他导师两人的肖像画所展现的那样，两人的肖像站了画面四分之三的宽度。在画中，她把自己的像画在一个画架上的一张画布上。坎皮站在安古索拉的画像前，右手拿着画笔放在一个手托上（防止抹脏画的装置）。强烈的明暗对比和"方U型"的手的形状是安古索拉最典型的矫饰主义风格特点。通过描绘坎皮作画的场景，她还打破了肖像画只描绘主要人物或坐或站的静态画面的新近形成的基础。

格瓦拉身着红色华丽长袍的肖像。格列柯很好地把握住了这个铁石心肠的严厉教士的人物个性，他不遗余力地追捕异教徒，以信仰行动（auto-da-fé，即葡萄牙语的"act of faith"）的名义判处他们死刑——也就是一种公开处死异教徒的仪式，通常是把他们绑在火刑柱上烧死。格列柯的画像展现了人物的诸多精神层面：格瓦拉主教似乎有一种不安的情绪，这可以从他游移不定的眼神、抠住椅子扶手的左手以及全身不自在的感觉看出来。格列柯通过这些方法创造了又一幅经典的矫饰主义肖像画。

　　16世纪晚期另外一个背井离乡在西班牙工作的矫饰主义画家是安古索拉（Sofonisba Anguissola，约1532—1625年），她来自意大利北部的克里莫纳（Cremona），安古索拉和格列柯一样，因为帮助把意大利画派引入了西班牙文化而为人称道（插图3.21）。安古索拉得到了年迈的米开朗琪罗的培养和鼓励，她在1559年到1579年之间被西班牙的菲利普二世挑选为自己的宫廷画师，从此国际声誉大振。她的作品主要是肖像画，例如《唐·卡洛斯像》(*Portrait of Don Carlos*)。在这幅西班牙王储的半身像中，安古索拉展示了她对矫饰主义风格的娴熟把握，包括年轻主人公挑战性的注视、作品完美的画面、橄榄黑的背景等。《唐·卡洛斯像》等肖像画为安古索拉赢得了声望，成为第一位在国际上获得赞誉的意大利女画家。1580年她结束了西班牙宫廷画师生涯和一名西西里贵族结婚，与他一起到西西里的巴勒莫

（Palermo）定居，在其余生的大部分时间她都在那里生活和工作。

安古索拉的国际声望部分地归因于她的贵族教养和所受的文艺复兴思想教育，这在她那个时代的女子中是十分罕见的。安古索拉的出身背景再加上深厚的美术天赋，使她克服了以前阻碍妇女从事美术职业的偏见和来自行会的限制。安古索拉是16世纪欧洲刚刚出现的女画家中最出色的一位。

西班牙文学

16世纪被称作西班牙文化史上的"黄金时代"（Siglo de Oro），在这个世纪西班牙文学成就达到了一个高峰时期。这一时期文学作品的特点有：直接观察生活、以讽刺的手法表现早期的史诗和民谣、具有宗教热忱、关注当时西班牙时代主题、价值观和题材，这些文学作品也反映出文艺复兴人文主义的小有影响。剧本和小说是当时最流行的文学体裁。

就像在英国一样，几个世纪以来剧场首次在西班牙复兴。西班牙剧作家开始写包括悲剧和喜剧在内的舞台剧，他们还发明了新的戏剧形式如宗教寓言剧。舞台剧作家洛佩·德·维加（Lope de Vega，1562—1635年）写了426部世俗戏剧和42部宗教舞台剧，现在人们普遍认为几乎仅凭他一己之力就奠定了西班牙国内戏剧的基础。

表现骑士和他们情人之间浪漫故事的中世纪晚期文学形式**骑士小说**（chivalric novel）此时遭到了更加具有现实主义风格的**流浪汉小说**（picaresque novel）的挑战。流浪汉小说（西班牙语的picaro是"流浪汉"之意）描述的

图3.22 安古索拉（以前人们认为这幅画是阿隆佐·桑切斯·科埃略[Alonzo Sánchez Coello]画的）：《唐·卡洛斯像》。约1560年。帆布油画，1.09×0.87米。马德里，普拉多博物馆收藏

这幅唐·卡洛斯王子的肖像画反映了画家的典型风格。同那个时代的妇女一样，安古索拉娴熟女红，她把自己的缝纫知识煞费苦心地打量运用到唐·卡洛斯的宫廷袍服上，据一位学者说这是她的标志性特征。她还有一个标志性的特点是把人物的手画成"方U型"，食指和小指平行，就像通过一条想象中线的连接成"U"字形，唐·卡洛斯的两只手上都能看到这个特点。

是依靠自己的机智为生、常常让社会地位比他高的人付出代价的无厘头主人公令人捧腹的倒霉遭遇。虽然让这些人物挑战社会秩序具有革命性意味，但这些小说还是在西班牙和整个欧洲流行开来。第一部流浪汉小说是1554年出版的无名氏作品《小癞子》（*Lazarillo de Tormes*），小说描述了一个穷困潦倒的男主人公拉撒路（Lazaro）先后遇到七个主人，可每个都是自欺欺人的阴险角色。经过翻译，《小癞子》在欧洲找到了新的读者群，并影响英国、法国和德国的小说创作约达两百年之久。

塞万提斯（Miguel de Cervantes Saavedra，1547—1616年）的杰作《唐·吉诃德》（*Don Quixote*，第一部：1605年，第二部：1615年）把西班牙小说推向新的高度。塞万提斯是一名诗人、剧作家和小说家，他是西班牙文学史上最伟大的人物，也是全世界最受尊敬的作家之一。在《唐·吉诃德》中，他用讽刺的手法创作骑士小说，嘲弄它当时的理想。尽管塞万提斯从骑士小说中借鉴了拖沓散漫的叙事结构，但由于《唐·吉诃德》在心理描述上的现实主义，或者说它探究了主要人物的心理动因，而成为近代小说的雏形。小说通过两个同病相怜的主要人物唐·吉诃德和他的仆人桑丘·潘沙表达了作品主旨。痛苦的唐·吉诃德被无法实现的目标弄得疯疯癫癫，代表了不切实际的空想家，而乏味的桑丘·潘沙从不相信他主人的疯狂行为，代表了头脑顽固的现实主义者。从某种层面上讲，这两个人物就代表了两种本质不同的西班牙人：理想主义的贵族和实际的农民。从更高层面上来讲，小说的人物表达了一个普世性主题：理想主义和现实主义总是共存共生的。

意大利晚期矫饰主义绘画：丁托列托

米开朗琪罗1546年去世后，威尼斯取代罗马成了意大利最著名的美术中心。从那时起到16世纪末，威尼斯画家高举意大利文艺复兴的大旗，推动矫饰主义绘画进入成果辉煌的晚期时代。丁托列托（Tintoretto，1518—1594年）是意大利晚期矫饰主义绘画的杰出代表。这位威尼斯画家创造了一种情绪化的狂野风格，反映了创作手法上的豪放激越。丁托列托由于桀骜不驯而对自己以格外严谨而著称的老前辈提香唱起了反调。但在其他方面丁托列托都遵循着提香的艺术风格，遵循了他偏爱艳丽色彩和用光夸张的创作手法。丁托列托早期美术作品中的一个特殊之处是把作品中的人物设计成建筑檐壁状。

丁托列托对熟悉的圣经故事《最后的晚餐》的演绎表现了他的狂热艺术风格（插图3.23）。与达·芬奇所描绘的经典平衡构图形成的宁静画面不同（参见插图2.7），丁托列托描绘了一个天国中集会的场景，画面上笼罩着神秘的光，满是飞翔的天使。斜向摆放的餐桌将画面分成两部分，左边是由耶稣和他的使

第 3 讲　北方人文主义、北方文艺复兴、宗教改革和晚期矫饰主义　131

图3.23　丁托列托:《最后的晚餐》。1592—1594年。帆布油画，3.66×5.71米

　　没有什么能比拿这幅画与达·芬奇的《最后的晚餐》(图2.7)相比较更能看出文艺复兴盛期与矫饰主义艺术风格的差别了。丁托列托神话化的场景与达·芬奇安静的古典主义场景形成鲜明的对比。达·芬奇的画是为了唤起观察者的理性，而丁托列托的虚幻的场景是为了激发人们的感觉。

徒构成的神界，右边是他在尘世的信徒构成的现实世界。丁托列托把一幅画面分两个场景让人联想到格列柯在《奥尔加兹伯爵的葬礼》中同样的处理手法(参见插图3.19)。尤其值得一提的是画中耶稣的身体包括脚都熠熠生辉，就像站在聚光灯下一样。丁托列托生平最后一年完成的作品《最后的晚餐》达到了矫饰主义绘画的艺术顶峰。

16世纪晚期意大利和英国的音乐

　　意大利音乐与绘画不同，此时仍然深受中期文艺复兴理想主义影响，在德普雷开创的道路上继续前进(参见第2讲)。然而特伦特会议再加上其他一些因素使中期文艺复兴音乐走向衰落，为巴洛克风格音乐的兴起创造了条件。首先，这次会议认为曲调简短的格里高利圣歌比复调音乐更适于教会典礼仪式，传统圣歌应当简化以保证歌词易于听清楚。但许多作曲家嫌弃这种圣歌鄙俗而继续用复调作曲，不过删除了其中过于夸张的效果。这些作曲家中的佼佼

图3.24 老汉斯·布格克迈尔（Hans Burgkmair the Elder）:《马克西米利安和他的乐师》（*Maximilian with His Musicians*）。《白色的国王》（*Der Weisskunig*）插图。16世纪，木刻。大都会美术博物馆理事会。威廉·罗林·安德雷亚斯捐赠，1888年（编号88.1fol.142b）

这幅木刻画表现了神圣罗马帝国皇帝马克西米利安一世向他的宫廷乐师学习音乐和音乐创作的场景。年轻的皇帝被10个乐师环绕着，他们在演奏乐器，图上可以看到11种不同的乐器：管风琴、鼓、萨克布特（sackbut，一种早期的长号）、独弦押琴（tromba marina，一种单弦的小提琴）、鲁特琴、一个键盘乐器、古大提琴（viola da gamba）、舌簧八孔直笛（recorder）、短号、克鲁姆双簧管（crumhorn）和长笛。布格克迈尔的木刻画部分被用作《白色的国王》的插画，这是一本美化这位哈布斯堡统治者的自传。

者、反宗教改革音乐的主要代表是帕莱斯特里纳（Giovanni Pierluigi da Palestrina，约1525—1594年）。他不张扬的风格为后来几个世纪奠定了罗马天主教的经典音乐形式——配以清新而富有表现力的歌词由唱诗班演唱的复调弥撒曲。

但是意大利音乐的未来并不在于教会。具有讽刺意味的是，世俗声乐同样朝着词重于曲的音乐理想前进。但世俗作曲家和教会作曲家不同，他们不采用复调是因为它使歌词无法被完全听明白。文艺复兴人文主义者最早发起了以歌词为重的运动，因为他们认为古代音乐之所以富有表现力，就在于其配乐与吐字清晰的歌词相协调的表现手法。这种人文主义信念的最明显迹象是一群业余音乐家组成的佛罗伦萨乐团（Florentine Camerata）的作品，这些佛罗伦萨音乐家放弃了复调作曲方法，仅用一单行曲调为歌词谱曲，用简单和弦伴奏，以朗诵式风格演唱。

意大利富有表现力的世俗音乐趋势最完整地体现在**复调合唱曲**（madrigal）里，这是一种由四个或五个声部演唱的歌曲，以十分顾及歌词的方式谱曲。复调合唱曲的创新之处在于它使用歌词而不是乐曲来生动地表达思想和情感。复调合唱曲首次出现是在16世纪20年代，但它的全盛期是16世纪下半叶。16世纪晚期复调合唱曲被引入英国并很快在那里流行开来。复调合唱曲的成功与意大利风格的事物在英国的流行是分不开的，莎士比亚剧作的背景和题材以及卡斯蒂

第 3 讲　北方人文主义、北方文艺复兴、宗教改革和晚期矫饰主义　　133

北方人文主义、北方文艺复兴、宗教改革和后期矫饰主义的遗产

从1500到1520年这段时期北欧的绘画和文学获得了重大发展。德意志画家格吕内瓦德和丢勒以及佛莱芒画家波许创造了晚期哥特风格绘画的最后辉煌，尽管丢勒还受到意大利文艺复兴风格的影响。

在尼德兰伊拉斯谟开创了基督教人文主义，在法国拉伯雷和昂古莱姆的玛格丽特追随这一传统。这场运动因路德同罗马天主教的决裂而遭到削弱，最后在宗教战争影响下结束了。

1520到1603年是文艺复兴的第三阶段，也是最后一个阶段。这个短短83年的时期始自拉斐尔去世，终于伊丽莎白一世去世，是近代早期欧洲奠基的时代。在这个阶段世界文化和经济萌芽开始出现，这些意义非凡的变迁是欧洲商业重心从地中海转移到大西洋地区的先兆，也是欧洲向亚洲、非洲和美洲的殖民地输出人口、技术、宗教和思想的开端。

这一时期最重要的实质性变化可能是由各自拥有主权、彼此抱有敌意的国家构成的主权国家体系的兴起。任何国家都没有凌驾于他国之上的权威。它们之间的斗争所确立的政治格局主导了西方事务，直到20世纪的全球政治活动。欧洲国家体系还意味着大一统基督教世界的梦想注定要破灭。

宗教改革进一步将基督教欧洲分裂成新教和天主教两大武装阵营，这导致欧洲被宗教战争困扰了两个世纪，直到1700年左右才逐渐平息。从局部来讲，这种分歧导致了宗教不宽容和宗教迫害。今天的欧洲宗教版图虽然和1600年大致相同，但经过了300年新教和天主教才接受彼此可以和谐共处。

宗教改革还留下了基督教各自教派的不同文化遗产。从新教中产生了褒扬工作伦理（work ethic）、清教徒主义和为资本主义辩护的文化传统。尽管新教坚持原罪教义，但新教革命的核心思想是认为人类无须借助教会就可以直接和上帝沟通。新教认为人在世界上是自由自在的，而天主教教会则试图控制其成员的精神和道德生活，把他们和外界隔绝起来。这种政策最终使天主教会处于和现代性力量碰撞的过程中，尽管如此，二战结束前的大多数教皇还是奉行了这种政策。

在宗教危机以后的岁月里，新教和天主教都没有重视北方人文主义遗产——即理性道德与简单信仰相结合。直到18世纪启蒙运动的理性主义滥觞，基督教人文主义思想才找到了乐于接受的受众。

但在人文领域里，这份遗产明明白白，这一时期留下了丰富多采的遗产，包括塞万提斯和西班牙黄金时代其他作者的作品，还有西方文明史上最有天赋、影响最大的作家莎士比亚的作品。

廖内的《廷臣论》此时被翻译成英文等事例清楚地证明了这一点。

英国最著名的复调合唱曲作曲家是托马斯·威尔克斯（Thomas Weelkes，约1575—1623年）。他在作品中使用了**绘词**（word painting）技巧，即用音乐来说明书面歌词。例如，在复调合唱曲《当维斯塔从拉特莫斯山上下来》（As Vesta was from Latmos hill descending）中，威尔克斯用下降音阶表现"下来"，用上升音阶表现"童贞女神爬山"，用先升后降的曲调表现"从拉特莫斯山上下来"。这种将乐曲和抒情诗聪明地融合起来的技巧吸引了许多听众，其中许多人具有文艺复兴思想、本身又是业余音乐家。

复调合唱曲最终在全欧洲流行开来，但随着文艺复兴时代的结束它也走向衰落。尽管如此，绘词技巧仍是作曲家钟爱的创作手法，直到巴洛克时代的巴赫和亨德尔仍然如此。（参阅第4讲）

文化关键词

宗教改革（Reformation）　　　　　反宗教改革（Counter-Reformation）
基督教人文主义（Christian humanism）　北方文艺复兴（Northern Renaissance）
复仇悲剧（revenge tragedy）　　　　折叠三联画（triptych）
路德教（Lutheranism）　　　　　　加尔文教（Calvinism）
清教（Puritanism）　　　　　　　　英国圣公会（Anglicanism）
耶稣会（Jesuits）　　　　　　　　　晚期矫饰主义（late mannerism）
骑士小说（chivalric novel）　　　　流浪汉小说（picaresque novel）
复调合唱曲（madrigal）　　　　　　绘词（word painting）

批判性思考提问

1. 北方文艺复兴的基本特征是什么？这些特征与意大利人文主义有何区别？

2. 讨论1500—1603年之间欧洲宗教和政治的变革。这些变革如何反映在欧洲的版图中？

3. 从主要信条、信条中《圣经》的作用以及教会与国家的关系等方面比较和对比路德教派和加尔文教派。

4. 探究天主教会对新教兴起的反应。教会在应对新运动方面取得了怎样的成功？

5. 随着新教和罗马天主教并存格局的形成，它们在艺术尤其是绘画以及在一般文化上有什么反映？它们的文化反映通过什么方式定义和区分了新教和罗马天主教的欧洲？

4　巴洛克时代 I：魅力与夸张

1600—1715年

随着罗马天主教逐渐进行其清除新教的目标和强大的世俗主权国家在欧洲的建立，1600年一个新的欧洲时代——**巴洛克**（baroque）时代揭开了序幕。这个时代的特点是宏伟、丰富、眼界越来越高。巴洛克时代的美术和建筑作品塑造了引人注目的壮观艺术形象，教会借此可以重显自己的存在、向信徒炫耀和灌输。巴洛克艺术的辉煌宏大同样提升了世俗统治者的政治权威。巴洛克艺术已变成了当权者的一种宣传工具，而以前强调变形和怪异风格的个人化的矫饰主义艺术从未这样过（参见第3讲）。

品位切合古典主义理想的18世纪艺术家和学者创造了"巴洛克"一词。对他们来说，17世纪的文化很多是不完美的，即"巴洛克"的，这个词的词源可能是来自葡萄牙语的"barroco"，意思是形状不规则的珍珠。直到19世纪中期这个词有了正面意义，现在"巴洛克"则成了17世纪主流文化风格的雅号。

巴洛克时代是一个不断动荡的年代。17世纪

◀ 海欣斯·里戈（Hyacinthe Rigaud）：《路易十四》。1701年。帆布油画，2.79×7.9米。巴黎卢浮宫藏。法国国家博物馆联合会/纽约美术资源公司

中期以前，欧洲饱受宗教改革导致的宗教战争的折磨。17世纪下半期的冲突则带有扩张领土、争夺海外帝国等世俗原因。17世纪还是一个充满科学大发现和知识大变革的时代。这场被称作科学革命（Scientific Revolution）的思想运动对于近代世界的形成影响如此深远，所以它和相关的哲学思想一起构成了整个第5讲的内容。本讲重点论述巴洛克时代的美术、文学和音乐，以及它们形成的历史、政治和社会背景。

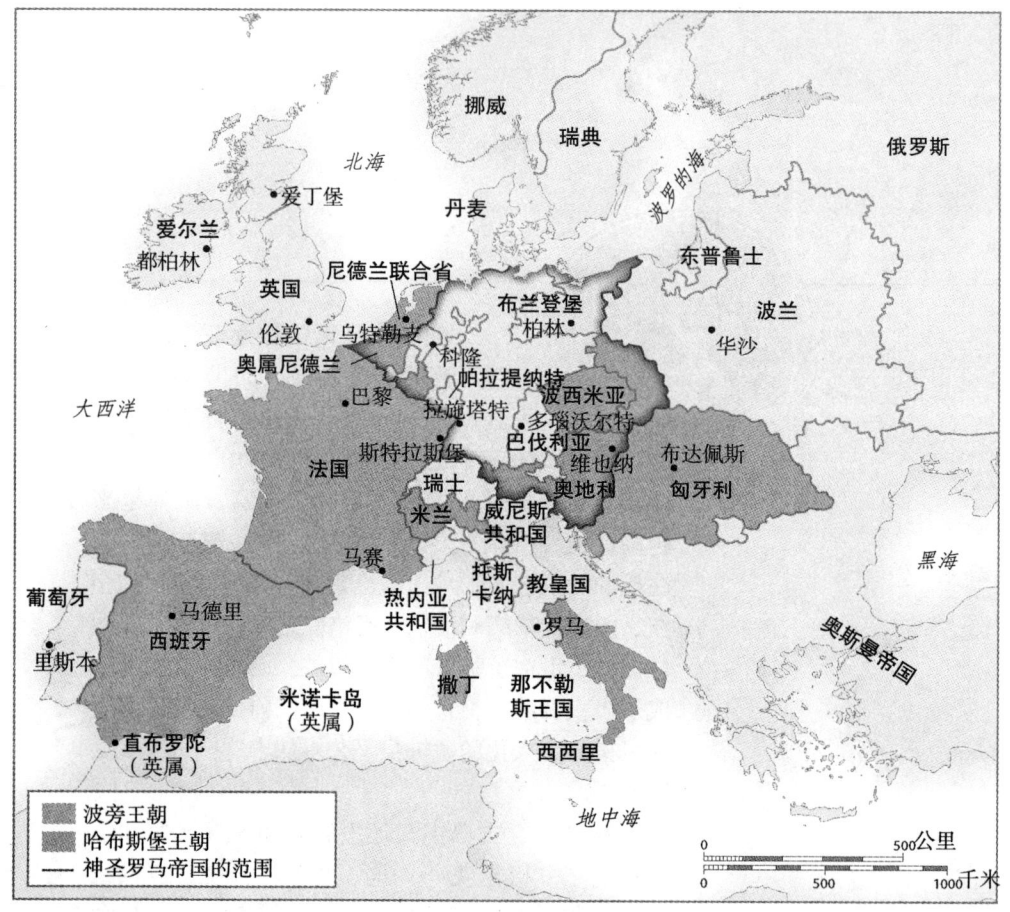

地图4.1　1714年的欧洲

　　这幅地图显示了18世纪早期欧洲的状况。1. 比较这幅地图上哈布斯堡王朝的领地和地图2.1所显示的查理五世时期哈布斯堡王朝领地的不同。2. 比较这幅地图和地图2.1所显示的神圣罗马帝国疆域的不同。3. 1714年波旁王朝和哈布斯堡王朝哪个王朝的领土更大？ 4. 英国和荷兰的领土大小以及地理位置对于它们成为主要的海上强国有什么帮助？注意中欧和意大利北部有大量小国。

4.1 专制主义、君主政体和势力均衡

虽然巴洛克艺术风格起源于罗马并从这里传遍整个欧洲大陆，但此时意大利城邦和教皇们已不再处于欧洲政治生活的中心。现在欧洲已经从1600年的第一波宗教战争中恢复过来，一个新的主权国家体系取代了统一的基督教世界的陈年旧梦。到1715年，欧洲五大军事强国英国、法国、奥地利、普鲁士和俄国之间达到了势力均衡状态。这些强国的崛起归因于在这些国家出现了一类醉心于追逐权势的新型统治者。这些被称作"专制主义者"（absolutist）的君主与中世纪君主不同，他们完全控制了国家的事务，而后者必须同教会和封建贵族分享权力。这些君主们熟谙马基雅维利的作品，用君权神授和自然法理论来强化他们的权力诉求。法国最伟大的君主路易十四（Louis XIV）的权力诉求登峰造极，他甚至借用晚期罗马帝国皇帝们的称号把自己尊为"太阳王"（Sun King，插图4.1）。

专制君主们在追求绝对权力的过程中改革旧制度，创立新制度。例如从中世纪中期就已存在的行政职官机构经过改革变成中产阶级受过大学教育

图4.1 海欣斯·里戈：《路易十四像》。1701年。帆布油画，2.79×7.9米。巴黎卢浮宫藏。法国国家博物馆联合会/纽约美术资源公司

巴洛克绘画大师里戈的这幅戏剧化的肖像画画于路易十四63岁时。这幅画中，这位专制君王身着加冕袭服，仪仗之剑放在身侧，手持权杖，王冠放在他身边的凳子上。有两个细节突出显示了国王的骄傲自负：他的长筒袜长及大腿一半的地方，另外他还穿着高跟鞋（鞋跟约有5厘米高）来弥补身材的矮小。虽然这幅画原本是画来作为礼物送给他的孙子、西班牙的查理五世的，但路易十四如此喜欢这幅画，以至于把它纳入了法国王室的收藏中。

的官员们的独占领地。这些职业官僚开始取代以往主导国王的顾问委员会的贵族。这样封建贵族的权威慢慢开始衰落。

专制君主们还建立了常设外交团辅佐外交政策。欧洲大国在主要国家的首都均相互设立了外交使团，这些使团中派驻的官员成为各自统治者在外国城市中的耳目。另一个新的制度是建立了常备军，用国家岁入供养，这些军队由贵族军官统帅，配备来自下层阶级的士兵。

法国：专制主义的极端例子

17世纪初，波旁王朝（Bourbon dynasty）的第一位君主亨利四世（Henry IV）统治法国，他为了在大多数人信奉罗马天主教的法国恢复和平，由加尔文教改宗天主教。虽然亨利不断把高级官职封赐给他的中产阶级支持者，但他依然同封建贵族分享权力。亨利是个实用主义者，他认为没有必要将自己接受的信仰强加给在法国被称为胡格诺派的加尔文教徒，而是允许他们有一定的信仰自由。1610年亨利被刺身亡后，情势大变。此后直到1715年法国成为典型的专制主义国家（历史分期表4.1）。

历史分期表4.1　巴洛克时代法国和英国的统治者

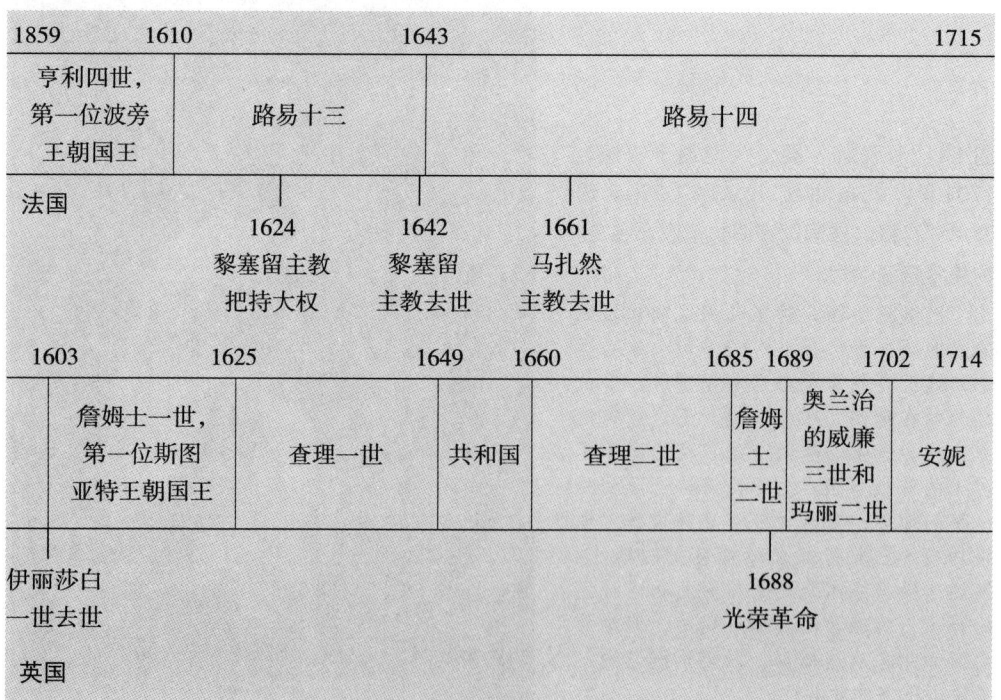

路易十三（Louis XIII）继承了亨利四世的王位，但实权落到红衣主教黎塞留（Cardinal Richelieu，1585—1642年）手里，从1624年到他去世，黎塞留成了法国实际上的统治者。黎塞留政治天资敏锐，他坚持不懈地剥夺贵族的权力。同时他也是一名务实的政治家。例如，在国内他限制新教胡格诺派教徒的自由，但在国外却和瑞典新教势力结盟。受黎塞留恩庇的铁腕继任者、年幼的路易十四（Louis XIV）的摄政大臣红衣主教马扎然（Cardinal Mazarin，1602—1661年）延续了他的实用主义政策。马扎然的统治推动法国向专制主义更进一步，但他的统治同法国的一个黄金时代的开端不谋而合。在一个多世纪里，法国政治和文化主导欧洲，法语成为外交语言。

马扎然死后，23岁的路易十四决定亲政。在路易十四当政的54年时间里，他的私人和公共活动成了法国具体的国家象征：所谓"朕即国家"（"L'État c'est moi"）就是他的当政观念。路易十四认为自己应当掌控一切，他取消了胡格诺教徒尚存的自由，迫害他们，除非他们改宗天主教，逃亡国外，否则就被处死。作为国王，路易十四完善了他的波旁王朝先辈的政策，成了规范从经济到文化一切法国事务的职官机器的最高首领。他的经济政策被称为基于国家控制的重商主义（mercantilism）。路易十四依靠手下的大臣控制进出口、补贴本土工业、设定关税率、关税和配额。

路易十四发动了一场自吹自擂的声势浩大的文化运动，在这一过程中他把法国变成了欧洲的文化艺术中心。凡尔赛的宫殿就是其王家风范的象征（插图4.2）。他还支持当时刚刚出现的研究机构尤其是法兰西学院（French Academy）和皇家绘画雕塑学院（Royal Academy of Painting and Sculpture）的活动，黎塞留为净化法语和嘉奖法国最著名的在世作家于1635年创建了法兰西学院，而马扎然为表彰法国最著名的艺术家而建立了皇家绘画和雕塑学院。这些法国的学院成为其他西方国家同类机构的样板。

英国：从君主制到共和制再到有限君主制

英国在17世纪初同法国一样也转向了专制主义。伊丽莎白一世死后新的斯图亚特王朝取得王位。虽然詹姆士一世（James I）国王认定自己是君权神授，但英国事务中在某些方面对王权形成制约。特别是，英国贵族和中产阶级议员联手，定期召开的英国议会认为自己是国王的伙伴而非敌手，同时英国多数派圣公会并不蔑视在英国被称作清教徒（Puritan）的少数派加尔文教，他们中的许多人拥有和清教徒一样的宗教热忱。当英国逐渐陷入一场议会和刚愎自用的查理一世之间的制宪危机时，议会中的清教徒领袖们成功领导了一场内战，推翻了君主制，于1649年建立共和国，叫做Commonwealth。不过当共和领袖清

图4.2 路易·勒沃（Louis Le Vau）和儒勒·哈杜安-孟萨尔（Jules Hardouin-Mansart），建筑师；安德烈·勒诺特尔（André Le Nôtre），景观建筑师：凡尔赛宫和公园俯视图。根据皮埃尔·帕特尔（Pierre Patel，被称作勒培立［Le Père］）的研究印制凡尔赛的景象，1668年。帆布油画。法国，凡尔赛，特里亚农（Trianon）的凡尔赛城堡

作为统治社会时尚的中心，凡尔赛宫成为那个王权时代最重要的标志。在这里贵族们向路易十四争宠，以获得王室职位。他给他们很低的官位但给他们很高的头衔，用这种方法来削弱他们的政治影响。在路易十四掌权的顶峰时期，这里可以住下包括王室成员、食客以及仆人在内的1万人。

教徒奥利弗·克伦威尔（Oliver Cromwell）将它变成军事独裁统治后，共和很快失去了吸引力。

共和制失败后，英国于1660年重新回归君主制，迎回在法国流亡的查理一世之子即位为查理二世，这就是斯图亚特王朝复辟事件。此时国王的权力仅仅受到含糊的限制，这种不清晰的安排很快导致国王和议会之间重新爆发冲突。在一场被称为光荣革命（Glorious Revolution）的不流血政变中查理二世的弟弟詹姆士二世（James II）被驱逐，他的女儿玛丽三世（Mary III）和来自尼德兰的女婿威廉三世（William III）成为英国的共同统治者。在他们统治期间英国制宪危机最终得以化解，这是因为他们认识到，只有承认公民权利和议会对最

第4讲 巴洛克时代I：魅力与夸张 143

图4.3 杰拉德·特·博尔什（Gerard ter Borch）《宣誓批准明斯特条约》。1648年。铜板油画，45.4×64.3厘米。伦敦，国家美术馆藏

《明斯特条约》是《威斯特伐利亚和约》的一部分，它结束了西班牙王室和荷兰人民之间长达80年的战争。在条约中，尼德兰联合省被承认为一个独立的共和国，这赋予了荷兰人民自由，也奠定了荷兰作为一个海上强国的基础。在这幅画中，中间靠左的荷兰新教徒代表举起手伸出两个手指宣誓，而信奉天主教的西班牙人则把手放在《圣经》或十字架上宣誓。前景中三面墙中间的人有70多个，后面还有三组见证人。画家出现在图中左边远处，没有看进行中的宣誓，而是盯着观看者。杰拉德·特·博尔什（1584—1662年）是一个非常成功的荷兰画家，也是家庭生活场景绘画大师，通过这幅画，他开创了描绘当代历史事件场景的先河。这类绘画的内容是纪念重大的现实事件，诸如加冕、战争等，随着民族主义的兴起和更喜好世俗而不是宗教题材的艺术赞助人的出现，这种类型的绘画越来越流行。

重要财政事务的权力，他们才能进行统治。到1715年英国成为以成文法制约的典型有限君主制。政治哲学家后来把英国经验当作政府应该基于人民同意原则的成功例子。

巴洛克时代的战争：维持势力均衡

在大国架构确立过程中，战争决定一切，这是因为大多数成功国家的国王能够调动本国资源支持其军事目标。但是当一个国家鹤立鸡群时，其他国家就会奉行旨在压制它的政策，也就是说保持势力均衡。均势体系有几种影响。一是它可以防止任何一个国家控制其余国家。再就是它可以有效挫败诸如奥斯曼土耳其一类帝国的野心，因为大国会主动团结起来阻止土耳其扩张。最后，这一体系把许多国家降至二流地位，如西班牙和波兰，这一体系还意味着佛罗伦萨和威尼斯等城邦的重要国际影响的终结。

三十年战争：1618—1648年 当英国困扰于宪法危机的时候，欧洲大陆陷入了毁灭性的三十年战争（Thirty Years' War，实际上是一连串的四场战争）的泥淖，这是新教势力和天主教势力在全欧洲范围内的最后一次大搏斗。除了奥地利、法国、勃兰登堡（Brandenburg，很快变成了普鲁士）等主要参战国外，一度卷入战争的国家还有丹麦、瑞典、西班牙、威尼斯、尼德兰联合省和波兰。受战争摧残最严重的地方是德意志，因为战斗主要是在它的土地上进行的，战争毁灭了整整一代德意志人，造成德意志文化长达一个多世纪的衰败。

这场战争最终以交战各方于1648年签订《威斯特伐利亚和约》而告终，和约使得新教和罗马天主教彼此承认对方的存在，同时为勃兰登堡—普鲁士作为大国的崛起创造了条件。德意志本身仍然四分五裂，虽然此时已容许加尔文教存在，但宗教自由仍然没有实现，1555年在奥格斯堡确立的原则依然有效：各国的宗教信仰由其统治者决定（参见第3讲）。《威斯特伐利亚和约》签订后，信仰加尔文教的君主不断攫取更多的领土，他们于1701年当上了普鲁士国王，最终在1871年成为统一后的德国皇帝。

三十年战争还对正在出现的大国体系产生了重要影响。这是首次通过外交使节开会达成协议的和平会议。战争和会议暴露了西班牙的虚弱，表明它早已从1500年代的巅峰跌落下来。瑞典和荷兰获得了不少利益，这使它们在17世纪下半叶双双成为强国。哈布斯堡统治者被迫同意不再驱赶他们德意志领地上的新教徒，此后他们就只把注意力集中在自己在奥地利的领地上，不再理会这时似乎已成为封建时代遗物的神圣罗马帝国的事务。

法国从三十年战争中获益最多。它最初站在罗马天主教一方作战，后来又站在新教一方作战，这充分表明法国君主十分透彻地理解了权力政治的本质。法国甚至在宗教战争结束后还不断同信仰天主教的西班牙进行争斗，彼此之间的纷争直到1659年才停息。1661年路易十四独揽法兰西大权，四年后发动了一系列针对不同欧洲国家集团的战争，战争一直持续到1713年。

生活片段

关于权力的两种观点
主人（路易十四）和仆人（圣西蒙公爵）

路易十四是西方王朝时代最有权力的君主。他使法国让其他统治者羡慕，因为他统治下的法国实现了中央集权、建立了高效职官体制、部署了最精良的军队并确立了文化艺术标准。然而当他们住在路易十四在巴黎郊外的宫廷庄园凡尔赛宫时，他的部下和廷臣圣西蒙公爵不过是路易十四的奴仆。

路易十四
对权力的反思

君主常常被迫做一些违背自己意愿的事，这损害了他们的天赋美德。他们应该乐于让人民高兴，也必须惩罚和谴责那些本来应该好意相待的人。国家利益是第一位的。君主必须克服自己的个人好恶，也不要因为个人利益的妨碍以及为了国家的荣耀、利益和权力而扭曲自己应有的观点，致使没有把某些重要事情办好而使自己处于蒙羞受辱的境地……

君主必须提防自己，提防自己的个人偏好，永远要警惕个人的自私本性。君主之能事就是伟大、高贵，他应当极为愉快地去做自己认为有意义的事；但这并不等于说君主就免除痛苦、疲惫和忧虑。犹豫不决有时会造成麻烦。君主花时间考虑一件事情以后，就必须作出决定，选择最佳方案。

如果君主时时将国家系于心间，那么他也就是在为自己工作。君主的利益就是别人的荣耀（gloire）。如果君主快乐愉悦、声名显赫、势力强大，那么他就是原因，因为结果是荣耀。因此君主应当比他的臣民多一点吸引力，两相比照，人生赏心事莫过于此。

圣西蒙公爵
回忆录

（路易十四）在一切事情上都热衷于壮观、华丽和奢靡。出于政治目的他将这种喜好变成准则，把它贯彻到宫廷事务的方方面面。一个人要想取悦于他，就必须沉湎于美食、锦衣、嘉会、华屋和赌博。此类场合使他得以与人们交谈。路易十四这样做的实质是借此试图并成功地耗竭所有人的精神，因为把奢侈当作美德，变成某些人的必需品，他就逐渐削弱了每一个人，使之必须完全依赖于他的慷慨才能生存……这是一种罪恶，一旦传开，就成了正在吞噬每个人的社会毒瘤——奢靡之风从宫廷迅速传遍巴黎，并扩散到外省和军队中，自从这种不良的新风尚出现后，这些地方的人们不管地位高低只有置办了与自己的身份相称的餐桌和享受奢华的生活才会被人看得起。

解读本篇生活片段

1. 路易十四认为他作为国王的职责是什么？
2. 他认为他应当如何履行自己的责任？
3. 路易十四认为自己在哪些方面是国家的象征？
4. 圣西蒙公爵如何看待国王和他的政策？
5. 为什么公爵有自己的看法？
6. 你认为两个人谁说的是事实？请解释。

路易十四的战争：1665—1713年 路易十四采用包括联姻和外交在内的各种手段去控制欧洲大陆，不过他主要还是通过战争施加了自己的持久影响力。在路易十四心目中，自己是为"荣誉"（la gloire）而战，"荣誉"是一个用来塑造其太阳王形象的含糊词汇，实际上他是企图对外扩张法兰西帝国的领土。

路易十四同欧洲国家打了四场不同的战争，最终被囊括了几乎所有欧洲大小国家在内的军事联盟打败了。路易十四的最后一场战争——西班牙王位继承战争——由于波及面很广，被普遍认为是一种新型战争样式——世界性战争。1713年签订的《乌特勒支和约》（Treaty of Utrecht）不仅结束了西班牙王位继承战争，还表明大国体系正在发挥作用。

《乌特勒支和约》缔造的和平局面重新贯彻了均势原则。胜利者剥夺了路易十四大部分通过非法手段获取的领土，而承认了其余领土所有权，这些领土奠定了今天法国的疆域。勃兰登堡—普鲁士也获取了领土，不过还是英国获益最多，它从西班牙手中取得了直布罗陀（Gibraltar）和米诺卡岛（island of Minorca），从法国手中取得了加拿大，英国从此脱颖而出。英国在此次扩张的基础上于18世纪成为世界贸易霸主。

技术

虽然巴洛克时代在技术上没有重大的突破，但此时的确出现了对以往技术的综合运用，同时也有一些新发展。这一时期的技术创新，尤其是在战争和生活技术方面的创新，改变了公共和私人的生活。虽然这些技术得到比较广泛的传播，但由于时代风气、根深蒂固的习惯和物资缺乏，这些变化发生的范围并不太大。

战争技术 1600年巴洛克时代开始的时候，加农炮促使使用火炮的战争出现了（参见第2讲）。到1700年巴洛克时代结束的时候，一些新的或改进的火器和战术极大地改变了步兵战法，主要有：

- 火绳钩枪又叫火绳枪，燧发枪（1450年以后，西班牙）。
- 步枪，一种前膛装填的燧发枪（1500年代，西班牙）。
- 来复枪——一种改进的步枪，用燧石而不是用火绳击发（大约1630年）。
- 用纸做的放枪药的弹药筒（约1670年）。
- 为来复枪加装刺刀的手段（约1670年）——这终结了中世纪用长矛兵近身肉搏的战法。

随着这些技术进步在全欧洲推广，中世纪战争的最后痕迹也消失了。封建军队被常备军代替，这些使用步枪、刺刀以及小而轻便的火炮作战的部队和一般的社会群体越来越不同。

生活技术 与战争技术相比，生活技术的改变十分缓慢。不过在1500—1700年之间在西方的富裕之家的生活方面出现了一些重大的技术创新，包括：

- 家庭陈设中粗糙、巨大、笨重并以艳丽的色彩涂饰的哥特式外观被优雅的意大利风格所代替，这种风格的特点是摆设大量雕刻精美、经过抛光的形状典雅的家具。
- 使用进口的东方产品的风尚，例如涂漆的家具和家居用品（瓷器，花瓶和精致的玩意）。
- 有特定用途的新家具，如放衣服的衣橱，摆放珍贵物品的梳妆台，放置瓷器和银器的橱柜，摆放笔墨纸张、纸牌和珠宝的小橱柜。

受意大利文艺复兴影响并被华丽的海外进口的家具吸引，欧洲精英阶层喜欢采用有高天花板和丰富陈设的庄严的室内设计，从而试图通过自己的房子来肯定自己的社会地位，不管这种地位是真实的还是想象的。路易十四的凡尔赛宫就是这一阶段华丽巴洛克风格的最突出例子。虽然没有皇室贵族那么气派，但资产阶级也效仿路易十四来进行和他们财富与地位相称的居所设计。

- 在1100年之前：出现了位于房间中间的用于做饭的开放式炉子，这使得冬天的厨房成为家庭生活的中心；在其他房间使用火盆或烧煤炭的取暖炉。

图4.4　尼古拉斯·梅斯（Nicolas Maes）:《偷听者》。1657年。帆布油画，0.92×1.22米。荷兰文化遗产研究所（Netherlands Institute of Cultural Heritage），暂时借给荷兰多德雷赫特的多德雷赫特博物馆

这幅画准确地描绘了一个富裕家庭的房屋布局。高高的天花板、很高的窗框、大量的窗帘以及门、柱子和拱券上丰富的木雕装饰都说明了房主的富有。在楼梯最下层台阶上，女主人正把右手食指轻轻竖起，要周围的人安静。女主人离开楼上的聚会（她后面），来偷听自己的女仆和一名男子的亲密一刻。这一讽刺性的场景利用了那时认为女仆放荡的观点。作为一个受人尊敬的主妇，女主人对家里的事情明察秋毫。在那时隐私并不重要，这从房间内部装饰的开放性也可以看出来。注意墙上的地图（右边），这似乎可以解释为是荷兰中产阶级精英支持世界主义的标志。

- 1100年后：威尼斯出现了修建在墙内、燃烧木柴、有烟囱排烟的壁炉。除了德国和西班牙，壁炉在欧洲迅速流行开来。
- 1500年代早期：由于木柴短缺，英国出现了烧煤的壁炉。
- 1600年代早期：有雕刻的壁炉架成为家具，也成了社会地位的象征。
- 1630年代：在法国发明了有进气管和烟囱的壁炉。

虽然经过这么多改进，但壁炉的效果依然很糟糕，就像1695年的一封信

描述的凡尔赛宫镜厅的情况:"在国王桌子上的葡萄酒和水都冻住了。"考虑到镜厅是那个时代最富丽堂皇的房间,因此在寒冷的季节人们在室内穿着皮衣和厚重的披风一点也不令人惊讶。

4.2 巴洛克:国际性艺术风格的不同流派

巴洛克精神源于在不安定的时代对稳定和秩序的求索。在天主教会的支持下美术家和作家们试图从看似无序的生活中探究自己确信存在的秩序。在这方面,他们和文艺复兴盛期的美术家有某些相同的目标。不过虽然两种风格都致力于追求秩序,但两派美术家们认为实现和谐的最佳途径却迥然不同。文艺复兴盛期的美术家注重画面的宁静感、单一静态的视角和完整独立的构图。与之相反,巴洛克美术家创作了一种动态的、似乎要突破画框约束的奔放作品。这些华丽作品的特点是气势恢宏、动感流畅,并且惯用曲线和椭圆。被海外探险和新天文学发现所激励的巴洛克美术家们醉心于无限空间的遐想。

虽然欧洲不同地区信仰迥异,但巴洛克风格很快从其发源地罗马传遍了整个欧洲大陆和英国。贸易、外交和婚姻形成的交流渠道加速了它的传播,拉丁语成为学术研究和对外交流的通用语言也发挥了同样的推动作用。旅行也是加速巴洛克风格向欧洲其他地区输出的一个因素。当时许多北欧和西欧的新教家庭送他们的儿子、有时还有女儿到欧洲大陆各处游历以"完善他们所受的教育"。像诗人约翰·弥尔顿(John Milton)和建筑师克里斯托弗·雷恩(Christopher Wren)这样虔诚的英国新教徒都曾到罗马和其他天主教重镇游历过。

尽管巴洛克是一种国际性的艺术潮流,但它在不同地区又发展出不同的风格,共产生了三种各具特色的分支流派。一是华丽巴洛克风格,由罗马天主教观念和动机主导,是反宗教改革运动的产物。这种风格肇始于意大利,后来还在西班牙和中欧地区发展。贵族化、宫廷化的经典巴洛克风格是对巴洛克理想的弱化演绎。这种风格和自16世纪早期文艺复兴文化传入以来法国人注重简朴和谐的口味相关。法国人的这种偏好很好地契合了路易十四的专制政策,因为他在各个文化领域都提倡建立严格规范,以此强化其热衷的秩序和控制。第三种巴洛克艺术形式是在尼德兰联合省的中产阶级和英国贵族当中诞生的严谨巴洛克风格。追求严谨巴洛克风格的画家和作家既反对天主教思想又反对法国专制主义,他们创造了这种比华丽巴洛克风格和经典巴洛克风格简朴而不华丽的、同新教价值观相适应的艺术风格。

华丽巴洛克风格

特伦特公会议（参见第3讲）在美术和建筑领域对巴洛克风格的演变产生最重要的定格性影响。在1545年到1563年期间召开的一系列宗教会议上，教会领袖重新肯定了被新教排斥的所有价值和教义，同时呼吁开创一种适合教会教化需要、阐明易于大众理解的正确神学思想的新艺术形式。16世纪晚期，教皇们为了实现这个目的加紧控制美术家和建筑师，不鼓励矫饰主义风格的个人主义倾向。

17世纪，教皇们借助他们的赞助权力催生了"**华丽巴洛克**（florid baroque）"艺术风格。和中世纪时一样，审美观再次从属于宗教目的。教皇们召集建筑师、画家和雕塑家为天主教歌功颂德。建筑师通过宏大的建筑设计和精细的装饰图案标榜教会的权力和财富。画家和雕塑家则表现辉煌的宗教事件和动人的宗教场景，尤其热衷表现圣徒心醉神迷和耶稣受难与殉道的场景。他们在描绘这些主题时运用强烈现实主义的手法来表现教堂中最神圣的人物形象的实在和贴近。总的来说，在华丽巴洛克艺术中，生动夸张的效果比古典主义的严谨和宁静更受欢迎。

建筑 罗马圣彼得大教堂是这个时代华丽巴洛克建筑风格的杰出代表。16世纪初布拉曼特（Donato Bramante）最初把圣彼得大教堂设计成文艺复兴中期风格的希腊十字架形状，这是为符合特伦特会议精神而设计的方案。教皇保罗五世（Paul V）没有采用象征异教的希腊十字架设计方案，他任用设计师卡洛·马德诺（Carlo Maderno，1556—1629年）为设计方案加了一个长长的中堂，这使其平面呈拉丁十字形状（插图4.5）。这一方面可以容纳大量来到这个罗马天主教本座教堂来的人群，同时其巨大体量还象征着教会的权力。

在马德诺重新设计建造了圣彼得大教堂的正面之后，其外表建筑就基本建成了，但是教皇想把它和附近的城市环境融为一体，这是那时已适应巴洛克品位的古典思想。为此教皇亚历山大七世（Alexander VII）委托贝尔尼尼（Gianlorenzo Bernini，1598—1680年）承担这个工作。贝尔尼尼的设计方案是华丽巴洛克建筑风格的妙笔，遵循了废弃所有直线的原则。他拆除了圣彼得大教堂周围所有的建筑，代之以一个巨大的公共广场，在这里信徒们可以聚集在一起瞻仰教皇并聆听他的教诲。然后贝尔尼尼用顶上立有圣徒雕塑的大弧度柱廊勾勒出这个锁孔形状的空间（插图4.6）。对聚集在这个广场上的朝拜者来说，这个弧形的双柱廊就如同教堂伸出欢迎的双臂。

华丽巴洛克建筑风格在罗马兴起后传播到了西班牙、奥地利和德意志南

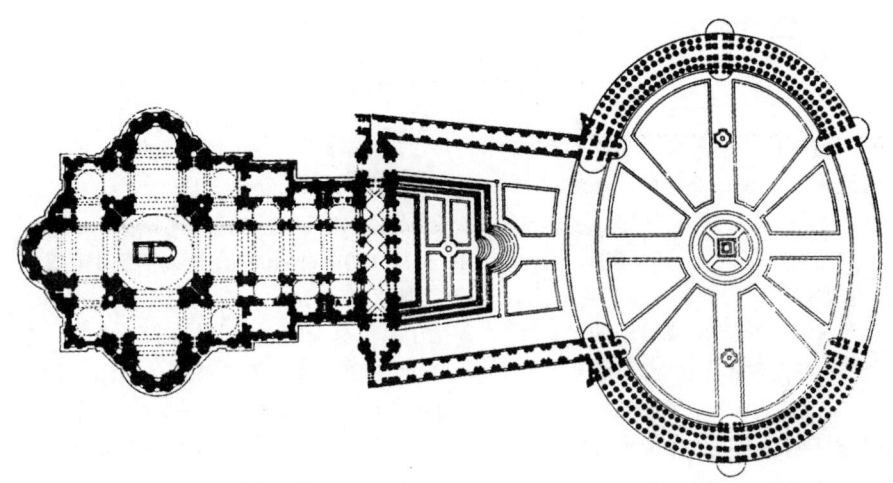

图4.5 卡罗·马德诺和吉安罗伦佐·贝尔尼尼：圣彼得大教堂与相邻广场平面图。1607—1615年和1665—1667年

这个平面图显示了1607—1615年间马德诺设计建造的圣彼得大教堂和1665年到1667年间贝尔尼尼设计建造的广场和柱廊的情况。

图4.6 吉安罗伦佐·贝尔尼尼：圣彼得大教堂广场。1665—1667年。梵蒂冈

贝尔尼尼设计的广场是帮助形成了外部建筑空间布局的巴洛克风格。像文艺复兴盛期的建筑设计师一样，古罗马人曾经把建筑融入了他们的城市布局设计，但没有一个建筑师像贝尔尼尼一样把建筑和他周围的附属物如此自然地融合在一起。

遭 遇

日本接近闭关锁国

一个社会在和外国人接触而感到受威胁的时候常常会采取自卫措施，尤其是当它已经遭受到压力的时候尤其如此，1550年西方人到达日本后就是这种情形。日本一开始欢迎外国人，但大约一个世纪以后，他们认为西方的习俗和思想威胁到了日本的生活方式，因而对世界关上了大门。

16世纪日本卷入了一场损失惨重的血腥内战，内战削弱了旧的封建秩序，挑战了地方军事统治者（又叫将军［shogun］）的权势，令垂死的帝国体系更加风雨飘摇。战争中采用的新军事技术削弱了战士的作用，为新的地方地主（又叫大名［daimyo］）封建统治体系的出现开辟了道路。在臣下的支持下，大名们控制了地方经济，实现了和平。

1550年后，权力落入大名之手，直到先后三任将军最终完成了对日本的统一，最后的胜利者是德川家康（Tokugawa Ieyasu，1603—1616年在位）。德川家康把首都从平安（Heian，今天的京都）迁到江户（Edo，今天的东京），控制了全国，开始和西方贸易并接受基督教传教团。最重要的是他建立了幕府（shogunate），也就是政府，一直统治到1867年，不过其鼎盛时期是1640年代到1750年代。

通过控制内外事务，德川幕府实现了它制止内战、稳定国家的目标。在国内，它通过干预地方争端、安排大名的领地以及要求大名每两年一次到江户参加幕府会议——叫做"参勤交代"——等方法将大名阶层置于自己的监督之下。和法国的路易十四一样，日本的德川幕府统治者一直

宽文时代（Kanban Era）的长崎。屏风，1.29×3.15米。长崎历史与文化博物馆

荷兰人的船只出现在图画的底部，附近是他们的货仓和居所。中国人的船只在画面上部。日本统治者瞧不起外国货物和商人，这让出岛（Deshima Island）上荷兰人的生活很悲惨。

监督他们的贵族支持者，寻找反叛的蛛丝马迹，强迫他们过挥霍浪费的生活。幕府还创建了一个新的精英战士阶层，在西方被叫做"武士"（samurai），他们的任务就是保护江户的统治者。

在1543年内战高潮时期，第一批西方人——葡萄牙商人（参见第2讲）——到达日本，带来了天主教和枪炮。一开始，日本并没有把基督教看作一种威胁，在港口城市耶稣会士常常受到欢迎。到德川幕府建立的1603年，已经有30万日本人皈依了基督教。不过幕府内的一些领袖开始视基督教为一种威胁。批评者认为传教士和商人只是欧洲人进入日本的先头部队，他们将威胁刚刚统一的国家的稳定。1612年有了零星的迫害基督教徒的行动，德川幕府开始发起了一场驱赶基督教传教士的运动，迫使日本信徒放弃信仰，否则就遭受惩罚。1638年迫害活动达到高潮，这年有2万反抗迫害的农民被处死。

同时，将军颁布了一系列锁国法令（Exclusion Decrees，1633年，1636年），禁止和外国贸易。还颁布了禁止外国船只进入日本港口的条例。只有中国人和荷兰人被允许通过长崎进行贸易。允许荷兰在长崎保留一个贸易中心，日本可以借此了解外部世界的事情。因此，一部分日本学者开始关注"兰学"（Dutch Learning）——这是西方文化的代名词。这些学者鼓吹和西方更多地接触，引进西方的知识，尤其是科技知识。

读"遭遇"，学知识
1. 16世纪日本内战有什么后果？
2. 日本为什么以及如何把西方人看成是一种威胁？
3. 在历史上美国如何应对外来威胁？举个例子。
4. 评价你提供的例子中美国的做法。

部。到1650年这种奢华的建筑风格已见诸西班牙和葡萄牙的美洲殖民地，在那里一直流行到19世纪。

雕塑 在巴洛克时代，雕塑再次成为建筑设计中不可或缺的部分，如同其中世纪时那样。特伦特会议鼓励创作宗教人物形象以利于传播天主教信仰，同时点缀作为华丽巴洛克建筑一部分的壁龛、内凹隔间和前部台基的需要，促进了这种变革。这些对雕塑作品的需求也造就了一批天才艺术家，其中最杰出者是设计圣彼得大教堂的建筑师之一贝尔尼尼。

贝尔尼尼的作品把华丽巴洛克风格推向了一个绚丽多彩的高峰。他为教堂、喷泉、广场等场所创作的作品常常是把雕塑和建筑融为一体。他的雕塑理念是采用动感构图，以起伏不定的形式营造视觉美感。富有内在韵律的贝尔尼尼雕塑作品是带有丰富墙壁点缀的华丽巴洛克建筑的绝佳陪衬。

贝尔尼尼最著名的雕塑作品是从1629年开始的50年里为圣彼得大教堂的

图 4.7 吉安罗伦佐·贝尔尼尼：祭台华盖。1624—1633年。高约30.48米。罗马，圣彼得大教堂

  这个壮丽的华盖反映了它的委托制作者巴贝里尼（Barberini）家族成员教皇乌尔班八世浮夸的雄心。青铜华盖上装饰的带有蜜蜂的旗帜的图案就来源于巴贝里尼家族的徽章。教皇渴望世界范围的道德权威，他的这种观念与巴洛克时代世俗统治者并无二致。

内部装饰而创作的，包括了祭坛、陵墓、浮雕、雕像、礼拜用具等。在这些华丽的作品中最著名的是部分镀金的青铜**祭台华盖**（baldacchino），它在米开朗琪罗圆顶的正下方，覆盖着据说是埋葬圣彼得骨骸的地点。华盖带有建筑和雕塑的双重特点，由四根巨大的立柱支撑，立柱的螺旋形表面覆盖着攀援的藤蔓装饰（插图4.7）。贝尔尼尼这件巨大作品的点睛之笔是在四角醒目地展现了四尊大天使，在每一边的中间又各有一组小天使，天使后面带四只翘角的斗拱向上托起一个球状物并在顶尖处交汇。

  大华盖螺旋形的立柱模仿了耶路撒冷所罗门神殿（Solomon's Temple）立柱的造型，这一造型在老的圣彼得大教堂中就已经采用了。因此这些柱子象征着罗马教会称自己是犹太教信仰的真正继承者的诉求。贝尔尼尼设计的所罗门式华盖如此流行，以至于在德意志南部许多建筑师都模仿它，成了此后两个世纪祭坛顶盖建筑的标准样式。

  雕塑《心醉神迷的圣特雷莎》（*The Ecstasy of St.Teresa*）集中体现了贝尔尼

图4.8 吉安罗伦佐·贝尔尼尼：《心醉神迷的圣特雷莎》。1645—1652年。大理石、玻璃、金属，真人大小。罗马，维多利亚圣母教堂，科那罗礼拜堂

虽然这件雕塑表现恍惚沉迷的场景，但它也反映了作为巴洛克风格主题的自然主义。贝尔尼尼根据圣特雷莎的个人叙述创作了这座雕塑，其中她描绘了自己被一个天使用一支金箭穿透心脏的情形，这座雕塑忠实地还原了这一动人场景。雕塑的主人翁阿维拉（Avila）的圣特雷莎建立了加尔默罗女修道会，她在自己的著作《通向完美之路》(*Camino de perfección*)中记录了自己的神秘幻觉体验。

尼的艺术成就。在这件作品中贝尔尼尼使用石头、金属和玻璃等材料营造了圣女特雷莎见到圣灵的场景——在作品中以一位天使用一只象征圣灵的箭刺向特雷莎的心脏为象征。根据他的想法，贝尔尼尼设想这两个人物浮于云端，沐浴在看不见来源的光线中，光线仿佛变成了金笏瀑布般垂落到天使和特雷莎的头上。圣女紧张的表情、搅动的衣袍和波涛般翻滚的云将这两个人物刻画得十分逼真。贝尔尼尼以写实的手法描绘圣特雷莎的超自然体验，意在使观瞻者释疑，并接受这个场景展示的宗教真理。

绘画 巴洛克时代，绘画重新成为教堂必不可少的装饰。为追求宗教理想，巴洛克画家常常用丰富的色彩和奇诡的光影效果来描绘壮观的或激动人心的瞬间。当然他们也常常描绘自然景观和真实人物形象，目的是使普通观察者易于理解这些绘画作品的意涵。

最早的华丽巴洛克风格的大画家是米开朗琪罗·莫瑞斯（Michelangelo Merisi，1573—1610年），不过人们更多的是叫他卡拉瓦乔（Caravaggio）。卡拉瓦乔反对矫饰主义的反自然主义，而主张鲜明的现实主义。卡拉瓦乔对现实主义的关注导致他直接在街上挑选模特，他也不愿过分理想化自己作品的主题。

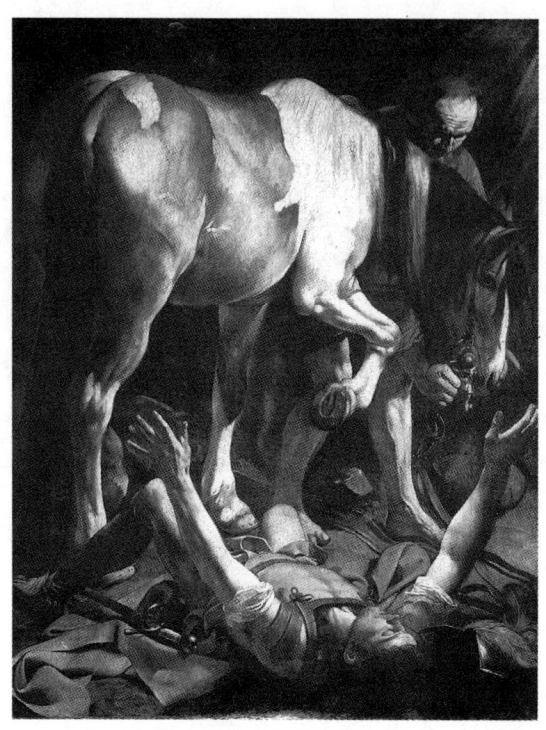

图4.9 卡拉瓦乔:《圣保罗的皈依》。1600—1601年。帆布油画,约2.3×1.75米。罗马,人民圣母教堂,切拉西礼拜堂(Cerasi Chapel)

卡拉瓦乔的画是华丽巴洛克美术的里程碑。画面以特写的方式来凸显圣保罗和马的形象,画家不仅抓住了圣保罗人生和基督教史的转折点,而且还给信徒上了关于宽恕与神力的一课。曾经迫害基督徒的大数的扫罗(Saul of Tarsus)此刻皈依基督教,变成了传播基督福音的使徒。

为使自己作品更加惹人注目和刺激情感,他专门进行试验以找出最好的光影效果和人物在画面上的最佳位置。卡拉瓦乔的画形成惊人反差明暗色调,这种明暗对照技法被称作**暗色主义**(tenebrsim)——他从他的画布上撤去了背景,往往突出画面前景中密集成群的人物形象。

卡拉瓦乔最著名的作品是《圣保罗的皈依》(*The Conversion of St. Paul*),它和罗马一座教堂中的《圣彼得被钉上十字架》(*The Crucifixion of St. Peter*)是姊妹作品。这两幅作品是罗马教会委托制作的一组绘画的一部分,画的是基督教会创建者们,据《新约》记载,他们曾经在罗马城中布道。卡拉瓦乔开创性地使用了明暗对照法来凸显保罗皈依基督教这激动人心的事件。来自右上方的光照耀着保罗和马的部分身体。这使得画面背景除了右边牵马的马夫外几乎模糊不清。圣保罗的头冲着观瞻者,双目紧闭,仿佛是由于耶稣神光闪耀使得保罗的眼睛不能视物,据《圣经·使徒行传》第9章第3—9节记载,此时耶稣只是显光而不是现身。

卡拉瓦乔对意大利和其他地区尤其是法国、西班牙和尼德兰的画家影响很大。最早被称作卡拉瓦乔主义者(Caravaggisti)的卡拉瓦乔信徒可能是阿特

第 4 讲 巴洛克时代 I：魅力与夸张　　157

图4.10　阿特米希娅·津迪勒奇：《犹滴和她的女帮手》。约1625年。帆布油画。底特律美术学院藏

　　津迪勒奇这幅画很大程度上是借鉴了卡拉瓦乔的风格，画面背景很黑，几乎看不到，中心人物形象突出，凝固的动作就像是电影胶片中截取的一帧画面。这种电影美学的效果是把观察者拉入故事场景并使人物形象富有个性。总体上说，画家对人物心理的描摹从属于巴洛克文化趋势的自然主义。

米希娅·津迪勒奇（Artemisia Gentileschi，1593—1653年），她也是卡拉瓦乔唯一的女性追随者。津迪勒奇与近代早期的大多数女画家不同，她们只涉足肖像画，如安古索拉（参见第3讲），而津迪勒奇则像男画家那样专注于圣经和神话主题的创作。在自己父亲、同为卡拉瓦乔信徒的画家奥拉其奥（Orazio）的培养下，津迪勒奇吸收了卡拉瓦乔式现实主义的色彩绚丽和情节感人风格，形成了自己的风格特点。在她存世的近30幅画中，"夜间画"（night pictures）尤为出色地使用了这些手法，画面中的黑暗场景在其中唯一光源照耀衬托下显得更加黑暗。

　　津迪勒奇作品和其他卡拉瓦乔主义者作品之间的区别是这些绘画具有女性主义视角，这在巴洛克时代是一个十分不寻常的特征，因为那时的女画家依然无法得到同业公会的支持，也不能使用裸体模特。这些作品的女性主义视角充分表现在画中人物带有半男半女（androgynous，同时具有男性和女性特点）特征，这点在《犹滴和她的女帮手》（Judith and Her Maidservant with the Head of Holofernes，插图4.10）中表现得十分突出。这幅画的题材出自《旧约》中的一卷次经——《犹滴书》，作品的中心人物犹滴肯定是一位女性（她平滑的喉部和丰满的身材证明了这一点），但却表现出男人的气概（她紧握短剑威风凛凛的姿势证明了这一点）。由于这个圣经故事描述了一个由妇女完成的使命，而犹滴又是文艺复兴和巴洛克时代经常在意大利绘画和雕塑中出现的人物，因此这对津迪勒奇的女性主义视角来说是一个绝佳题材，因为这则圣经故事述说了一位主宰命运的女性。这个故事讲述的是犹滴先引诱犹太人的敌人荷洛芬斯（Holofernes），然后砍下了他的头，从而拯救了犹太民族。在这幅画中，荷洛芬斯鲜血淋漓的头颅在篮子中露出一角，透彻地表现出犹滴是个像男人一样敢作敢为的率性之人。津迪勒奇画笔下的犹滴是理想中女英雄的典型，她被赋予传统上只赋予男性人物的较完整的人性。通过此类情节动人的作品，津迪勒奇推动了卡拉瓦乔绘画风格在意大利传播。

　　大约和卡拉瓦乔创作自己富有表现力的作品的同时，华丽巴洛克风格的画家们开始创造一种新的艺术形式——拟真顶壁画（illusionistic ceiling fresco），在这些绘画中，画家们对房间已有的建筑轮廓加以富有想象力的延展，将精心按远近比例逐渐缩小（foreshorten）的人物雕塑依层次向上伸展，直上色彩隐现的云霄。观瞻者向上看时就好像在仰望天堂，看起来就在自己头顶上呈现的超凡奇观极具震慑力。

　　这种**幻觉主义**（illusionism）美术的最杰出代表作是安德力亚·波佐（Andrea Pozzo，1642—1709年）绘制的罗马圣依纳爵（Sant'Ignazio）教堂中堂天顶壁画。这幅名为《耶稣布道寓言》（*Allegory of the Missionary Work of the Jesuits*）的壁画表现了波佐对建筑透视技法的娴熟运用（插图4.11）。这个巨大的中堂天顶被画成看起来像是观察者在通过一排巨大的开放式柱廊仰望天空，许多人物站在或者是倚靠在环形的建筑支撑物上，中间是一个广阔的深景，描绘了基督张开双臂欢迎耶稣会创立者依纳爵的情景。四面的柱子上分别刻着欧洲、亚洲、非洲和美洲四个大陆的名字，象征着耶稣会士在全球传道的狂热精神。波佐在创作这幅景象超凡的绘画时深受宗教因素影响。他认为绵延无尽的空间幻象能够唤起观瞻者精神振奋乃至宗教狂热的情感。这幅绘画所具有的幻觉主义、无限空间和奇观效果使之成为华丽巴洛克风格的杰作。要领略巴洛克和中期文艺复兴艺术理念的巨大差异，可以把这幅天顶壁画和米开朗琪罗创作的西斯廷礼拜堂天顶壁画加以比较（参见插图2.9）。

　　除意大利外，华丽巴洛克绘画的主要中心是西班牙的维拉斯奎兹工作室和佛莱芒（今天的比利时）的鲁本斯画坊。维拉斯奎兹（Diego Velázquez，1599—1660年）弱化了华丽巴洛克风格以适应西班牙的品位，而鲁本斯（Peter Paul Rubens，1577—1640年）则全盘吸收了这种刺激感官的艺术风格并成为华丽巴洛克绘画最有代表性的画家。

　　维拉斯奎兹的作品很大程度上继承了卡拉瓦乔绘画传统，却没有其绘画

图4.11　安德力亚·波佐:《耶稣布道寓言》。约1621—1625年。天顶壁画。罗马，圣依纳爵教堂

波佐这幅壁画的内容是关于火（拉丁语 ignus）的，来源于耶稣会创始人圣依纳爵（罗耀拉）名字的双关语。在教会传统中，圣徒和耶稣的传道事业是和火与光联系在一起的。在画面中间，拿着十字架的基督受伤的身体一侧放出万丈光芒，这些光照在依纳爵（坐在离耶稣最近的云头上）身上，而他像一面镜子，光又从他身上照耀象征四个大陆的四个角落。因此，这幅画表达的意思是依纳爵及其信徒将基督的救赎之光传遍世界。

中那种强烈的情节冲突。维拉斯奎兹也使用明暗对照法，但却没有采用极端强烈对比，正是这些极端强烈对比的手法使卡拉瓦乔作品饱受争议。最伟大的维拉斯奎兹作品是《侍女》（Las Meninas），又称《宫女》（The Maids of Honor，插图4.12）。维拉斯奎兹在西班牙王宫做宫廷画师为公主画了这组肖像画，画面上公主被她的宫女们围绕着（其中有一个是侏儒）。这幅画中令人难以忘怀的是维拉斯奎兹在不同人物身上巧妙地运用柔和的光影效果。在背景中，光线从打开的门漏过去，照在一个男子身上，而更充足的阳光则从右边的窗户上投射下来，笼罩小公主全身。

在这幅画中维拉斯奎兹还巧妙运用空间和想象效果。他把自己描绘在画面的左侧，手持画笔和调色盘站在巨大的画布前。画家睁大眼睛直视观瞻者，或者说难道他是在向正走进房间的国王和王后致意吗？国王和王后来到画室这个细节可以从挂在后墙上的镜子里反射出来。公主和她的两个女伴也专注地看

图4.12 维拉斯奎兹:《侍女》(又称《宫女》)。1656年。帆布油画,3.2×2.7米。马德里,普拉多博物馆

维拉斯奎兹利用后墙上镜子里反射出的国王和王后的形象增加了画面的动感。这个制造幻觉的道具通过唤起人们对于画面内外物体的感知制造了一种生动的空间意象。

着画面以外,但究竟是看画家为她们画像、看国王夫妇还是看观瞻者并不清楚。这种对于想象空间和光影效果的强烈偏好揭示了维拉斯奎兹与卡拉瓦乔以及其他华丽巴洛克风格画家之间的渊源。

与维拉斯奎兹在作品中努力营造经典沉静之美不同,鲁本斯的作品则以大胆展现色情和肉感的女性裸体肖像而闻名。鲁本斯在旅居意大利八年以前就已经形成这种刺激感官的绘画风格。但他与卡拉瓦乔作品接触对其产生了很深的影响,进一步促进了他在作品中使用大胆的形式和明暗对照手法。他热爱绚丽色彩并把它娴熟地运用在自己的作品中,这源自威尼斯画家尤其是提香的影响。他的色情美术作品中的人物总是位于较浅的前景中,沐浴着带有黝黑轮廓的金色光芒,衣服和肉体的色调暧昧而性感。

鲁本斯是那个时代最吃香的艺术家,常常接受大国国王们的委托绘画任务,还为王室、教会和富有的私人主顾作画。鲁本斯是热衷古典艺术风格的路易十四上台前法国王室官方画家,他被委托制作了一套颂扬玛丽·美第奇(Marie de' Medici)皇后生平的绘画,玛丽是亨利四世的遗孀,也是她儿子路易十三权倾朝野的摄政。这一绘画系列中的经典之作是《玛丽·美第奇的教育》(The Education of Marie de' Medici,插图4.13)。鲁本斯在这幅巨作中通过罗马神话人物将皇后的一个普通生活场景演绎成了法兰西君主国的盛大庆典。画面人物

图4.13 彼得·保罗·鲁本斯：《玛丽·美第奇的教育》。1621—1625年。帆布油画，3.9×2.9米。卢浮宫藏

美第奇组画不仅使鲁本斯享誉欧洲，还开创了历史叙事画的传统，这种绘画把历史事件和神话主题结合起来，这成为巴洛克美术的宏大题材之一。1715年法兰西学院对绘画题材进行排名，结果历史叙事画位居前列。

活动的焦点是屈膝而立的未来皇后，智慧女神米涅瓦（Minerva）正在教她读写，雄辩之神墨丘利（Mercury）在其头顶盘旋为她祝福，阿波罗（Apollo，要么就是俄耳甫斯[Orpheus]或哈墨尼亚[Harmony]）在拉琴教诲玛丽要热爱音乐，维纳斯女神的侍女美惠三女神（three Grace）在教导玛丽什么是完美妇仪。背景中的一道瀑布垂挂下来，一条轻纱在空中飘舞，多种多样的希腊罗马文化的象征（一个悲剧面具和一件乐器）则出现在前景中。鲁本斯对神话和世俗内容的把握及其作品中激烈的戏剧效果使他成为最杰出的华丽巴洛克风格画家。

经典巴洛克

虽然巴洛克艺术源于罗马，但罗马教会的指示对法国的绘画和建筑的发展影响甚微。在这里宫廷是全国艺术生活的指导力量。统治者和他的大臣们提供了大量的委托创作工作机会，这促进了**经典巴洛克**（classical baroque）艺术风格的形成，使这种艺术风格更重视世俗生活，并且认为它和专制主义是一体的。对法国巴洛克艺术的第二个强有力影响是注重简朴肃穆的古典主义观念泽被法国。因此，在路易十四即位后，法国画家和建筑师发现华丽巴洛克风格和他们的艺术品位格格不入，甚至可以说是一种冒犯。他们的巴洛克艺术不是个人化的，而是谨严而有分寸的。

建筑 凡尔赛宫（the palace of Versailles）是经典巴洛克风格在建筑方面的完美展现。凡尔赛宫本来是一个法国皇室贵族打猎时居住的临时行宫，路易十四把它改造成了辉煌的皇家宫殿，成为西方宫殿的样板。在凡尔赛宫，一切权力集中在宫廷，那里汇集了当时法国最好的建筑师、雕刻家、画家、园艺师，还有法国第一流的作家、作曲家和音乐家。这一大批才俊的职责是运用他们的才智使太阳王的显耀光环笼罩着路易十四。

经过重新设计建造，凡尔赛宫成了一座欧洲前所未见的辉煌宫殿。改造这座宫殿的首席建筑师是勒沃（Louis Le Vau，1612—1670年）和哈杜安-孟萨尔（Jules Hardouin-Mansart，1646—1708年），但精神指导是太阳王。完工后的宫殿包括一座巨大的中心建筑和紧贴两翼的附属建筑（参见插图4.2）。凡尔赛宫的建筑基本上都采用了文艺复兴风格，带有圆拱、古典式立柱、受罗马神殿建筑启发设计的门廊，但它总体效果却是威严而豪华的巴洛克风格。

凡尔赛宫最惊人的地方就是它气势恢弘。宫殿只是整个精心建造的建筑群的一部分，这个建筑群还包括一个皇家礼拜堂和几处附属建筑，整个建筑群建在一座精心设计的长达三公里的公园中。公园是安德烈·勒诺特尔（André Le Nôtre）设计建造的，里面星罗棋布地安排了喷泉、池塘、几何图形的花坛、精心修剪的灌木、名贵的树木、花缸和鹅卵石步道，这些户外布置是为宫廷宴饮和娱乐准备的（插图4.14）。

凡尔赛宫最著名的房间是镜厅（Hall of Mirrors），这是一个有着甬道形拱顶的中央大厅。这个宏伟的走廊表明它最初被用作路易十四的加冕殿。大厅是以其最突出的特征——镶满镜子而命名，其装饰属于奢华的巴洛克风格。除了镜子以外，还装有图案复杂的镶嵌木地板、五颜六色的大理石、描绘路易十四作战胜利和其他功绩的天顶画、摆放在彩绘底座上的鎏金雕像。近代历史上许多重大事件都发生在镜厅：1871年德国击败法国后在这里宣布成立德意志帝国，1919年结束第一次世界大战的和平条约也是在这里签订的。

绘画 古典主义价值观对法国巴洛克绘画的影响比对建筑的影响更加全面。经典巴洛克风格画家追求古罗马理想，创作了大量神话题材的绘画，强调理想化的人，养成了沉静优雅的画风。最杰出的经典巴洛克画家是普桑（Nicolas Poussin，1594—1665年）。不过具有讽刺意味的是，普桑除了在巴黎逗留了失意的两年外，他在华丽巴洛克艺术的故乡罗马度过了全部职业生涯。尽管普桑

图 4.14　景观建筑师安德烈·勒诺特尔和其他雕塑家：凡尔赛花园。拉托娜喷泉和附属的花坛。1660 年代，法国凡尔赛

　　喷泉有四个大理石的喷水池，名字得自池子上正在加冕的太阳神阿波罗之母拉托娜的雕塑，而阿波罗是路易十四统治的灵感来源。喷泉两边是花坛，即有着花圃和小径的规整的花园。喷泉尽头是逐渐延伸到运河的林地。这个内容丰富的景观是巴洛克园林设计的代表作。

图 4.15　查尔斯·勒布伦（Charles Lebrun）和儒勒·哈杜安－孟萨尔：凡尔赛宫镜厅

　　法国建筑师勒布伦和孟萨尔设计了这个可以远眺凡尔赛宫巨大花园的宏伟大厅，这里也是 17 世纪欧洲最有权势的统治者法国国王路易十四的宫廷和欢愉之所。通过布满全厅的落地窗，皇家公园成了镜厅内部空间的延伸。与外面的风景相呼应，内部空间也被窗户上镶嵌的巨型镜子放大了。

图4.16　尼古拉斯·普桑:《俄尔甫斯和欧律狄刻》。帆布油画，1.24×2米（底部宽了约5厘米）。1640年代。卢浮宫，绘画收藏部（藏品编号7307）

这幅画表明普桑对巴洛克风景画技巧的娴熟把握，尤其是平静中隐藏着灾难的情节；性感的氛围和色彩；使用明暗对比法，这使得露在外面的人物四肢和脸从背景中生动地凸显出来。正在冒烟的建筑被认为是教皇位于罗马的圣安杰洛城堡，这个意象有很多解释，但还没有在学术上被普遍接受的说法。

深受卡拉瓦乔明暗手法的启迪，但他自己却形成了独特的个人风格，这种风格是对他要表现的主题持一种超然甚至是冷漠的态度，同时强调人物和自然环境的统一。

体现普桑超然风格一个突出例子是其作品《俄尔甫斯和欧律狄刻》(*Landscape with Orpheus and Eurydice*)，在这幅画中人物形象和巨大的、烘托氛围的风景融为一体（插图4.16）。在古代神话中，俄尔甫斯与欧律狄刻的故事是一个两次错失真爱的悲剧传说：一次是欧律狄刻在自己的婚礼上被毒蛇咬死，第二次是因为她的爱人、诗人兼音乐家俄尔甫斯在从阴间救她回来时失败了。普桑的这幅画描绘了两人结婚的那个不祥的日子。欧律狄刻跪在前景中间，似乎是被什么东西吓到了（吓到她的是什么东西观画者看不到）。她后面的一个钓鱼人转过身，可能是被她的喊叫惊动了。在右边俄尔甫斯坐在那里拿着一把竖琴在弹唱，什么也没听到也没看到。同样，画面上的其他人——俄尔甫斯前面的女神（包括站立着穿着像婚姻女神海曼［Hymen］的人）和入浴的人以及工人都对此一无所知。在这个田园诗般的世界里，城堡上方正在升腾的烟云形象地隐喻悲剧正在降临。壮丽的寂静、神话题材以及对死亡的提示所引发的淡淡忧伤，是普桑艺术的核心，也是他的古典主义精神的见证。

严谨巴洛克风格

北欧和西欧的清教徒文化培育出一种更为简朴的艺术作品，这些作品使生机勃勃的巴洛克艺术富有人性，对民主舆情有感召力，反映普通人的人生经历。这种由尼德兰和英国的画家和建筑师创立的艺术风格被称作**严谨巴洛克（restrained baroque）**。

绘画 一直到1675年信奉加尔文教的荷兰都是欧洲新教美术发展的灯塔。荷兰共和国由富裕的中产阶级统治，他们的财富在很大程度上基于荷兰在国际海运业中的主导作用。在这些被称作"公民"（burgher）的精明市民领导下，荷兰短暂地成为欧洲的一个大国。17世纪中期，荷兰在实际上控制了北欧，通过与英国陆海军作战、遏制法国崛起以及摧毁西班牙海军力量几乎控制了整个北欧。阿姆斯特丹发展成为欧洲最大的城市之一，那里兴起了一个重要的绘画流派。1675年前后一连串的军事惨败使荷兰的经济扩张终结，国运骤衰。这时荷兰艺术的美好时光已成明日黄花。

在荷兰共和国鼎盛时期，这里出现一批其作品被称作严谨巴洛克风格的画家。为呼应他们宗教的严肃价值观和同情共和国的公民思想，这些画家创造了一种世俗化风格，这种风格反映了居统治地位的中产阶级虔诚尽责观。推动荷兰画派发展的一个重要条件是艺术品市场的兴起。1500年代在威尼斯也出现过这种趋势，但完善的艺术品市场首次出现却是在1600年代的荷兰。这个艺术品市场对荷兰画派的影响迅速而巨大。为了满足装饰房间尤其是可以挂在墙上的小幅绘画作品的需求，市场上出现了特殊题材的绘画，如静物画、风景画、肖像画和被称作"生活片段"（slice-of-life）的风俗画。绘画作品通过经销商出售，而购买者也可以进行艺术品投机买卖以获利。作品是否成功完全由市场决定，因此有些画家为了抵御破产的风险还从事别的行当。

伦勃朗（Rembrandt van Rijn，1606—1669年）是荷兰画派最伟大的画家，也许是西方绘画史上最伟大的两三个画家之一。在其早期艺术生涯中，伦勃朗的绘画天才体现在其作品中巧妙而鲜明地运用光影和极强的表现力，这两个特点反映了卡拉瓦乔画风的间接影响。他还特别善于捕捉他用作模特的普通人发自内心的情绪和情感波动。

伦勃朗早期艺术的巅峰之作是一幅名为《弗兰斯·班宁·科克队长的民

兵队》(The Militia Company of Captain Frans Banning Cocq)的作品，这幅作品更通俗的名字叫《夜巡》(The Night Watch，插图4.17)。这幅画是阿姆斯特丹的一个市政警卫队委托制作的，这个警卫队展现了全盛时期荷兰城市的骄傲。伦勃朗没有把它画成一幅普通的多人物肖像画，而是绘制了一幅充满生动情态、充分运用明暗对比效果、富有戏剧性情节的作品。他把巡逻队民兵描绘成向着观画者行进，从而使构图格外雄壮。率领着民兵们的是身着黑外套、红肩带和白圆领的科克队长，他的胳膊向前景中央伸出。左边是他的副手，身着黄衣的副官一手持

图4.17　伦勃朗:《夜巡》(《弗兰斯·班宁·科克队长的民兵队》)。1642年。帆布油画，3.7×4.44米。阿姆斯特丹，伦勃朗博物馆

由于19世纪时这幅画被熏得黑乎乎的，因此得到一个诨名《夜巡》。不过经过对这幅画受损的表面清洁之后，证明描绘的是白天的场景。在修复到原始状态之后，这幅画现在解释了伦勃朗对明暗色调的娴熟运用。

戟（halberd），神情专注。在他们的身后队员情绪高涨，做出各种军人般动作，表情生动地望着不同方向，整个人群似乎要突破约束他们的空间似的。此画是数量巨大的伦勃朗作品中最有代表性的一幅。

但是到1647年《夜巡》完成五年后，伦勃朗声名大降，1656年他破产了。在这些年里，他开始用绘画和常用来描绘宗教题材的蚀刻画来表达内心的情感和信念。他还常常创作反映道德训诫内容的绘画，如《苏珊娜和长老》(Susanna and the Elders，插图4.18)。

这幅画中的故事出自《圣经·但以理书》第13章，天主教和希腊东正教认为这章是正宗的基督教内容，但新教认为其中有的部分是不正宗的伪经。犹太教也认为这章不是权威经典。在苏珊娜的传说中，年轻博学的犹太人但以理被巴比伦人从以色列掳掠到巴比伦城。在那里他因善解梦和预言而成为巴比伦国王尼布甲尼撒的顾问。传说他与两个颇有权势的男人对质，从而挽救了一个无辜妇女苏珊娜的性命和清誉。这两个好色的男子在苏珊娜沐浴时偷窥她。被苏珊娜发现后他们企图逼迫苏珊娜屈从自己，并威胁说否则他们将发誓证明

她和一个年轻男子在一起鬼混。苏珊娜拒绝了他们的非分要求，并大声向女仆呼救。第二天他们果真恶人先告状，控告了苏珊娜。由于他们在当地地位很高，人们一开始相信了他们的话。后来但以理出现了，要求重新进行审判。他通过盘问证明这两个老人撒了谎。两人被判处死刑，而苏珊娜得以平反昭雪。在事实真相和上帝对是非曲直的公断面前，苏珊娜的清白和荣誉得到了捍卫，而有权势的人提供的假证词被证明是无耻谎言。作为一名虔诚的清教徒，伦勃朗理解这个故事的内涵，在他的画中捕捉了两个老人惊吓到显得软弱无助的裸露的苏珊娜时的高潮场景。

图 4.18　伦勃朗：《苏珊娜和长老》。1647 年。绘于桃花心木板上的油画，73.6×121.9 厘米。柏林，国立美术馆

　　故事的场景是在苏珊娜富有的丈夫约阿西姆（Joacim）的花园里，左上方背景上隐现的是他的宫殿。当苏珊娜走进池塘的时候，来了两个长老。一个冲向她想扯掉她身上的浴袍，另外一个站在旁边斜眼偷窥。伦勃朗娴熟地掌握了明暗对比的技法，他把三个人物的位置安排得使画面更具有威胁感，而他在苏珊娜身体上的用光也增强了画面的戏剧冲突效果。

　　伦勃朗在 1640 年代中期创作的晚期作品变得更加个人化同时更加简朴。此时他的画表现一种更加强烈的写实风格和内在宁静，这一转变和转为沉静的经典巴洛克艺术的兴起同时。伦勃朗最后一幅自画像最完美感人地展现了画家的终极艺术探索（插图 4.19）。伦勃朗自己的职业生涯中经常创作自画像，冷静地展示了岁月沧桑在自己脸上留下的痕迹。在这幅最后的自画像中最突出的部分是他那双极富表现力的眼睛，虽然他眼里充满痛楚，似乎有种听天由命的神情。从他的沉思中我们可以清楚明了地看出伦勃朗对真理的追求。观画者凝视这张饱经沧桑的脸，明白了岁月不饶人，死亡不可避免。

　　伦勃朗除了是一名著名的画家，他还是版画大师，他创作了几千幅版画保留至今，对 1640 年代以后的几代版画家产生了深刻的影响，在 1640 年代，他被个人的苦痛所缠绕（他的第一任妻子萨斯基娅［Saskia］去世），还深陷财务危机，为了使自己不致破产，他以卖版画维持生计。一般来说版画比油画售

图4.19 伦勃朗:《自画像》。1669年，帆布油画，59×50.8厘米。海牙，莫里斯宫皇家美术馆

在这最后一张自画像中，伦勃朗的眼睛揭示了一个失去妻子、深爱的情人和孩子之人的极度痛苦。通过这种方法，伦勃朗表达了一个巴洛克美术中最常见的主题——能够唤起人们怜悯和哀伤之情的悲怆内容。

价低廉，而伦勃朗由于对版画介质掌握娴熟，因而他的版画比自己滞销的油画卖的价格还好。由于伦勃朗心灵手巧，他的版画也像其油画作品那样很好地使用了明暗对比技法，对作品人物的刻画也同样入木三分。他使用的创作方法有蚀刻法和凹刻雕版法，这两种方法从中世纪晚期就有了，版画的主题有风景、阿姆斯特丹街景、自画像和宗教场景。

宗教版画反映了他个人的信仰，他崇拜慈悲、个人化的救世主，而不是苛刻、遥远的上帝。伦勃朗版画中宗教场景的简单与意大利的辉煌夺目的华丽巴洛克风格形成了鲜明对比，伦勃朗版画中的基督在治病、布道以及把希望带给穷人和弱者时，常常衣着简单，与普通大众混在一起（插图4.20）。虔诚的基督徒在把伦勃朗的版画买回家时，常常被其简单的宗教场景吸引。

另外一位荷兰大画家是擅长家居风俗画场景的维梅尔（Jan Vermeer, 1632—1675年）。他的作品为我们展现了一个宁静的世界，在这里普通人物有着永恒的吸引力。色彩对于营造这个远离尘嚣世界的深居简出、和睦相处的气氛是重要的，维梅尔偏爱黄色和蓝色。这些风俗作品让人联想起他生活和工作的小城代尔夫特（Delft）童话般的纯净。

他最优美的一幅家居风俗画作品名为《花边女工》（*The Lacemaker*，插图4.21）。同他35幅传世绘画中的大多数作品一样，《花边女工》描绘的是一个房间的室内景象，房间内只有一个被日常器物环绕的人物形象。她被一束明净的侧光照亮，这是维梅尔作品的另一个特点。这幅画的构图（坐在桌边的妇女以

图4.20　伦勃朗：《耶稣布道》，约1648—1650年。蚀刻版画，28×39.3厘米。阿姆斯特丹，伦勃朗博物馆

　　伦勃朗对蚀刻技法的掌握通过这幅画表现出来，画面的主题来自《圣经·马太福音》，描绘了基督在街上布道的情形。耶稣站在中间，沐浴在亮光中，周围围绕着穷人和跛子，这些人逐渐融入到右边暗淡的背景中。左边是一些严格解释犹太教律法的法利赛人。从他们精美夸张的帽子可以看出，法利赛人正在和基督对话，或许在和这位传道者辩论。伦勃朗不是凭空想象去画这些人的，而是从他在阿姆斯特丹街上碰到的真实的人物中寻找灵感。由于在17世纪拍卖时标价很高（约合今天的1300美元），这幅蚀刻画常常被称为"百荷兰盾版画"（Hundred Guilder Print）。

及与画面平行的后墙）、色彩（黄色和蓝色）以及主人工作时的投入神情代表了维梅尔绘画的典型特点。对维梅尔来说，这幅画还表达了一种道德寓意，即在维梅尔看来做家务的妇女象征着深居简出的美德。

　　这一时期荷兰为数不多的女画家中有一名叫朱迪丝·莱斯特（Judith Leyster，1609—1660年），她和自己的男同行一样是隶属画家公会（在哈勒姆[Haarlem]）的画家，为美术市场作画。从大约1300年开始，妇女可以加入荷兰的艺术家公会——在刺绣和其他手工行业工作，但随着荷兰公民对艺术品的需求不断增长，1600年代荷兰的艺术品市场爆炸性增长，只是到了此时莱斯

图4.21 让·维梅尔:《花边女工》。约1664年。帆布油画,24.4×21厘米。卢浮宫藏

和伦勃朗不同,就其本身而论维梅尔不关注人物的个性。他的目标是描绘可以给人们带来欢愉的中产阶级的秩序和舒适。在这幅画中,他赋予女主人公并不突出的人物特征,把她变成一个典型的社会人物形象,却细致地描绘了她缝纫的情景,把它塑造成一个不朽的存在。这幅画因此成为持家贤淑美德的隐喻。

图4.22 朱迪丝·莱斯特:《夫妻畅饮》。1630年。板上油画,0.68×0.57米。卢浮宫藏

莱斯特的《夫妻畅饮》表明她掌握了自己曾经接受训练过的绘画传统。妇女手里一手拿着一把啤酒壶,一手端着盛着半杯啤酒的酒杯,注视着她的男伴,而男子正在演奏一种弦乐器。从两人脸上的红晕可以看出他们都喝多了,不过他们都很开心。荷兰刻板的统治阶级对这种公开描绘他们所不赞同的粗鄙行为的画十分警觉。

特这样的美术家以此为业才成为可能。她建立了自己的工作室,还在那里指导一些积极上进的画家进行美术创作。莱斯特擅长风俗画、肖像画和静物画。她于20岁左右创作的《夫妻畅饮》(Carousing Couple,插图4.22)表明她很早就掌握了风俗画的绘画技法。莱斯特在风俗画方面的技巧使她在画坛上取得了一定成功。

英国也对严谨巴洛克艺术风格的形成作出了贡献,但在形成这种艺术风格的条件上,明显与荷兰画派不同。英国与荷兰不同,没有绘画市场,那里的绘画艺术是由贵族主导的,最重要的是,英国没有知名的本土画家。英国画坛被贵族赞助者控制,在各种题材中他们最欣赏肖像画,而不喜欢其他一切题材。他们的艺术品位不仅具有朴素特点,还带有宫廷气派,但不张扬。作品风格适合这种贵族喜好的有佛莱芒画派画家凡·戴克(Anthony van Dyck,1599—1641年)。凡·戴克是鲁本斯的学生,最后在英国定居,成为查理一世的宫廷画师。

凡·戴克带有宫廷特点的高雅画风深受其贵族主顾赞誉。他用明亮的色彩表现画中人物服饰的质料,把他们的奢华装束表现得华美异常。他首创了大量单独和群体肖像画的人物姿态,以显示其绘画对象最突出的优点。但凡·戴克不仅仅是迎合那些尊贵主顾的虚荣心。他还通过对这些人物脸部特征的敏锐把握来表现他们的聪慧、怯懦、固执等品性。凡·戴克对人物心理的洞察使他的宫廷肖像画成为真正的艺术品。

凡·戴克明白流畅的画风清楚地体现在他为两位查理一世宫廷中的贵族纨绔子弟约翰·斯图亚特和伯纳德·斯图亚特(John and Bernard Stuart)所作的双人肖像画中(插图4.23)。这幅画表明画家很好地把握了上流社会肖像画的创作技巧。画中两个人物装束入时、神情傲慢,表明他们社会地位极高。凡·戴克巧妙地让光线投射到他们衣服的丝绸面料上。他把两人安排成相对而立的姿态是一种有趣的设计,而这种姿势也反映出凡·戴克对他们性格的把握,照镜子一样相互对应的姿势暗示出两人是爱慕虚荣的年轻人。凡·戴克娴熟的优美肖像创作手法成为英国标准的肖像画法,到18世纪还深深影响了法国画家。

建筑 最著名的严谨巴洛克风格建筑师可能是英国人克里斯托弗·雷恩爵士(Sir Christopher Wren,1632—1723年)。雷恩的不同的职业经历给巴洛克时代打上了个人烙印:牛津大学天文学家和教授、数学家、工程师、艾萨克·牛顿的朋友、查理二世的建筑顾问以及英国皇家学会(Royal Society)的创始会员。虽然受英国建筑风格的影响,但雷恩在其游历中直接观察到了凡尔赛和巴黎的经典巴洛克风格,以及意大利文艺复兴盛期的建筑风格,如圆顶和立柱的型制。

图 4.23　凡·戴克:《约翰·斯图亚特和伯纳德·斯图亚特勋爵像》。约1639年。帆布油画。2.37×1.46米。伦敦国家美术馆

　　凡·戴克以这个时代专制君主所喜好的散漫风格描绘这两个花花公子。他们的紧身上衣素面哑光,在胸前和袖子上开叉以便透出简约的纹饰。这种精心安排的休闲感觉在约翰勋爵(左边)解开扣子的紧身上衣以及伯纳德勋爵(右边)搭在肩上的披风上表现得更加明显。两人都穿着软皮靴子,部分靴筒从腿上卷下来,此时靴子取代了以前类似绘画中的鞋子。

　　1666年伦敦大火之后,雷恩被查理二世委任负责了大部分伦敦中心地区的重建工作,包括过去是哥特风格的伦敦圣保罗大教堂(St. Paul Cathedral),圣保罗大教堂建于1675—1710年之间。雷恩在重建时对其风格作了修改。最终完成的圣保罗大教堂是雷恩视觉艺术的最杰出代表,也是严谨巴洛克建筑的顶尖作品。今天这座大教堂依然是伦敦市中心的天空剪影的主要标志。

文学

　　特伦特会议颁布的敕令对画家和建筑师产生了巨大的影响,不过17世纪的作家却几乎没有感觉到它的作用。虽然如此,这时还是出现了一种被称作巴洛克的文学形式,且就范围而言是国际性的。

　　这一时期影响最深远的文学遗产是戏剧。巴洛克时代的观众热衷于混合了不同作品题材和结合了文学、服装设计、布景和舞台场面的戏剧。在巴洛克

图4.24 安德列斯·德·艾斯拉斯（Andres de Islas）:《胡安娜·伊内斯·德·拉·克鲁兹修女像》。马德里，美洲博物馆

这幅在主人公去世77年后制作的肖像画是根据更早之前的一幅画（已失传）画的。胡安娜修女被描绘成一个作家常见的姿势（参见图3.1）——手握笔坐在一本打开的书前面。她穿着圣哲罗姆修道会（Order of St. Jerome）修女的传统服装——在及身长的肩衣之下穿着白色的束腰祭袍，这种肩衣因地区不同而颜色不同。在墨西哥地区，肩衣是黑色或蓝色的。在她脖子周围是一个修女护盾，西班牙语叫做 escudo de monja，一般是一幅对佩戴者具有精神重要性的画在铜圆盘上的宗教画。胡安娜修女的这幅画是天使加百利向玛利亚通报她注定将成为圣母的场景的天使报喜图。这幅画是墨西哥画家安德列斯·德·艾斯拉斯（活跃创作期为1753—1775年）画的，他的特别成就是记录了殖民地时期墨西哥的特有民族生活。

时代以古罗马作品为榜样创作的悲剧取得了最突出的成就,但各种形式的戏剧，包括讽刺剧、滑稽剧和情爱喜剧也有不俗的表现。悲剧和喜剧被忽视几个世纪之后在伊丽莎白时代的英国辉煌复兴（参见第3讲），同时它们在法国也开始出现，这反映了世俗意识不断增长。另外一个广受欢迎的古代文学体裁是史诗，这典型地反映了那个时代对权力的钟爱。最后巴洛克文学开始涉及欧洲以外的世界，这可以从带有非西方特征的作品不断涌现中看出来。这些非西方因素存在于作品的背景、人物和情节等方面。举例来说，在背景方面，如西班牙修女胡安娜·伊内斯·德·拉·克鲁兹（Sor Juana Inés de la Cruz，1648—1695年）诗歌的背景是在墨西哥；在人物方面，例如德莱顿（John Dryden）1665年创作的戏剧《印第安皇帝》（*Indian Emperor*）的男人公是阿兹特克统治者蒙提祖马（Montezuma）；在主题方面，特别是将西方和非西方风俗进行比较的旅游文学，如让·查汀（Jean Chardin，1643—1713年）写的《波斯游记》（*Travels in Persia*，1686年）。

解读艺术

个人眼光：雷恩对圣保罗大教堂的天才设计，综合了建筑师的审美眼光、建筑学训练以及宗教虔诚。雷恩的坟墓就在大教堂的圆顶下面，上面有块铭牌用拉丁文写着一句话："如果你在寻找他的纪念物，就请你看看四周。"

宗教视角：英国圣公会的教徒在这里礼拜，他们在这里祈祷、忏悔。像中世纪的大教堂一样，圣彼得大教堂的设计通过强调上帝的力量和荣耀，使教徒敬畏上帝，并激发他们的宗教信念。

环境：圣彼得大教堂建在泰晤士河北岸的老圣彼得大教堂旧址上，在中世纪伦敦的中心区。虽然置身商业建筑中，但由于建筑的方位、周围的花园和雄伟的穹顶，它仍然卓然独立。

混合风格元素：中世纪风格：教堂俯视的形状是十字形，这是罗马和哥特时期教堂的典型形状，包括中堂、唱诗班以及耳堂，尽管耳堂紧贴东墙，靠近唱诗班和高祭坛。古典主义风格：如题所示，教堂的西立面有两座对称的塔楼、两层双柱、精美的三角山墙以及古典主义的装饰物。巴洛克风格：建筑的外部装饰很精美，由华美的壁龛和两座雄伟的塔楼构成外立面，塔楼有着隐藏式的凹室和交错的立柱，以及在建筑物表面上变幻不定的光线。

材料：大教堂使用了砖、木材、铅、大理石和石头等建材。砖结构支撑着上面的塔楼和大穹顶外面覆着铅皮的木结构。大部分外部装饰都包裹着大理石板。前面的台阶、外面的柱子和立面的地板都是大理石材质的。

克里斯托弗·雷恩：圣保罗大教堂。1675—1710年。伦敦

1666年伦敦大火之后，作为英国国王的公共工程监督官，克里斯托弗·雷恩设计建造了圣保罗大教堂和其他的50多座伦敦教堂。圣保罗大教堂是英国圣公会的第一座大教堂，也意味着和罗马圣彼得大教堂的竞争。长期以来，英国王室成员和知名平民在这里举行婚礼和葬礼。

对罗马圣彼得大教堂的呼应：雷恩也采用了米开朗琪罗圣彼得大教堂的一些设计元素（参见图2.22），包括用列柱环绕的巨大穹顶，以及把科林斯建筑风格作为建筑的主题贯穿始终。

尽管各个巴洛克文学家作品风格各异，但也有一些共同特点，比如喜爱华丽的文句，对塑造人物个性，不论是单个人还是人物类型，都十分感兴趣。巴洛克作家时常设计情感上极端对立的情节，比如纵情声色对比良心谴责。巴洛克文学作家们在处理这些夸张的情节时常常采用夸张的华丽辞句，有时甚至到了哗众取宠的地步。

法国巴洛克文学　法国戏剧对巴洛克时期文学作出了最大贡献。在路易十三的支持下，世俗戏剧于1630年代开始复兴，在路易十四统治时期达到顶峰。虽然滑稽剧作家有了更多创作自由，只要其作品不失体统或不伤品位就可以，但在宫廷中上演的戏剧作品还是受到严格控制。

法国官方要求悲剧作家遵循法兰西学院认证的、以亚里士多德的戏剧理论为依据的文学规则进行创作。理想的戏剧必须是时间、地点和情节的统一，即它的故事必须限制在24小时之内，没有场景转换，只有一个简单的剧情结构。此外，还要求这些戏剧作品使用正式的语言，聚焦于名门显贵男女经历的困境中的普遍问题。由于法国剧作家们严格遵循这些规范，使时人有时认为这一阶段的戏剧作品属古典主义风格。但如同巴洛克绘画和建筑的法国风格一样，此时戏剧文学对工整、庄重和严谨风格的偏好恰恰明证了它的巴洛克意识。

巴洛克时代两位伟大的法国悲剧作家是高乃依（Pierre Corneille，1606—1684年）和拉辛（Jean Racine，1639—1699年）。高乃依常常根据西班牙传说和罗马时代的主题创作诗体悲剧。高乃依推崇希腊化时代斯多噶派哲学，在他的戏剧作品中强调责任、爱国和忠诚的重要性，这些理想深深吸引了宫廷受众。他最好的作品《熙德》（*Le Cid*）是根据一位西班牙历史上的传奇人物创作的，描述了这位英雄在个人情感和荣誉之间的艰难抉择。

拉辛剧作精炼的语言和细致的心理刻画在法国剧坛上无出其右。拉辛极为关注意志和情感之间道德之争的主题，他按照古典主义法则创作戏剧，认真刻画人物个性。其中一个吸引拉辛的主题是倒霉妇女被情欲迷乱而骤然走向毁灭的情节。这种巴洛克式主题在他的剧作《菲德拉》（*Phèdre*）中表现得最为充分。该剧是他根据一则关于乱伦之爱的希腊传说创作的，这个传说最早在公元前5世纪就被欧里庇得斯搬上舞台。欧里庇得斯把女主人公菲德拉的堕落归结为命运的捉弄，而拉辛则把这个不幸的妇女描写成她对自己继子萌生的情欲的牺牲品。虽然拉辛戏剧中还探讨过其他类型的爱，如母爱，甚至还有政治之爱，但把性当作行为动因来探索的作家，拉辛是第一个。

在巴洛克时代的法国还诞生了一个西方戏剧史上的喜剧天才，他就是让-巴蒂斯特·波克兰（Jean Baptiste Poquelin），他更为人知的名字是莫里哀

（Molière，1622—1673年）。莫里哀在其20部富有穿透力的讽刺喜剧中深刻剖析了法国生活的缺点，这些喜剧有着和悲剧一样的持久影响力。莫里哀喜剧中有各种类型的社会人物，包括懒汉、守财奴、书呆子、色情骗子、忧郁症患者、江湖郎中、自诩的绅士、自命不凡的女才子等，他通过这些人物揭露了整个社会的种种荒诞之举。为了制造喜剧效果，莫里哀不仅使用幽默的话题和高雅的讽刺，还使用各种闹剧表现手法，如可笑的失误、身份错位、滑稽可笑的插科打诨、双关语、闹剧等。

1658年莫里哀被任命为路易十四的宫廷演员，虽然如此，他还是因自己的喜剧作品树敌颇多，那些人认为自己是莫里哀喜剧中取笑的对象。例如莫里哀死后，法国教士拒绝为他举行宗教葬礼，认为他在一些剧作中攻击教会。莫里哀的戏剧之所以长盛不衰是因为他的一些作品至今仍在上演，如《伪君子》（Tartuffe）、《守财奴》（The Miser）、《自诩为绅士的人》（The Would-Be Gentleman）、《愤世嫉俗者》（The Misanthrope）等，它们依然可以引起人们很大兴趣。

英国巴洛克文学 在英国对巴洛克时期文学作出最大贡献的作家是弥尔顿（John Milton，1608—1674年），弥尔顿是一名坚定的清教徒，曾在克伦威尔的英吉利共和国任职高官。弥尔顿博学多识，他有一种高瞻远瞩的道德视野，认为宇宙万物都纠缠在黑暗力量和光明力量的搏斗中。他觉得只有史诗才可以表达这种不同寻常的观念。

他最突出的文学成就是一部将基督教主题以史诗的形式表现出来的长诗《失乐园》（Paradise Lost）。《失乐园》的创作不仅受到了荷马和维吉尔史诗的启发，而且弥尔顿还把它看成是新教对但丁《神曲》的回应，弥尔顿的诗很快成为经典之作。《失乐园》宏大的主题表现了天使们在撒旦的率领下反叛、亚当和夏娃在伊甸园堕落、基督赎救人类等内容。

《失乐园》中一个令人惊诧的方面是对撒旦的描写，许多读者把它看成是巴洛克文学对魔鬼形象的美化。撒旦被塑造成一个具有雄心壮志和欺骗性魅力的人物。不过，虽然撒旦势力强大，但这部史诗仍在道德上保持了不偏不倚的立场。原罪的制造者亚当最终还是得到了拯救，而没有被打入地狱。一旦亚当接受耶稣为自己的主，他就得救了。亚当的选择反映了弥尔顿对自由意志的信念，认为个人必须对自己的行为负责。

《失乐园》除了主旨宏大以外，其巴洛克特征还表现在其他方面。例如，基督教传说和古代史诗体裁的结合是典型的巴洛克品位。弥尔顿时不时使用古怪的词序、拉丁语式以及复杂的隐喻，这些曲折婉转的风格也是巴洛克式的。

尤其是就其磅礴的语调和夸张的修辞来说，弥尔顿的史诗是巴洛克风格的典型，这种文学风格也许可与鲁本斯或伦勃朗的画风等量齐观。

英国巴洛克文学的另一个成就是许多作品开始反映西方在海外的扩张活动，这一时期出版的各种旅游书籍、回忆录和书信描绘了同世界其他地区的人员和社会真实或虚构的交往活动。作为全欧洲趋势的一部分，英国文学向非欧洲方向发展反映了巴洛克主题突破生活和艺术框框的推进。英国作家阿弗拉·班恩（Aphra Behn，1640—1689年）的散文体小说《奥隆诺科》（Oroonoko）是这种巴洛克风格的开山之作，作者自己在苏里南（Surinam，现代的Suriname）的生活经历为小说构造了一个生动而具有异国风情的背景。《奥隆诺科》的故事发生在南美洲，小说以现实主义和浪漫主义两种手法讲述了一个黑人奴隶王子和黑人奴隶妇女之间的悲惨爱情故事，通过这个故事谴责了奴隶制文化。故事描写的黑人男主人公没有受过正规的西方式教育，但靠自己的磨炼和修养，尤其是不为欧洲人性堕落所惑。这部作品较早地涉及了高尚野蛮人的神话，这种主题在浪漫主义时代达到了顶峰。班恩是英国最早的职业女作家，她还为剧场写了大约20部戏剧，而且出版了一本诗集，但主要还是《奥隆诺科》让她声誉卓著。

音乐

和单一音乐理念盛行的文艺复兴时期音乐不同（参见第2讲），巴洛克音乐没有唯一的音乐理想。但巴洛克时代有四种趋势使巴洛克音乐具有与众不同的特征。首先是在16世纪头十年之初德普雷的作品中初露端倪的大、小音调的发展成为这一时期音乐作品的主要特点，进而成为近代音乐发展的第一阶段。其次，前面提到的在文学和绘画领域出现的多种流派混杂的特点在巴洛克音乐中也出现了。再次，16世纪末音乐中出现的丰富表现力此时更为夸张，用以强调歌词的意义和感情，否则人们可能听不到。最后，这是一个**音乐大师**（virtuosos）尤其是歌唱家辈出的时代，他们表现了丰富的音乐技巧和生动的个人风格；同时这也是一个各种乐器层出不穷的时代（插图4.25）。由这些因素相结合而诞生的**歌剧**（opera）是这个时代音乐的典型象征。

歌剧　16世纪晚期歌剧诞生于意大利佛罗伦萨一群具有贵族血统的音乐家和诗人当中。第一位伟大的歌剧作曲家是蒙特威尔第（Claudio Monteverdi，1567—1643年），他最早的歌剧作品《奥菲欧》（Orfeo，1607年）取材于古希腊诗人音乐家俄耳甫斯的传说。《奥菲欧》综合了戏剧、舞蹈、精心的舞台设计和配有音乐的绘画布景等艺术手段。蒙特威尔第为剧中的每个演员都谱写了

图 4.25　以巴洛克时代乐器演奏的音乐会。17 世纪。纽约，格兰杰博物馆

在巴洛克时代，职业乐师常常在不同地点和业余音乐爱好者一起演奏，如大学音乐社、小酒馆、咖啡屋以及私人家中。在这幅画中，虽然背景交代很细致，如意大利风格的房间以及身着宫廷服饰、戴着夸张假发的乐师，但地点依然不明。乐器包括长笛、低音管、舌簧八孔直笛、小提琴、大键琴以及大提琴。

旋律优美的咏叹调，即独唱歌曲，为加强这部歌剧剧情的吸引力，他给这五幕剧的每一幕的尾声配上强劲的合唱曲。他的曲谱和台词完全合拍，把乐句当作听觉符号，从而强化剧情发展效果。

到 1630 年代，歌剧开始脱离贵族渊源，成为一种大众娱乐。但这种转变没有影响到歌剧题材集中于古代神话和关于贵族人物历史的倾向，也没有阻挡歌剧中**美声唱法**（bel canto）的花哨演唱趋势，美声唱法的字面意思为"优美歌唱"。但是，为了吸引更多的观众，歌剧作曲家加入了来自意大利民间滑稽戏的许多元素，如荒唐的布景、愚笨的角色特别是滑稽的仆人。到巴洛克时代末期，歌剧的构成已经程式化为一种套路，包括令人始料未及的情节、人物角色行为动机不足、不可思议的转变等，这些都是其巴洛克本质的体现。

歌剧很快在欧洲大为流行，尤其是在意大利至今不衰。到 1750 年许多大城市都建立了歌剧院，威尼斯以超过一打的歌剧院数目名列前茅。就像 1500

年代伦敦纷纷建立商业性剧场一样，1600年代歌剧院在意大利的兴起昭示了贵族赞助体系的衰落和大众娱乐的出现。

三十年战争平息使意大利歌剧得以输出到欧洲其他地方。只有法国作曲家抵挡住了意大利作曲家的巨大影响，创立了一种独立的歌剧风格。这种事态的发展之所以成为可能是由于深受路易十四宫廷如虹气势和比意大利华丽风格较为严谨的法国品位的影响。但是法国歌剧却是一个意大利人吕利（Jean-Baptiste Lully，1632—1687年）一手缔造的，吕利后来成为法国公民，并成为路易十四的宫廷乐师。在吕利的指导下，法国歌剧发展出了自己的独特特征：庄严的音乐、充分使用合唱、加入芭蕾舞曲以及最重要的是采用法语台词。法国歌剧演出时会有芭蕾舞片段，此时吕利的庇护人太阳王甚至会亲自扮演角色，与作曲家一起跳舞。吕利的作品一直左右着法国的音乐到1750年，这确保了法国音乐在西方传统中扮演有力的角色。

巴赫、亨德尔和维瓦尔第 巴洛克音乐在1715年之后达到鼎盛时期。三位作曲家推动了这个发展，他们是新教北欧的德国人巴赫和亨德尔，以及天主教意大利的维瓦尔第。

约翰·塞巴斯蒂安·巴赫 这些晚期巴洛克大师中最伟大的人物是巴赫（Johann Sebastian Bach，1685—1750年）。巴赫是一名虔诚的路德教徒，为德意志宫廷和远离大城市的自治市工作，他创立了一种超越所有宗教信条和国界的圣乐。巴赫的作品糅合了所有巴洛克音乐的特点，以其创新性和对大小调的完美运用而别具一格。他最令人难忘的成就是教徒受难曲（Passion），乐曲用于在耶稣受难纪念日（Good Friday）的礼拜仪式上演奏，耶稣受难日是基督教日历中最悲惨的一天。《马太受难曲》（St. Matthew's Passion）大约作于1727年，表达了基督教社会对耶稣之死的共同哀伤。巴赫使用德语为乐曲中的独唱曲和合唱曲填词，使音乐充分表达了歌词的全部情感意蕴。《马太受难曲》比大多数歌剧和其他崇高的宗教经历更具感召力。

巴赫的宗教音乐虽然是他的最大遗产，但他也留下了大量的世俗音乐，包括管弦乐作品和为不同乐器组谱写的作品。巴赫是音乐家的音乐家，他谱写了《十二平均律钢琴曲集》（The Well-Tempered Clavier），把它作为训练所有大小调键盘音乐的一套完整练习曲。这部作品中的48首前奏曲（prelude）和**赋格**（fugue）对于键盘音乐的演奏者来说是一个巨大的挑战，至今仍是钢琴弹奏练习必不可少的常用曲目。（clavier是一种早期**键盘乐器**；赋格是一种复调乐曲，其主旋律首先由一种乐器引入，其后渐次进入的乐器不断加以重复，最后形成复杂交响的主旋律、变奏、模仿和复奏的效果。）这部作品为音阶中各音高音调的标准化和键盘乐器调音的标准化作出了重要贡献。

巴赫的 G 小调管风琴赋格曲（Organ Fugue in G Minor，"小"赋格，大约作于1709年）是最典型的赋格形式。一首赋格曲可以是为一组乐器、声部创作，也可以是为单一乐器创作，在这个例子中就是管风琴。巴赫的管风琴赋格有四个声部：女高音、女低音、男高音、男低音。它开始以各声部前后跟从的方式演唱：女高音唱出**主题**（subject）——乐曲的主题，接着是女低音、男高音和男低音声部的模仿。在女低音唱完之前，女高音开始唱**对题**（countersubject）——这是主旋律的变体，与主旋律串联在一块唱，声音要么比主旋律高要么低。以音调低沉的男低音结束开篇。

经过一小段被称作**插曲**（episode）的转换，乐曲又进入到各声部跟从演唱的循环。插曲可以是新的曲子，也可以是从主题曲中摘的一部分。在乐曲的其他部分，主题和对题不断交织，在每个主题反复之后都加入插曲。音调持续和**颤音**（trill）是巴赫用以润饰越来越活泼的乐曲的两个方法，所谓颤音就是在差别一个音级的两个音调之间不断快速转换。虽然小赋格是以小调音演奏的，但在小调音中间加入插曲和以小调音演奏的对题的再现，最后以一个华美的三和弦结束，这是典型的巴洛克式结尾。

巴赫的世俗音乐作品中，至今最脍炙人口的可能是六首《勃兰登堡协奏曲》（*Brandenburg Concertos*，为勃兰登堡公爵所作），这部作品曲调之优美和节奏之多变几乎没有作曲家可以超越。协奏曲是那时用来在德国诸侯的宫廷中演奏的合奏音乐，它由一组水平相当的弦乐演奏者再加上部分木管乐器和铜管乐器进行演奏，整个乐队总共由大约20到25名乐师组成。巴赫在这部协奏曲中最突出的创意是将独奏和合奏相互交错运用。就像在他的大多数作品中一样，巴赫在这部作品中将不同的曲调和不同的和声融合在一起，形成了一个细致复杂的乐曲结构，富有变化、充满力量而且音域宽广。

乔治·弗里德里克·亨德尔 巴洛克时代晚期另一个伟大的德国音乐大师是亨德尔（George Frideric Handel，1685—1759年），他以意大利风格的歌剧闻名于世。亨德尔比巴赫更加四海为家，他最终在伦敦定居，并在那创作了36部歌剧。由于亨德尔的歌剧可以让歌唱演员在演唱方法上淋漓尽致地展示自己的精湛技巧，因而在当时就获得了成功，但总体上来说它却不符合现代人的口味，所以在今天歌剧的保留剧目中也没有一席之地。倒是亨德尔的宗教音乐作品尤其是由他加以完善的**清唱剧**（oratorio）令他名垂不朽，清唱剧是一种和歌剧类似却没有任何舞台动作的音乐体裁。在他的清唱剧中，以《圣经》内容作剧本用英语演唱的《弥赛亚》（*Messiah*）艺术水平首屈一指。该剧的流行源于其巴洛克风格特点：激动人心的合唱以及允许独唱演员在咏叹调中使用修饰音。

因此,《弥赛亚》可能是英语世界中最著名的宗教音乐作品。

体现亨德尔完美音乐表现力的乐曲是他的一首伟大的咏叹调——"一切深谷都要填满"(Ev'ry Valley Shall Be Exalted),这首乐曲包括了男高音、弦乐以及持续低音(basso continuo)。亨德尔磅礴大气的音乐与乐曲基于《圣经·以赛亚书》第40章第4节(Isaiah 40:4)的大气磅礴的歌词很匹配,这首诗表现了弥赛亚降临而带来的大地变迁。

  一切深谷
  一切深谷都要填满
  一切山冈
  都要削平
  险峻的要改为平地
  崎岖的要改为平原
  一切深谷都要填满
  一切山冈
  都要削平
  险峻的要改为平地
  崎岖的要改为平原

亨德尔通过使用一种流行的巴洛克音乐技法"绘词"使这些歌词变得生动。例如第二行的"填满"一次对应的曲子有46个快节奏的音符构成了一段向上升起的曲调。用高音强调"山冈",有点词与乐曲相呼应,例如"险峻的"(相差半度的两个音级)、平地(连续的音调)、平原(长时间连续的音调)。这首乐曲的开头和结尾都使用了**副歌**(refrain,意大利语为 ritornello),即一小段乐器演奏。

  安东尼奥·卢西奥·维瓦尔第 巴洛克时代晚期的意大利作曲家和小提琴演奏家维瓦尔第(Antonio Lucio Vivaldi,1678—1741年)开辟了器乐发展的新纪元。维瓦尔第和几乎完全在世俗环境中工作的巴赫和亨德尔不同,他靠教会的庇护养活自己,在威尼斯一家女婴孤儿院里既(短暂地)当教士,又(主要)当乐师和作曲家。他还是一名自由作曲家,为全欧洲的主顾谱写作品。他谱写了近50部不同类型的歌剧,其中有16部流传下来,此外还有约40首清唱曲(cantata)、50首宗教演唱作品、90首**奏鸣曲**(sonata,奏鸣曲是一种由小型乐器组合演奏的乐曲)以及近500首**协奏曲**(concerto,协奏曲是一种独奏乐器演奏和交响乐队相结合的乐曲),这些协奏曲中有近一半是为小提琴独奏而谱写的。今天维瓦尔第的作品除协奏曲外很少被演奏,但这些协奏曲的创新和独特之处使维瓦尔第成为第一流的作曲家。其典型创新如节奏为快板—慢板—快板的三乐章结构，最重要的创新是在作品中使用了副歌，就是由器乐独奏加以表现、与主旋律相结合不断重复的乐句，两者结合形成了一部协奏曲作品的主旋律。维瓦尔第的协奏曲形式影响到巴赫的晚期巴洛克作品，并为总体古典音乐树立了标准（参见第6讲）。

维瓦尔第最有名的协奏曲是总称为《四季》（*The Four Seasons*，1725年）的系列作品，这是一组四首以一年中的季节命名、从春季开始的小提琴协奏曲。维瓦尔第在乐曲中同时使用了大小调，使乐曲强烈地唤起了人们对于每个正在消逝的季节的感受。这部作品奠定了**标题音乐**（program music）的基础，标题音乐是不使用歌词来表现非音乐意象、思想或情景的一种音乐形式。后来贝多芬音乐的主要特征就是标题音乐。

维瓦尔第的《四季》中的《春》（"La Primavera"）生动地展现了对春天的呼唤。大调乐曲一般用来表现乐观主义，这首协奏曲也一样。这是一首典型的巴洛克式协奏曲，《春》以管弦乐副歌开篇，共两段，重复两次，一次高亢，一次柔和。副歌的主旋律最后成了、至少是部分地成了不断再现的主题。为了呈现春天复杂的声音，维瓦尔第使用小提琴独奏和管弦乐队的弦乐器来进行"绘词"：鸟鸣（高颤音和不断重复的高音音符）、潺潺的溪流（一连串音符和持续的音符）、雷电交加（琴弦**震音**[tremolo]——快速重复一个音高或和声），还有使用向前奔涌的音阶。《春》可能是维瓦尔第最流行的单首乐曲。

文化关键词

巴洛克（baroque）　　　　　　　　华丽巴洛克风格（florid baroque style）
祭台华盖（baldacchino）　　　　　暗色主义（tenebrism）
幻觉主义（illusionism）　　　　　 经典巴洛克风格（classical baroque style）
严谨巴洛克风格（restrained baroque style）　音乐大师（virtuosos）
歌剧（opera）　　　　　　　　　　美声唱法（bel canto）
键盘乐器（clavier）　　　　　　　赋格（fugue）
主题（subject）　　　　　　　　　对题（countersubject）
插曲（episode）　　　　　　　　　颤音（trill）
清唱剧（oratorio）　　　　　　　　副歌（refrain）
奏鸣曲（sonata）　　　　　　　　协奏曲（concerto）
标题音乐（program music）　　　　震音（tremolo）

巴洛克时代的遗产

巴洛克时代在政治、经济、宗教和艺术等方面为近代世界留下了丰富的遗产。1945年以前为势力均衡原则所制约的大国体系一直主导着欧洲事务。从巴洛克时代开始,法国和英国成为欧洲政治和文化上的潮流引领者。"世界战争"的观念与实践也从这个时代开始。从巴洛克时代肇始被称作重商主义的经济体系盛行于欧洲直到19世纪。随着大多数西方人分别归入新教和天主教两大阵营,欧洲国家的宗教取向在17世纪固定下来。在荷兰,画家在公开市场上经营,为富裕的市民绘画,于是引领了向着今天商业化艺术界方向发展的趋势。巴洛克奇伟壮丽的理念是贯穿这一时期文化的主线,它不仅有助于解释在政治和宗教领域的鼓吹宣传,而且有助于分析文化和娱乐领域的夸张因素。在文化上,巴洛克风格犹在我们身边,纵然对现代人来说这种风格似乎太过分。虽然巴洛克歌剧不常演出,但歌剧的理念却是源自这个壮丽的时代。其他的巴洛克音乐作品,特别是亨德尔庄严的清唱剧和巴赫为教会和宫廷谱写的作品至今影响巨大,仍然是西方音乐会中定期上演的保留曲目。许多西方艺术史上脍炙人口且影响深远的美术作品也产生于这个时代,如贝尔尼尼的雕塑《心醉神迷的圣特雷莎》和伦勃朗的绘画。许多欧洲城市今天依然展示着巴洛克艺术的辉煌。罗马的圣彼得大教堂和伦敦的圣保罗大教堂以及凡尔赛宫仅仅是存世巴洛克丰碑中的三个,它们在提醒着我们这个别具一格时代雄伟博大的宗教和政治理想。

批判性思考提问

1. 从国际巴洛克风格中各选出一件艺术品,讨论他们的特点,说明它们如何反映了自己的历史背景。

2. 讨论被法国路易十四打上个人风格特点的统治形式专制主义。为什么路易十四决心成为一名专制君主?说明路易十四在达成自己政治目标时对宣传手段的使用。

3. 宗教对巴洛克风格有什么影响?新教和天主教价值观对不同巴洛克风格的发展有何影响?

4. 在巴洛克风格中保留了什么样的古典主义特点和理念?哪里巴洛克风格中的古典主义特点最强?为什么?

5. 巴洛克文学有什么特点?巴洛克时期什么文学形式最繁荣?比较和对比这段时期英国和法国的文学成就。

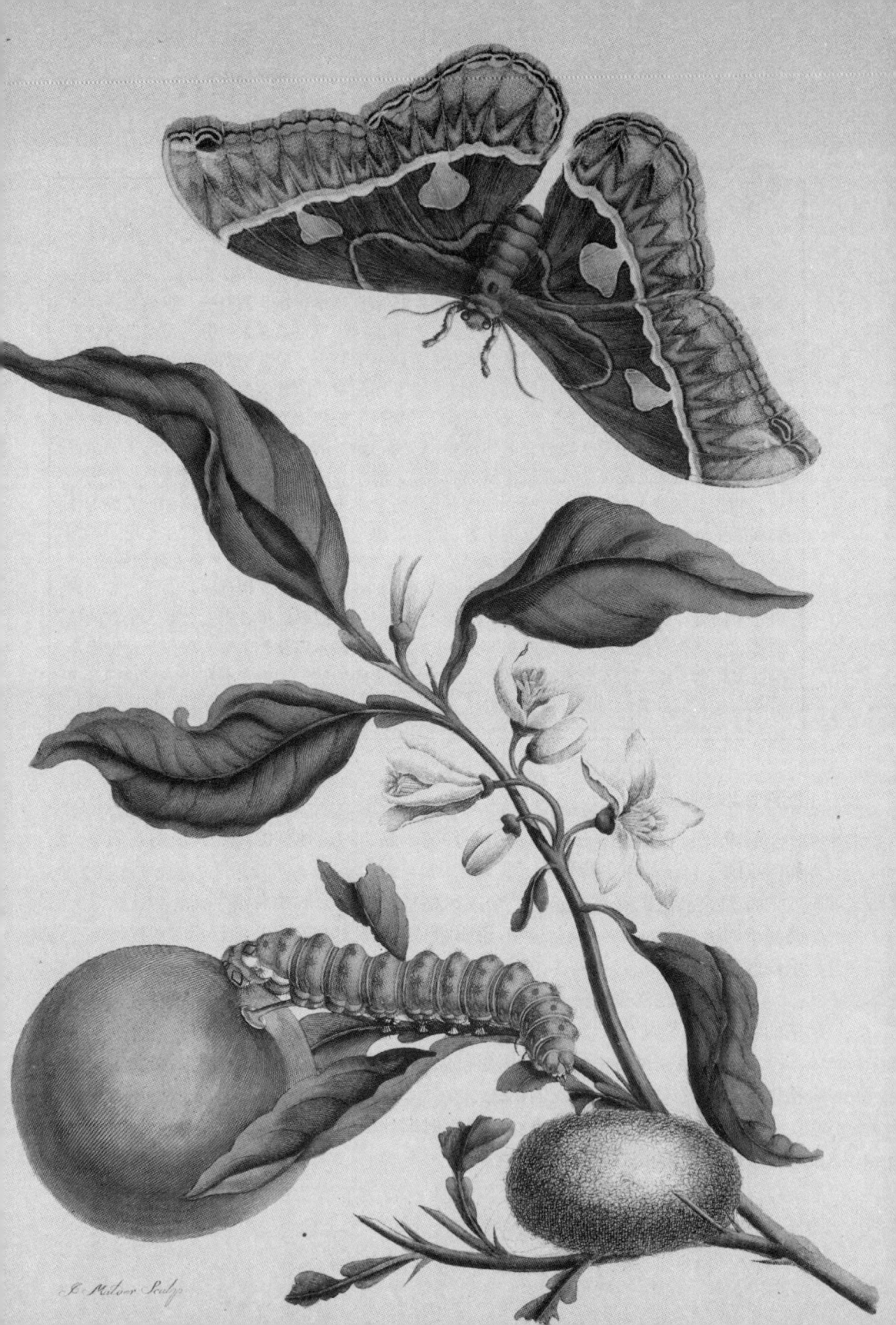

5 巴洛克时代 II：
科学和政治思想革命

1600—1715年

◀ 玛丽亚·希彼拉·梅里安（Maria Sibylla Merian）：《苏里南昆虫的蜕变》（*Insect Metamorphoses in Surinam*），1705年。手工上色版画。复制自施纳克（F. Schnack）：《热带候鸟的迁徙》（*Das Kleine Buch der Tropenwander*）。莱比锡：因赛尔－佛拉格出版社，1935年。第11副全页插图。12×17.8厘米

巴洛克时代不仅是一个政治动荡和艺术瑰丽的时代，还是一个科学革命的时代。几个世纪以来的信念遭到了天文学和物理学新发现的挑战，诞生了一种崭新的世界观。英国还出现了一场政治哲学革命，出现了国家应由民治而非由家长式统治者来统治的思想。这些重大的变革使这个时代更加波澜起伏。

虽然这个时代的医学取得了巨大成就，在化学、生物学和胚胎学等方面也出现了一些新突破，但"**科学革命**"（Scientific Revolution）这个术语主要适用于天文学和物理学领域。另外，科学革命还催生了探讨新科学对世俗和宗教思想影响的著作。一些学者著书立说重新认识人在宇宙中的地位和人生的目的。其主要成果是促使哲学最终从神学中分离出来，自14世纪开始两者已经渐行渐远。从此，哲学开始关注世俗问题，而神学被降为文化小角色。

这个革命性时代的高潮出现在1685到1715年之间，这个时期见证了一位20世纪历史学家所谓的

历史分期表5.1　科学和政治思想的革命

1543		1600					1700　1715
		科学革命和现代早期政治哲学					
1543 哥白尼的 《天体 运行论》	1570—1600 第谷进行 天文观测	1609 开普勒的 《论火星 的运动》	1625 格老秀斯 的《战争 与和平法》	1637 笛卡尔的 《方法谈》		1687 牛顿的 《数学原理》	1690 洛克的 《政府论》 和《人类 理解论》
		1610 伽利略观察 到木星的 四颗卫星	1632 伽利略的 《关于两种 世界体系 的对话》	1651 霍布斯的 《利维坦》			

"欧洲良心危机"（the crisis of European conscience）。对于一批学者来说，心理天平已开始从传统思想向现代观念转变倾斜。这些早期近代科学家和哲学家以理性回击信仰，以怀疑论反驳教条，用自然法对抗神权干预。他们把数学当作自己求索真理的指路星辰，凡是能够从数学上加以证明的理论，他们就认为是正确的，否则就是错误的。他们的新哲学最终认定宇宙是一部根据普遍法则运转的大钟表。尽管现在我们并不完全认同这种钟表的比喻，但我们仍然要感谢这些思想家，正是他们开启了西方文化的当代进程，导致了现代性的产生（历史分期表5.1）。

5.1　科学革命以前的宇宙理论

科学革命是对禁锢西方思想家达2000年之久的亚里士多德宇宙观的扬弃。古代希腊人创立了以这位公元前4世纪的哲学家命名的亚里士多德学说，后来通过罗马和伊斯兰文化传播到整个西方，形成了中世纪经院哲学传统。这种宇宙观的基本原则是**地心说**（geocentrism），即认为地球是宇宙的中心。环绕地球转动的是著名的五大行星：水星（Mercury）、金星（Venus）、火星（Mars）、木星（Jupiter）和土星（Saturn）以及太阳和月球，所有星球外面都是晶莹天（crystalline sphere）。地心说认为地球不是行星，因此是静止不动的。距地球最近的是月球，月球上面的世界和月球下面的世界完全分开（插图5.1）。在月球以上的世界中，由不朽物质以太（aether）组成的行星按照环形轨道运转，月球以下的世界由土、风、火、水四种元素组成，这里变化无常，物体作直线运动。这个体系有着绝对的上下概念，"上"指的是"不动的推动者"（Unmoved Mover）所在的天层（sphere），"不动的推动者"是亚里士多德用来描述所有天体运动根源的哲学术语，而"下"则指的是地球中心。

公元2世纪，埃及学者托勒密利用新的天文数据和改进的数学计算方法，进一步发展了亚里士多德地心说理论。在穆斯林文化的黄金时代（800—1000年），阿拉伯学者继承了地心说遗产，对它加以完善以适应新的对行星观测结果。在中世纪中期（1000—1300年），西方学者发掘出托勒密的遗产，当然还包括其穆斯林文化的附属物，从基督教角度对它加以解释：中世纪科学家把"不动的推动者"看作是上帝，而把外层空间看成是天堂。更重要的是教会开始支持地心说，因为这个理论似乎证明原罪信条是正确的：堕落凡人们所居的腐朽尘世与月球下的没落动荡的地球恰好对应起来。

对此，14世纪初巴黎大学（University of Paris）的一些思想家中出现了一种颇为自信的怀疑论看法。这些巴黎学者对亚里士多德对运动问题的解释不太信服（亚里士多德把向前的抛体运动归因于空气的推动），巴黎学者们给出了关于前进运动的不同解释。他们认为出现抛射现象是因为物体获得了"动量"（impetus），动量是一种起推动作用的质，它会随着被抛射物体在空间中的运动而逐渐减弱。动量理论在几个

图 5.1 彼得·阿普兰（Peter Aplan）：关于宇宙结构的地心说示意图，选自《通志》。1539年。伯克利，加州大学，班克罗夫特图书馆

这幅简图显示了前哥白尼时代地心说观念下的宇宙结构。不动的地球是宇宙的中心，被围绕着它转动的十大天体所环绕，依次是月球、水星、金星、太阳、火星、木星和土星，再外围是固定不变的星星，即晶莹天，之外是没有天体的天层，被称作是天体运动的主动力所在的原动天（primum mobile）。中世纪学者加上第九天层晶莹天的目的是解释《圣经·创世纪》所记载的神造万物的问题。对于亚里士多德的理论来说，第十层原动天是必需的，因为它首先开始运动并且推动其他九个天层开始运动。在第十层之外是最高之天（Empyrean），那里是哲学中所谓的"不动的推动者"和神学中的上帝所在的地方。

世纪中引起了不少学者的关注，促使他们思考一系列新问题。

以现代的观点看动量理论是否正确无关宏旨。这是摆脱亚里士多德传统的第一步，因为它让西方科学家意识到这位伟大的希腊思想家并不总是对的。同时巴黎和其他大学的学者开始提倡使用数学方法解决实际问题，还提倡直接观察自然界，换句话说，就是先收集数据（**经验主义**［empiricism］），然后在观察到的事实中提出假说（**归纳推理**［inductive reasoning］）。

亚里士多德也曾运用经验数据和归纳逻辑，但他的著作如此令人敬畏，以致千百年来的学者并没有去检验他的方法论，也不敢贸然修正他的结论。实际上亚里士多德的追随者倚重**演绎推理**（deductive reasoning）研究方法，即他们只探讨公认真理衍生出来的理论。但随着中世纪晚期新批判精神的出现，学者们开始用新眼光观察世界。这种精神终于导致了巴洛克时代最伟大的科学成就——科学革命，这场革命推翻了托勒密地心说，确立了**日心说**（heliocentrism），即宇宙是以太阳为中心的理论。

5.2　科学革命中的神秘因素和实践因素

科学革命的突出特点是这场运动带来了诸多悖论和反论，其中有些将在本章后半部分探讨。但是在一开始就应当指出一个似非而是的事实，那就是这场导致近代科学诞生的人类思想革命同时起源于神秘主义信念和实践技术进步。科学革命的发动者们除了一两个人外大都受到两种不同甚至可以说是完全矛盾的信念的推动。一方面，他们注重收集经验数据、进行归纳推理并使用数学方法验证研究结果（插图5.2），从而紧跟中世纪晚期科学的步伐，因此科学革命时期最惊人的变革出现在可以使用数学方法解决长期悬而未决学术问题的领域，如天文学、物理学和生物学等领域。

而另一方面，科学革命的推动者们执迷于**新柏拉图主义**（Neo-Platonism），这是一种早期文艺复兴思想，它试图复兴古希腊哲学（参见第1讲）。新柏拉图主义同中世纪晚期科学一样强调数学在解决问题中的作用，不过新柏拉图思想还带有神秘主义成分，这是毕达哥拉斯思想的遗产，其信徒致力于通过数字寻求和谐状态。新柏拉图主义信仰者认为在使用数学计算的过程中简单要比复杂好，因为简单是表明解答问题正确的最高标志。这种信念成为现代科学的一个指导思想，不过在今天的人们并没有接受新柏拉图主义的其他方面，比如把神秘力量归因于太阳。新柏拉图主义神秘的一面是把天文学和占星术更紧密地结合在一起，虽然天文学和占星术相结合从古希腊时代就开始了。大部分科学

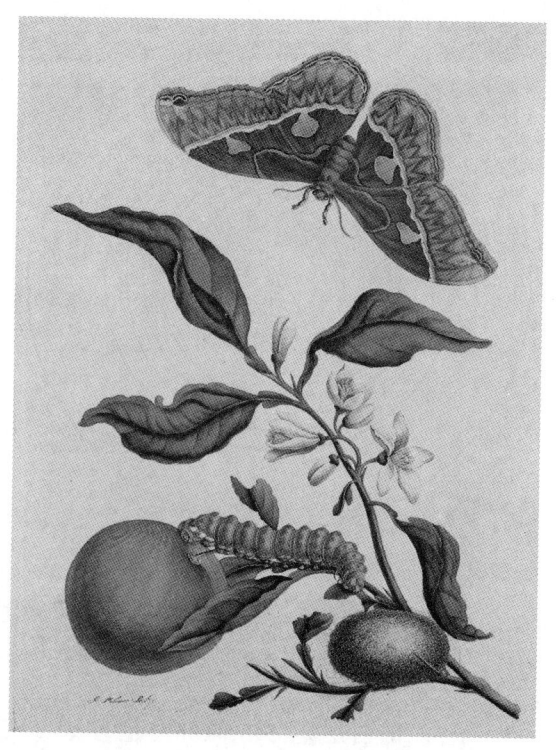

图5.2 玛丽亚·希彼拉·梅里安:《苏里南昆虫的蜕变》。1705年。手工上色版画。复制自施纳克:《热带候鸟的迁徙》。莱比锡:因赛尔－佛拉格出版社,1935年。第11副全页插图。12×17.8厘米

玛丽亚·希彼拉·梅里安（1647—1717年）是一名德国出生的画家和科学家,她前往南美洲的荷兰殖民地苏里南,在那里停留了两年,收集和饲养昆虫,并作相关记录和绘图。她绘制了昆虫一个月之间从幼虫到蛹再到成虫的蜕变过程的图片,以及一株橙子树开花的过程的图片。这些图片展现了新世界的奇异风情,丰富了科学知识,反映了17世纪荷兰美术的高超水平。

革命的推动者赞成两者结合,他们中的有些人甚至还靠为富裕的客户占卜星相谋生。

说到科学革命中技术的作用,如果没有望远镜和显微镜,它的许多成就是不可能的,望远镜和显微镜都是于1600年左右在荷兰发明的。如果没有它们,学者们可能仍然像在古希腊时代一样,只是"思想家"。但是有了它们,学者们就可以深入探究前所未知的领域——外层空间和人体内部——的运行方式。从此,热衷科学的学者们将自己和工艺传统结合起来,成为试验者和经验论者。

天文学和物理学:从哥白尼到牛顿

从地球是宇宙中心论向太阳是宇宙中心论的思想转变大约经历了150年时间,许多不同国家的学者投身其中。日心说这一新的宇宙模型最早是由近代波兰思想家哥白尼（Nicolaus Copernicus, 1473—1543年）于1543年提出的,而英国学者牛顿（Isaac Newton, 1642—1727年）在1687年以严密的数学演算证明了这一观点。在这两个年代之间,丹麦的第谷（Tycho Brahe, 1546—1601年）、德国的开普勒（Johannes Kepler, 1571—1630年）、意大利的伽利略（Galileo

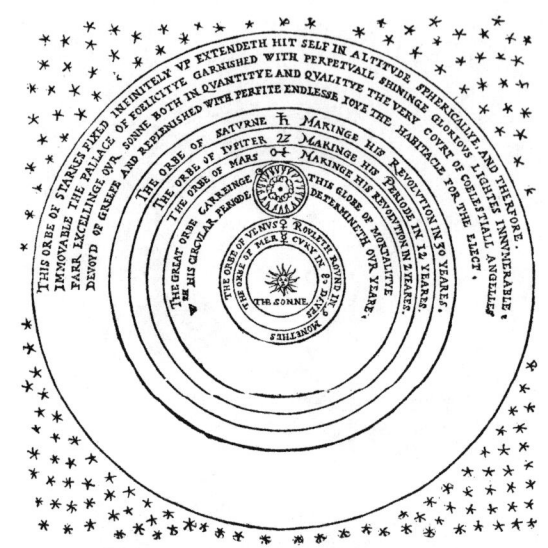

图 5.3 托马斯·狄格斯（Thomas Digges）：哥白尼的日心说，选自《天体运行论》（*A Perfit Description of the Celestiall Orbes*）。1576年。加利福尼亚，旧金山，亨廷顿图书馆

这幅英国人托马斯·狄格斯绘制的简图在一个重要方面与哥白尼的日心说不一致：哥白尼认为宇宙是有限的、封闭的系统，而狄格斯认为宇宙是无限的，这表现在他的图中星星遍布恒星轨道之外。

Galilei，1564—1642年）都在科学革命中迈出了一大步。牛顿一语中的地指出，自己是"站在巨人的肩膀上"（参见历史分期表5.1），他说的是真理。

哥白尼 1543年哥白尼发表《天体运行论》（*Revolution of the Heavenly Bodies*）一书，重新提出了公元前3世纪古希腊思想家阿利斯塔克（Aristarchus）被人遗弃的日心说理论。哥白尼这本十分深奥的书对托勒密的地心说发起直接挑战。哥白尼天文学和旧宇宙观之间的主要争端不在于数学计算精确与否，两者的数学演算都可靠，同样可以用来预测行星的位置以及日食和月食。两种体系之间最根本的问题是哪一种更简洁。哥白尼通过推理得出结论认为，调换太阳和地球的相对位置可以得到令人信服的天体运行图。托勒密理论认为宇宙是以不动的地球为中心的有限空间，而哥白尼则认为宇宙是一个行星围绕太阳运转的更为广阔的空间，尽管仍然不是无限的（插图5.3）。

哥白尼认识到这个假说的革命性本质，所以直到快去世时才公开出版了自己的思想理论。哥白尼为了减少被教会批判的风险把这本书献给教皇保罗三世（Paul III）。教会当局后来断言日心说是危险的，与《圣经》直接相悖，他们责难它是个错误的学说。其实使他们感到不安的是，如果地球不再是宇宙的中心，那么人类在上帝秩序中的地位就削弱了。实际上人类再不是这出宇宙独角戏中最重要的角色了。

天主教和新教一起谴责哥白尼的思想。路德派和加尔文派当局认为他的观点离经叛道。1610年，教皇则把《天体运行论》一书列入反宗教改革运动

第 5 讲 巴洛克时代 II：科学和政治思想革命

图5.4 《第谷在他的天文台中》。版画，选自第谷的《新天文学仪器》(*Astronomiae Instauratae Mechanica*)。1598年。芝加哥大学，约瑟夫·雷根斯坦图书馆

在图中，为科学革命做出重要贡献的丹麦天文学家第谷正坐在他位于丹麦汶岛上的乌兰尼堡（Uraniborg）天文台中。他右手上指，正在教他的助手使用半圆形的测量工具四分仪（在他左边），这是他发明用来观测星星位置的。在背景中，许多助手在用天文仪器工作和进行化学实验。

期间制定的禁书目录。可是最终这两大教派在对待哥白尼理论的问题上分道扬镳。罗马天主教会靠自己强大的权势和影响力抵制日心说200多年，直到1822年才接受这一思想。但在新教这一边，由于权力不像罗马教会那么集中，一些教派慢慢接受了新天文学理论，并使自己的教义逐渐与之相适应。

开普勒 科学界接受哥白尼天文学的速度缓慢，热情也不高。例如，伟大的丹麦天文学家第谷仅仅接受了一种经过修正的哥白尼理论，这种理论认为其他星球都是围绕太阳转动的，但地球不围绕太阳转。然而第谷对行星运动大量的观察为日心说最终获得胜利作出了贡献。他的观察（没有借助望远镜）如此精确，甚至为天文数据确立了新的标准（插图5.4）。

第谷的助手中有一位名叫开普勒的才华横溢的数学家，他毕生致力于阐明日心说。第谷死后，开普勒承袭了他的天文观测数据。开普勒在新柏拉图主

义的推动下，为了解释第谷对行星定期持续观察得到的结果，于1609年出版了《论火星的运动》(On the Motion of Mars) 一书，在书中开普勒对行星按轨道运行的原因给出了自己的答案。他的发现表达为两条简洁优雅的科学定律。在第一条行星定律中，开普勒认为行星运行的轨道是椭圆形而不是圆形。他的第二条行星定律通过严密的数学公式计算解释了行星在各自轨道运行速度的差异，即它们与太阳的距离远近决定它们的运行速度，离太阳越近运行速度越快，越远越慢。这两条定律一起证明了太阳中心论天文学思想。

开普勒继续处理第谷尚未整理的数据，从对天体的观测中探索另外的数学定理。1619年他得出了关于行星运动相互关联的第三条行星定律。这条定律表明行星公转周期的平方与它们和太阳平均距离的立方成正比。他用这个公式证明太阳系本身是有规律的，天体之间的关系是按数理确定的关系组织起来的。这是天文学界首次论述宇宙是像钟表一样精确运行的观点，这种思想到巴洛克时代末期成了一种信条。开普勒对这个发现十分自豪，因为它证明他的新柏拉图思想：宇宙中存在隐含的数理和谐。

伽利略 当开普勒在纯粹理论、甚至是神秘主义科学领域探索时，他同时代的另一个人通过基于精确计算和和严密逻辑的实验也获得了天文学的重大突破。这个有耐心的实验者就是伽利略。他最突出的贡献是进行精确天文观测和地球力学 (terrestrial mechanics) 研究，地球力学是研究物体受力运动的学科。伽利略受荷兰眼镜镜片磨制工人制造出远距离观测装置启发，于1609年发明了可以用来观测肉眼看不见的星体的望远镜。

伽利略通过这些观测证明宇宙空间比按照托勒密原理计算的指数要大得多。他还观测到月球表面是起伏不平的，太阳有不断变化的黑子，这对于推翻认为天体构成是完美而且不变的古代观点提供了额外证据。不过他最有力的发现是观测到木星也有卫星，这与托勒密认为所有天体都围绕同一个核心运转的观点直接相悖。伽利略发现木星的四个卫星都围绕它运转，就像六大行星绕日公转一样。这些天文观测结果加速了地心说的灭亡。

同样，伽利略的地球力学研究无可辩驳地证明亚里士多德和14世纪他的巴黎批评者关于地面运动核心问题——抛体运动问题的理论都是错误的。亚里士多德声称被抛射物之所以保持飞行运动是有空气的推动作用，而巴黎学者则以动量"理论"来解释这个现象。伽利略通过试验证明运动的物体在遇到阻力以前将一直保持运动状态，这是最早的近代惯性理论解释。

伽利略可能是第一位在实验中利用钟表当作主要计时手段的科学家。伽利略和他同时代的科学家开普勒一样，使用简洁的数学定理论述了他的发现。

图 5.5 皮埃特罗·达·科尔托纳（Pietro Da Cortona）:《赞美乌尔班八世的统治》（*Glorification of the Reign of Urban VIII*）。1633—1639年。壁画。罗马，巴贝里尼广场（Palazzo Barberini）

教皇乌尔班八世（1623—1644年任教皇）的俗家姓名是玛非欧·巴尔贝里尼（Maffeo Barberini），他是意大利托斯卡纳地区一个很有权势的巴贝里尼家族的成员，他热衷于政治和宗教事务，支持艺术事业，是一名诗人和知识分子，也是伽利略长期的朋友。不过当伽利略发现自己面临宗教裁判所的审判时也无法依靠他的朋友。的确，乌尔班八世禁止宗教裁判所第二次谴责伽利略。科尔托纳（1596—1669年）把乌尔班八世统治描绘成黄金时代，这是传统的美术宣传中常用的主题。这幅壁画是宗教、艺术以及各种生动形象的大综合。在基督教诞生之前兴盛的神话人物画在阴影区里，象征着他们的异教根源。中间被照亮的人物形象沐浴在基督教的真理中。在构图的最顶端是浮在云端的拟人化的宗教象征——作为教皇象征的三重冕和交叉的钥匙，在下面有天使和小天使拿着桂冠——这是罗马文化中胜利的象征，在桂冠中间有三个巨大的蜜蜂——这是巴贝里尼家族纹章的组成部分。

伽利略的成果后来被牛顿证实，他证明了地面上的力学原理和空中的力学原理是一致的。

在伽利略进行这个让他成为近代科学伟人的试验时，他同样冒犯了宗教当局，他们迫使伽利略饱受屈辱地结束了自己的事业。如前所述，此时教会已经放弃了对新思想较为开放的态度，开始压制异议者。1633年伽利略被搜寻和惩罚异端思想者的宗教裁判所逮捕，宗教裁判所是13世纪初年建立的搜捕和惩处异端的教会法庭。这位伟大的天文学家被控歪曲基督教教义，因为他在自己的著作中支持地球运动的观点，这是哥白尼理论的核心思想，但却与亚里士多德的理论和教会律条相悖。他们威胁要对伽利略用刑，伽利略无奈收回自己的观点后被释放。虽然此后他又活了几年，但到他去世时已经心灰意冷。这一事件猝然终结了意大利在如火如荼的科学革命中的作用（插图5.5）。

牛顿 英国数学家牛顿在哥白尼后继者的研究，包括开普勒行星运动定律和伽利略惯性定律的基础上构造出一个宇宙模型，它从根本上推翻了托勒密

图5.6 高弗里·奈勒（Godfrey Kneller）：《伊萨克·牛顿爵士》。1702年。帆布油画，75.6×62.2厘米。伦敦，国家肖像画美术馆

作为他那个时代最名声卓著的知识分子，英国上流社会画家给了他明星般的待遇。戴着巴洛克时期流行假发的牛顿有点不太舒服地凝视着观察者。这幅画似乎是支持牛顿自负和自夸的盛誉。

体系，标志着从哥白尼开始的天文学革命的完成。按照牛顿的理论，地球上和空间中运动模式是一致的。更重要的是他对行星按照自己轨道运行的原因给出了令人满意的解释。牛顿认为这是由于重力的作用，而这一发现成为其宇宙理论的核心思想（插图5.6）。

牛顿运用精确的数学公式表达出了万有引力定律，即宇宙中所有物体都和其他物体之间存在或大或小的吸引力。根据这条定律，太阳对六大行星存在吸引力，六大行星相应地对太阳和其他行星也有较小的吸引力。地球和月球以及木星和它的四个卫星之间也有同样的相互作用。宇宙中的各种天体受重力影响彼此相互吸引从而形成了一个和谐系统。

牛顿描述了重力作用和它在宇宙中的普遍性，却不愿推测它运动的原因。对他来说宇宙像一架机器般精确地运转，而自己的定律只不过是它的运作的说明。由于牛顿不愿思考不能够被数学方法证明的问题，因此他被叫做"没有形而上学的头脑"。近代科学家效法牛顿，都倾向于忽视事物的"为什么"（why），而专注于"怎么样"（how）和"是什么"（what）。

牛顿的观点是在他的巨著《自然哲学的数学原理》（*Mathematical Principles of Natural Philosophy*）中提出的。这本书更广为人知的书名是《原理》（*Principia*，即它的拉丁文书名的第一个单词）。这本书很快成为经典名著，牛顿也成了近

代世界中可以和亚里士多德比肩的科学家。因此18世纪英国诗人蒲柏(Alexander Pope)写出下面的话自然也是情有可原的:

>   自然和自然律隐没在黑暗中;
>   上帝说,让牛顿降生吧!
>   于是光明照亮了世界。

牛顿还发明了一种形式的微积分,这是一种使用抽象符号运算的数学分析方法,它为计算非线性量变提供了工具,这一突破对于解决物理和力学问题具有十分巨大的潜在作用。德国思想家莱布尼兹(Gottfried Wilhelm von Leibniz,1646—1716年)与牛顿同时但独立地发明了另一种更为有用的微积分方法。到1800年莱布尼兹的运算符号成为被普遍公认的微积分语言。

尽管牛顿的著作把导致近代科学产生的革命推向高潮,但他依然没有完全摆脱旧思想的影响。事实上,他认为科学真理的发现不过是运用方法论原则的事情。他把数学作为自己的指导思想,进行耐心细致的观察。然而牛顿对自己的科学成就不以为意,反而认为令其流芳百世的成就应该是他的那些宗教著作。牛顿是一名虔诚的基督徒,晚年致力于证明圣经预言终将会实现。

医学和化学

当西方世界观的外部约束迅速改变的时候,解剖学知识和人体血液循环真实状况的发现代表了另外的科学突破。医学领域的突破与天文学的进步不同,大多都是没有借助于技术手段而实现的。科学家们只是在揭示人体血液循环奥秘的最后阶段才使用了新近发明的显微镜。

医学　1600年以前,西方的解剖学知识十分有限,主要是因为基于人死后会复活的教条,教会不允许破坏尸体。生物学研究只允许解剖动物,然后把这些知识运用到人体,这导致了大量错误和半真半假的信息。此外,生物学如同天文学和物理学领域一样都是古希腊思想家的权威占据绝对统治地位,亚里士多德的理论从公元前4世纪、盖伦的理论从公元2世纪开始主导着西方生物学研究。盖伦的研究几乎涵盖了古代医学的所有领域,其成果在罗马陷落后失传,但有一部分作品被阿拉伯学者保存下来,11世纪以后西方学者把它们从阿拉伯文翻译成拉丁文。虽然亚里士多德的理论和盖伦的理论有所不同,但他们也有一些共同的错误思想,例如认为空气是直接从肺部被输送到心脏中,血液直接从静脉流向身体外部,动脉和静脉中流淌着不同类型的血液等等。

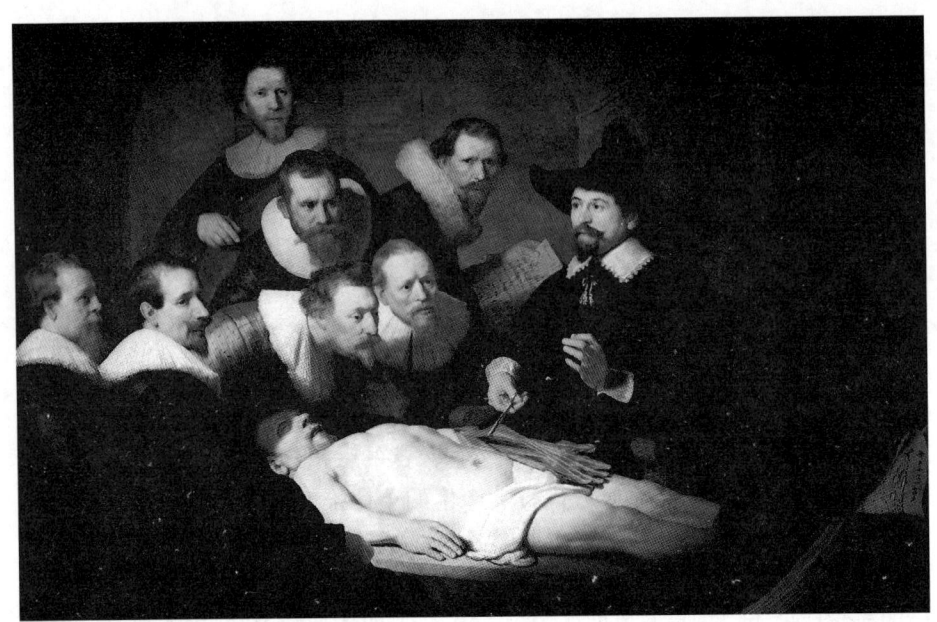

图5.7　伦勃朗:《杜普教授的解剖学课》(*The Anatomy Lesson of Dr. Tulp*)。1632年。帆布油画，1.7×2.17米。海牙，莫里斯皇家美术馆

维萨里的工作使解剖学成为17世纪医学的中心议题。在这幅画中，伦勃朗描绘了阿姆斯特丹医生尼古拉斯·杜普展示人体左臂解剖结构的场景。伦勃朗运用的巴洛克美术技法使这幅画十分吸引人，如尸体身上引人注目的光线，杜普平静的表情和学生好奇的表情之间的对比，以及被剥去皮肤的胳膊。

最后在17世纪初意大利帕多瓦大学（University of Padua）的科学家们解决了血液循环问题，其中最杰出的是维萨里（Andreas Vesalius，1514—1564年）。他通过耐心的观察否定了盖伦认为心脏中的血液通过心房中隔从一边流向另一边的理论，因为他发现心房中隔是一层无法渗透的膜（插图5.7）。

维萨里及其后继者的研究为帕多瓦大学从事医学研究的英国科学家哈维（William Harvey，1578—1657年）揭示血液循环的正确观点奠定了基础。就像牛顿的万有引力理论一样，数学计算在这个科学成就中起了决定性作用。哈维通过计算证明身体中循环的血液数量是恒定的，从而推翻了盖伦的衰退—上涨（ebb-and-flow）理论。不过哈维不了解连接动脉和静脉的毛细血管知识。1661年意大利科学家马尔比基（Marcello Malpighi，1628—1694年）在显微镜的帮助下找到了这些细微的血管，这为人们完整准确地认识血液循环提供了可能。

化学 在巴洛克时代化学还没有成为一门独立的学科,但英国物理学家波义耳(Robert Boyle,1627—1691年)的确为近代化学奠定了基础。波义耳思想的一个重要方面把他和牛顿联结在一起,因为两人都认为宇宙是一架机器。波义耳认为自然规律只能通过实验即归纳法揭示出来。波义耳热衷实验促使他对气体特性进行研究,他还设计了以他的名字命名的著名实验。

波义耳还是第一位把化学从炼金术中区分开来的学者,炼金术是从古希腊时代开始就和化学紧密相连的一系列魔法术。中世纪欧洲学者们通过炼金术徒劳地寻找可以把普通金属如铅神奇地变成黄金的"点金石"(philosopher's stone)。波义耳抛弃了炼金术的假定和方法,仅仅努力探索自然界发生的、可以通过数学方法分析的化学反应。

技术

伽利略对天体和地球运动的研究以及牛顿对重力的解释可能不容易理解,但是为探索这些规律所做的实验,尤其是钟摆实验,对17世纪的欧洲影响很大。摆钟比以前的所有类型的钟表都更精确,它很快成为人们经商、祷告和安排日常生活的重要依据。这种钟表成为人类生活的象征,隐喻了人生短暂,世事无常。

千百年来人们一直在制作各种计时工具,如日晷、水力钟、沙漏等等,但计时都不精确。在中世纪的欧洲,更精确地计量时间的压力来自教会,因为教会有男女修道院、学校、教堂等各种机构,这就需要有某种工具可以为祈祷、工作、学习和日常活动制定时间方案。有记录表明最早的钟表诞生于13世纪的英国教堂。到1335年,意大利米兰建造了第一家公共钟表,在14世纪,法国巴黎、鲁昂等几个城市建设了钟楼。这些钟表由用一条细绳悬挂的重物驱动,绳的另一头绕在一个鼓轮上,钟表由一个等臂擒纵机构和一系列的齿轮调节。

一名德国锁匠彼得·亨莱因(Peter Henlein,1480—1542年)发明了卷簧,这使得计时工具的尺寸和重量都大大减少了,这推动了座钟以及最终手表的发明。亨莱因最早制作的钟表可以携带或是放置在桌子上。16、17世纪钟表的准确性和可靠性都得到了大大改进。到1600年,尽管体积庞大而且难以调教,钟表都是垂直设计的。

摆钟的发展分两个阶段:分别归功于伽利略和惠更斯(Christian Huygens,1629—1695年)。16世纪80年代,伽利略在研究物体运动特点的时候观察到,摆左右振荡的周期是相同的。虽然他认识到了摆的重要性,但却没有设计出一款摆钟出来。荷兰数学家、物理学家和天文学家惠更斯在研究天体的时候,意识到自己需要有一种精确的计时工具来准确标定自己的研究成果。在摆可以调控钟表的发现基础上,他制作了垂直摆钟,这使得它比以前的钟都更精确。摆

图5.8 惠更斯1656年制造的钟表的复原模型。伦敦，科学博物馆

惠更斯的钟表使用了传统的擒纵机制，不过为了让钟摆的摆动更准确，从而计时更准确，他增加了两个调节轮。在主表盘上，时针较短，每天转12次。较长的针是秒针，五分钟转一圈。这个模型的底部小表盘上还有一个分针，每小时逆时针方向转一圈。

钟每天的误差率不超过一分钟，这意味着时间有了一个"自然"的精确回归周期。

几年后，一个英国钟表匠给钟表加上了秒数计时摆，并改进了擒纵机构。这两个摆——一个决定小时，一个决定秒数——和钟表的其他部分，都被装在木盒里，这创造了原始座钟。这个发明使得人们可以把钟带到任何地方，皇宫、殿堂、家庭、办公室、商业场所、店铺、实验室和学校。现代机械钟表越来越变成一种收藏品。

科学对哲学的影响

科学革命对西方思想有着深刻的影响，还催生了反映科学对更大范围的文化影响的文献作品。此类著作的杰出作者有三位，他们分别是英国法学家和政治家培根（Francis Bacon，1561—1626年）以及两位才气纵横的法国数学家笛卡尔（René Descartes，1596—1650年）和帕斯卡（Blaise Pascal，1623—1662年），后两位的思辨作品继承了16世纪初年蒙田开创的法国理性主义传统（参见第3讲）。

培根 弗朗西斯·培根以擅长写作清楚易懂的科学散文以及这些文章所蕴涵的方法论而闻名。尤其在作品只有少数精通数学知识者才能看懂的学者所主导的领域里，培根浅显的散文教育了对新科学感到新奇、有文化的公众。在阐明新科学的诀窍和目标时，培根成了"实验论者"的代言人，实验论者认为科学的前途就在于抛弃亚里士多德。培根批评亚里士多德依靠演绎推理和未经证明的公理的方法，主张归纳方法，其程序包括进行实验、得出结论，再通过其他实验检验结果等步骤。培根的观点并不新颖，但他对这些思想的阐述十分有说服力而令人印象深刻，很少有学者像培根那样对科学的用处充满乐观情绪。他真诚地相信科学的进步势必导致征服自然，这种思想十分清楚地体现在他那句名言中——"知识就是力量"。

笛卡尔 笛卡尔是一位哲学家，他明确批评认为实验方法是获取知识唯一正确途径的观点，极力主张在科学活动中使用数理方法（插图5.9）。笛卡尔对数字的热爱源于其个性中神秘主义的一面，他曾经承认有一个梦让自己坚信开启自然奥秘的钥匙是数学。笛卡尔创立了一个数学分支——解析几何学，即使用代数方程来描述几何图形。他于1637年出版了有巨大影响的哲学论著《方法谈》(*Discourse on Method*)。

笛卡尔在《方法谈》中阐述了自己探究知识的四个步骤：首先认可不言而喻的事实，其次是把问题划分成可以解决的几个部分，再次从易到难解决这些问题，最后再检验这些解决问题的方法。他运用演绎逻辑为方法，仅仅根据一般性陈述进行推理。不过比强调演绎推理更重要的是他坚持数理清晰。笛卡尔不承认任何事物的真实性，除非它在几何学上存在有说服力的证据。

对西方哲学影响最大的笛卡尔思想是怀疑论和知识二元论。他否定中世纪经院哲学的权威式方法，他开始怀疑一切宇宙中绝对肯定的东西。他一步一步地质疑上帝的存在、世界的存在和自身的存在。但很快他承认无法怀疑他自己这个正在进行这种怀疑的自我的存在。他用常常被引用的话"我思故我在"（Cogito ergo sum）得出了这个绝对结论。在推翻了古老的确定无疑的观念后，他开始使用演绎法重建自我的存在、世界的存在以及最后上帝的存在。

笛卡尔思辨的目的是探究对每个人来说都是确定无疑的清晰思想，但他的努力造成了一个颇有讽刺意味的结果。从长远来看，他的思想强化了知识精

图5.9 佛朗兹·哈尔斯（Franz Hals）:《勒内·笛卡尔》。1649年之后。帆布油画，78.1×67.9厘米。卢浮宫藏

在这幅画中，伟大的荷兰画家、也是笛卡尔的同代人佛朗兹·哈尔斯抓住了这位伟大的法国哲学家和数学家的复杂个性。笛卡尔犀利的凝视表明了他的怀疑精神。他轻蔑的表情和不修边幅提示他早期作为战士的背景。在这幅引人注目的画中，哈尔斯明显感觉没有必要讨好他的画主。

英中日益增长的否定绝对真理的意识。许多读过《方法谈》一书的人对他的理性论证没有留下深刻印象，却接受了他激进的怀疑思想，其中有些人甚至成了无神论者。自己的作品导致无神论的出现这一事实肯定会令笛卡尔感到震惊，因为按照笛卡尔的思维方式他已经证明了上帝的存在。他只不过把怀疑论当作发现确定无疑的东西的一种手段而已。

二元论是笛卡尔的另外一个伟大遗产，它把物质世界和人类灵魂或精神区分开来。按照笛卡尔的理论，数学可以揭示使人理解的自然真理。但他认为精神本身却超越了数学的认知范畴，因而不是合适的科学研究对象。这种两分法产生了两大传统，一种是运用数学方法分析自然界规律的科学家传统，一种是关注人类内心世界的思想家传统。这第二部分人——心理学家——代表了又一种颇有反讽意味的遗产，他们通过研究人类的深层心理活动和异化等论题，试图证明笛卡尔是错的，人类本身的各种非理性行为是可以认知的。

虽然笛卡尔的思辨是为了达到确定无疑的真理，但他强调演绎推理的逻辑没有经受住时间检验。这是因为现代科学家认为依据事实建立模型的归纳法更加有效。但笛卡尔强调数学在实现科学的精确性方面的巨大作用则被证明是正确的。今天，那些最大限度实现的数学严密性的科学研究比无法用数学方法加以表达的研究在精确性和可靠性上的声誉更为出色。

笛卡尔用自己的方法研究地球动力学，为科学革命作出了另外的贡献。

是他而不是伽利略最终阐明了惯性定律。他得出结论认为，一个抛体将作连续直线运动，直到这种运动被某种力量阻断。笛卡尔通过这个表述最终揭示了圆周运动的奥秘，他对惯性定律的解释也成为牛顿科学综合理论的一部分。

帕斯卡 笛卡尔的作品刚一出版就引来帕斯卡的强烈呼应，他是一个把极端怀疑当作自己思想基石的痛苦思想家。帕斯卡与笛卡尔一样在数学方面尤其是几何学和概率论研究领域取得了杰出成就。帕斯卡是一个冉森教派信徒（Jansenism），这是天主教的一支，由于该教派强调原罪、否定自由意志，也有人认为它属于加尔文教。帕斯卡的名著《思想录》（Pensées）就渗透着冉森主义思想，这本激情澎湃的沉思录于帕斯卡去世八年后的1670年出版。

在《思想录》中，帕斯卡超越了笛卡尔的怀疑主义，认为人类既不能认识自然，也无法认识自身。尽管这看似怀疑一切，不过帕斯卡仍然认为真理有不同的层次。在科学方面，帕斯卡认为他所指称的几何学精神，即数学，可以引导学者对自然进行有限认识。不过帕斯卡最有争议的是他关于人类心理的观点。他认为激情可以让人类直接理解关于上帝和宗教的真理。他把这种思想总结为常被引用的一句话："当理智没有察觉时，人们已经在运用理智思考。"在另一段文字中，他没有像笛卡尔那样用学术上的证据来捍卫自己的坚定信仰，而是通过源于概率论的赌博观点为之辩护。帕斯卡说他信仰上帝是基于一场赌博：如果上帝存在，打赌的人就赢了所有赌注，如果上帝不存在他们也没失去什么。面对削弱性的怀疑，帕斯卡对上帝的热情信仰使他成为现代基督教存在主义先驱。

科学革命的讽刺和矛盾

17世纪最独特的事态发展即科学革命颇多讽刺意味。首先必须明确的是致力于科学革命的科学家为数不多，大多数人不知道这些人的成果，即使有人向他们介绍这些科学发现他们也无法理解。作出科学发现的科学家主要投身于解决实际问题而不是试图打造新的宇宙模型。他们还认为自己所从事的工作完全在正统基督教的框架内进行（尽管他们中有些人意识到宗教领袖们并不这样想），几乎没有人预见到他们的成就最终将导致一场宗教和科学间的大冲突。

另一个讽刺是，科学进步并不完全是原创，而是渊源于中世纪晚期的理性主义和文艺复兴时期的古典学术复兴。实际上，新思想家们与其说是关注于推翻公认的宇宙模型，不如说更多地关注在中世纪学者的计算中的小误差。17世纪的科学不仅源自中世纪科学，还深受迷信和神秘主义思想影响。即便是科学革命中最伟大的学者也还持有坚定的非理性中世纪观点。例如，第谷和开普勒从事宫廷占星师的职业来维持自己的研究；哈维设想心脏在血液循环中恢复了"精神"特性；牛顿和波义耳都进行过秘密的炼金术实验；笛卡尔对数学的狂热来自一次神秘的体验；新柏拉图主义则推动了哥白尼、开普勒和伽利略的思想发展。许多学者仍然循规蹈矩地虔诚信仰他们的宗教，牛顿就曾试图把圣经预言和历史事实联系起来。虽然这些学者有着中世纪渊源，但他们的确为欧洲思想的发展指明了新方向。下一个世纪的新一代学者在科学革命及其对人类进步的涵义的基础上建构了一整套信念。

5.3 政治哲学革命

政治哲学反映了17世纪欧洲政治、经济、社会、科学和宗教体制的性质。三十年战争、路易十四战争和英国内战（参见第4讲）推动政治理论家重新思考诸如政府的本质、统治者和臣民的关系、主权国家之间的争夺以及战争对社会和个人的影响等命题。

在16世纪初民族国家兴起的推动下，17世纪初的政论作家们开始表达他们对谁掌握最终主权和如何行使权力等根本问题的观点。这些理论家意识到新生国家迅速剥夺了封建等级的权利，他们试图设计政府的最佳形式。虽然他们都以同一来源为自己的理论辩护——如《圣经》、自然法思想、科学发现以及他们自己关于人类本质的观点，但却得出了大不相同的结论。

自然法和神权：格老秀斯和波舒埃

雨果·格老秀斯（Hugo Grotius，1583—1645年）认为自然法应制约国家之间的关系。他得出这一信念，主要是因为自己在三十年战争中所遭受的苦难和亲眼所见宗教纷争中的不宽容。格老秀斯是荷兰公民但也当过驻瑞典大使，他直接观察到了大国外交关系的扑朔迷离。

格老秀斯吸收了古代斯多噶派思想家创立的自然法思想，力主各国遵守一部适用于全体国家、永恒不变并且能够被人的理性所理解的法律。格老秀斯同斯多噶学者一样相信自然法建立在人的理性之上，而不是仁爱上帝的恩赐。他不接受原罪说，相反他认为人们并非仅仅为自私的动机所驱使。他认为由于所有的人都是理性的，所以他们愿意使自己更好，并希望建立一个公正平等的社会。他在其著作《战争与和平法》（*The Law of War and Peace*）中把这一关于人性的理性观点运用到对主权国家的论述中。今天，格老秀斯的著作被公认为是国际法的起点。

波舒埃主教（Bishop Bossuet, 1627—1704年）的观点与格老秀斯正好相反，他极力维护君权神授理论。这位法国教会领袖和英国国王詹姆士一世的观点遥相呼应，詹姆士认为某些国家君主的权力是上帝授予的。波舒埃宣称，就像历代社会里上帝授命一样，专制主义如今体现在法王路易十四的统治当中。路易十四是上帝在地球上选定的封臣，他之所以有权干预子民的生活，不是由于自然法，而是因为神授君权。根据这个理论，堕落有罪的人反抗路易十四的统治，就是抗拒上帝的安排。波舒埃认为当时的纷争使专制统治在政治上是必需的。波舒埃的专制信念与英国人霍布斯类似，虽然他是以不同的方法来解释专制统治的。

专制主义和自由主义：霍布斯和洛克

霍布斯（Thomas Hobbes，1588—1679年）生长于逐渐被宗教、社会和政治纷争搞得四分五裂的英国。作为一名训练有素的古典主义者和新科学研究者，霍布斯逐渐相信通过使用力学和自然法则描述运动状态的办法，可以解释包括人类和他们的社会行为在内的各种事物。

霍布斯在某种热情的推动下依照几何原理创造一种综合的普世哲学的努力，在他1651年出版的名著《利维坦》（The Leviathan）中（插图5.9）渐入佳境。《利维坦》提出了一种悲观主义的政府理论，认为每个人都同时受对死亡的恐惧和对权力的渴求两种基本力量推动。霍布斯假设人生就听任这两种天然欲望脱缰、不受最高权威的约束。霍布斯描述人在这种状态下的生活是"孤独、贫穷、肮脏、野蛮和浅薄"的。

霍布斯认为理性的人们一旦意识到这种可怕的情形，就会决定放弃这种生活，组成在一人统治下的公民社会。这个政府演进的第一步通过在统治者和他的臣民之间订立**社会契约**（social contract）的方式实现。按照这个约定臣民交出他们所有的主权诉求，赋予统治者绝对权力。君主的命令由他下面的包括宗教和民间领袖在内的所有人来执行。君主依靠军队维持国内和平、抵御外敌入侵。

霍布斯没有区分专制君主与共和元首，因为他较少考虑政府形式，更多考虑的是制衡人们破坏性冲动的必要性。霍布斯的悲观主义哲学引起了下一代学者洛克（John Locke，1632—1704年）的回应，他批判专制主义，鼓吹民治理论。

虽然霍布斯和洛克观点相异，但两人都受到相似的影响。他们都适应了新科学、都目睹了英国内战、都因自己的政治观点而逃到欧洲大陆寻求安全。但是洛克不接受霍布斯关于人性的悲观主义观点和专制主义理论，相反他认为

生活片段

有没有罪？一场17世纪的女巫审判

苏珊妮·高德瑞（Suzanne Gaudry）
审判记录，1652年6月

1652年，一个不识字的老妇人苏珊妮·高德瑞被控告施巫术——说她拒绝接受"上帝、四旬斋（Lent）和洗礼"，崇拜魔鬼，参加巫妖狂欢日（witches'Sabbath），亵渎圣餐礼使用的圣饼以及其他罪行。这件案子在法国里厄（Rieux）的地方法庭进行审讯，她最初承认了一些指控，后来又翻供。由于要给她定罪她就必须认罪，因此她遭到拷打，她再次承认了指控。后来她被处以绞刑，尸体被焚烧。

（6月27日这天），犯人（苏珊妮·高德瑞）在被鞭打前被警告要维持自己一开始的供述，并且不要再和她的情人（魔鬼）来往。

——她宣称推翻所有供词，并且她也没有情人。被鞭打时表现镇定，说她不是女巫，同时挣扎着要哭。①……

——说……自己不是女巫。当被询问为什么曾经承认是女巫时，说是被逼才承认的。

她被告知她没有受到逼迫，相反她是在没有受到任何威胁的情况下宣称自己是一名女巫的。

——说自己承认过是女巫，但其实不是女巫，被绑在刑架上拷问时不停地尖叫着，以耶稣和圣母的名义说自己不是女巫，不愿说任何其他事……

在普香（Bouchain）医生在场的情况下官员查验了那个标记，上述医生和官员判定它的确是魔鬼的标记。②

被紧紧地绑在刑架上施以酷刑，要她维持原供。

——说自己的确是一名女巫，愿意维持原来的供述。

问她被魔鬼控制多长时间了。

——回答说她20年前在自己的住处见到魔鬼，魔鬼的形象是一个穿着黑色牛皮小马裤的男子……

问她是否和魔鬼进行过肉体交合，有多少次。

——对此她没有回答；紧接着，确信她是病了，再也问不出来一句话来。

解读本篇生活片段

1. 苏珊妮·高德瑞被控犯了什么罪？
2. 她面对指控反应为何？
3. 这份官方审判记录通过何种方式揭示了彼时彼地对这种罪行的态度和反应？
4. 苏珊妮·高德瑞是否接受了公平的审判？请说明。
5. 比较和对比这个审判和今天审判中对于犯罪嫌疑人的做法。

---

① 不哭被认为是一种巫术的标志

② 可能是胎记或其他皮肤上的瑕疵。人们曾经普遍认为魔鬼会在女巫身上打上标记作为他们之间幽会私通的标记，这个标记被刺时不会痛，也不会出一点血。

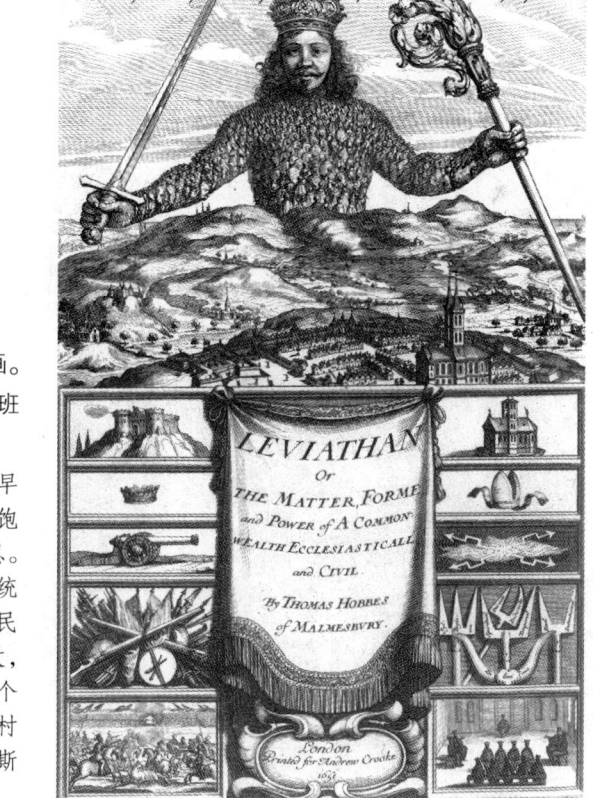

图5.10 《利维坦》卷头插画。1651年。伯克利,加州大学,班克罗夫特图书馆

这幅霍布斯《利维坦》最早的插画用象征手法传达了这部饱受争议作品所包含的政治信息。插画的中间矗立着一个神秘的统治者,他的身体由他的全部臣民构成,一手拿剑,一手拿权杖,这象征着他的绝对权力。在这个可怕的人物下面是井井有条的村落和乡野景象——这正是霍布斯的政治理想。

人性本善,他们可以自己进行统治。两位思想家的思想发展出两个观点截然不同的现代政治流派:从霍布斯那里产生了专制主义和威权主义的传统,从洛克那里产生了自由主义学派。他们的作品是巴洛克时代留给近代世界的两份最重要遗产。

洛克在他1690年匿名出版的著作《政府论》(*Two Treatises of Government*)中提出了他的政治理论。在《上篇》(*First Treatise*)中他否定了君权神授思想,在《下篇》(*Second Treatise*)中他创立了民治模式。后者成为早期**自由主义**(liberalism)的经典表述。在其中洛克论述了理想政治制度的根源、特点和目标,他认为理想政府应该是受法律限制的、服从其公民的意愿、为保护人民生命和财产而存在的。

洛克著作中有些思想和霍布斯相一致,如自然状态下人类生活是充满暴力和冲突的,人们必须建立政府保护自己,社会契约是公民社会的必要基础等

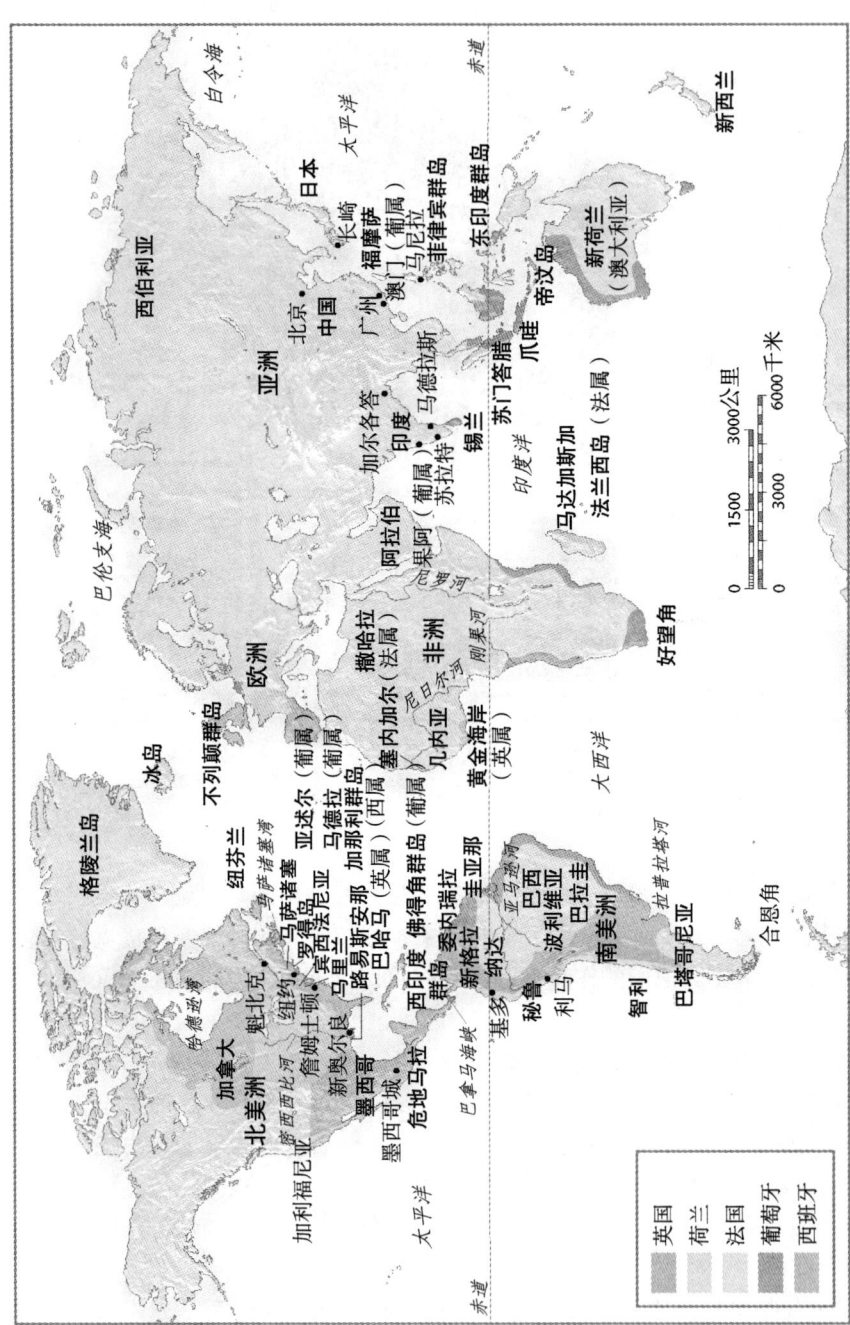

地图 5.1 欧洲的扩张，1715年

这幅地图指明了18世纪早期欧洲人的力量在全球的存在。1. 注意图中标出的五个欧洲国家的海外领地。2. 观察在不同大洲上沿海和内陆力量的遭遇模式。3. 哪一个国家拥有的海外领地最多？4. 在哪个大陆欧洲力量的存在最多？5. 欧洲力量的冲突最有可能在哪里出现？6. 哪个大洲比较少地受到欧洲扩张的影响？

等。但洛克认为包括生命和财产权在内的人的基本权利在自然状态下也是存在的。他还认为具有理性的人从根本上来说是行为得当、遵纪守法、从缓思变的。他从以上这些原则得出结论，认为人类愿意彼此订约建立一个唯一目的是保护生命和财产基本自然权利的有限政府。洛克不接受公民缔结社会契约就是将他们的主权交给一个统治者的思想。相反洛克认为人们是以信托的方式选择统治者来保护他们的权利，也就是说，他们希望统治者遵守社会契约公平施政。如果统治者不遵守这个协定，那么人民有权反抗，推翻这个政府，重申自己的自然权利。与霍布斯不同，洛克认为统治者只拥有有限权威，他们的统治必须通过平衡的政体和分权的制约。洛克的小册子影响了美国和法国的政治思想家和爱国者，他们利用这种思想为反抗暴君建立制衡政府辩护。

洛克不仅是一名政治理论家，还是当时英国杰出的哲学家。他深入思考过许多和笛卡尔同样的问题，不过得出的结论和这位法国哲学家大不相同。洛克在他1690年（同年他出版《政府论》）出版的重要哲学著作《人类理解论》(*An Essay Concerning Human Understanding*) 中提出了这样的问题：知识是如何获得的？笛卡尔认为思想的细胞与生俱来，人们生而知道某些真理，如数学原理和逻辑关系，教育只不过是为了加紧运用这些知识，并关注来自感官的新信息。

洛克否定这些观点，他把人刚诞生时的头脑形容为将要记录所有人生经历的"白板"（tabula rasa）。洛克认为任何人要知晓事物必须首先通过自己的感官来获得（这基本上是亚里士多德的观点），然后才能在头脑中记下来。原始的感知信息通过比较和对比等智力加以处理，从而在头脑中形成抽象概念和进行概括。因此，理性和经验在人的思想中统一，共同决定了每个人的真知。洛克对思想起源的解释是近代经验论的基础，这个理论认为人类所有知识都源于人的经验。洛克的影响如此之大，以至于对现代读者来说他的许多思想似乎只是"常识"。

5.4 欧洲的探险和扩张

始于15世纪晚期的探险活动，导致与新发现的民族的一系列遭遇，这使欧洲的孤立状态和自我专注心理逐渐消失。16世纪探险步伐不断加速，环球航行也得以实现，这些事态加剧了欧洲国家间的争夺，提升了欧洲的经济实力，并促使欧洲文化习俗辐射到全世界。

依靠在南、北美洲建立永久殖民定居点和开辟新的远东贸易航路，欧洲的扩张活动大获成功（地图5.1）。扩张和殖民化给欧洲造成了多方面影响：带来了新品种粮食作物和其他产品，建立了新的实业方式，摧毁了旧的经济和社会模式，欧洲人开始以新的方式看待世界，艺术创作中出现了新的象征和主题等等。这些变化对欧洲生活的影响有好有坏，但它对非欧洲人的负面影响往往超过了欧洲文化传入这些地区所带来的好处。欧洲人在非洲扩大奴隶贸易，在北美、中美、南美和加勒比海地区灭绝了许多土著部族，在世界各地以武力逼迫当地人民与之签订利己的贸易协定。

最早带头向西半球渗透的国家是西班牙和葡萄牙。16世纪伊始，这两个国家就索取了中、南美洲和北美洲南部地区。他们在任何可能的地方开采金银富矿，这些新财富源流入欧洲，提高了他们的实力，扩大了这两个国家的影响。不过当17世纪这些矿山资源接近枯竭时，荣耀富足的日子一去不返了。与此同时，英国、法国和荷兰却加紧了和美洲尤其是北美洲的联系（表5.1）。1607年英国农民在弗吉尼亚沿大西洋海岸定居，准备开垦这里的土地，1620年一批英国清教徒为追求宗教自由移民新英格兰地区（插图5.11）。再往北，法国探险家、传教士和毛皮商人于1608年建立了魁北克殖民地，然后沿圣劳伦斯

表5.1　巴洛克时代新世界的殖民地

位置	建立时间	建立者
詹姆士顿（弗吉尼亚）	1607	英国人
魁北克（加拿大）	1608	法国人
普利茅斯（马萨诸塞）	1620	英国人
圣基茨岛（西印度群岛）	1623	英国人
新阿姆斯特丹（纽约）	1624	荷兰人
巴巴多斯	1627	英国人
巴西	1632—1654	荷兰人
库拉索岛（Curaçao，西印度群岛）	1634	荷兰人
马提尼克岛（Martinique，西印度群岛）	1635	法国人
圣卢西亚（西印度群岛）	1635	法国人
洪都拉斯（伯利兹）	1638	英国人
圣多明各（海地）	1644	法国人
巴哈马（西印度群岛）	1648	英国人
牙买加（西印度群岛，从西班牙手中夺得）	1655	英国人

图5.11 霍拉:《弗吉尼亚的印第安男子》(*Indian of Virginia, Male*)。1645年。蚀刻版画，10.2×7.6厘米。纽约公共图书馆特许使用

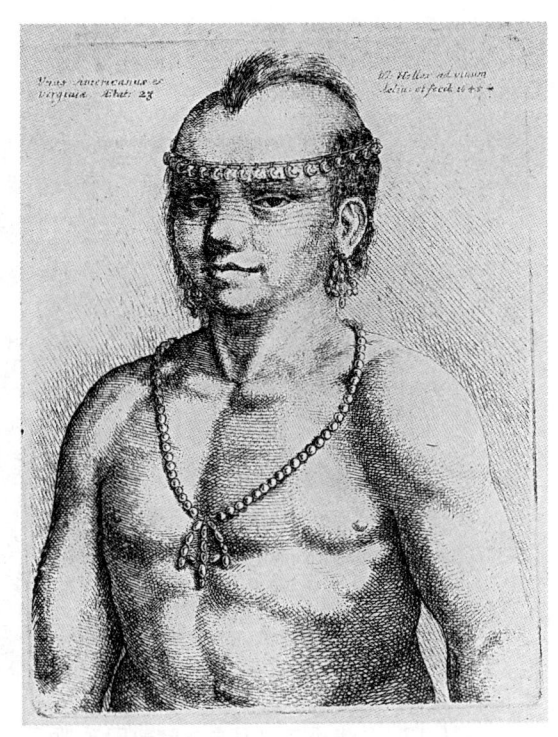

这个版画中的土著男子可能是17世纪被带到伦敦的许多印第安人中的一个。他是自愿还是被迫去海外的还不知道。不过画家把他描绘成有尊严的骄傲的男人。图上拉丁文的意思是：左上方是"一个从美洲来的印第安人，23岁"；右上方是"W.霍拉画于1645年"。W.霍拉就是文塞斯劳斯·霍拉（Wenceslaus Hollar），他来自今天属于捷克共和国的地区，17世纪中期在伦敦生活，为与英国王室有联系的贵族艺术赞助人工作。

河流域扩张，向南进入大湖地区。与此同时，法国人进入加勒比海湾，占领了西印度群岛的许多岛屿。1655年后英国人开始进入大西洋沿岸南部地区和西印度群岛。这些新到达的殖民者最终要么把西班牙人赶走，要么大大削弱了他们的影响力。与此同时，荷兰在北美的哈德逊河两岸和大西洋沿岸中部零散地区建立了自己的殖民地（插图5.12）。

英国、法国和荷兰认识到向海外派出更多探险者以及殖民团体的经济利益，开始鼓励建立殖民地。这些殖民者依靠政府和皇室特许状在海外建立了大量定居点，他们很快在新世界和旧世界之间展开了活跃的贸易活动，用新世界的原料和旧世界的工业制成品进行交易。1681年，威廉·潘恩（William Penn，1644—1718年）根据一份英国特许状建立了宾夕法尼亚殖民地。

在远东，殖民拓展较少依靠特许状而是依靠联合股份公司来进行，这是英国和荷兰采用的一种私有企业形式。英国和荷兰通过英属东印度公司与荷属东印度公司各自开辟了远东贸易航路和确保远东市场。这两个公司同印度王公以及日本和中国的政府官员缔结了有利可图的合约。

图5.12　作者不详：《荷兰的造船厂》。版画。17世纪

由于他们成功的商业活动和航海技术，荷兰人成为成功的商人、探险者和殖民者。在荷兰共和国，领导者鼓励创业活动，如建立于1602年的荷属东印度公司。这种合伙制股份公司——一种投资者汇集资金并共担风险到海外赚钱的贸易公司——让很多人发了财。为了往海外运输货物，荷兰人建造了又大速度又快的商船。荷兰的水手和船员也是一流的，只有英国人可以媲美。荷兰人的海军舰船，或者叫军舰（men-of-war），建造精良，能经得住大风大浪，武器装备也好。虽然它们比葡萄牙和西班牙的大帆船军舰小，但它们更易于操控，在航海中对风的依赖也更小，因此最后把这些大帆船军舰都赶出了远海。

5.5　对思想革命的反应

科学发现、怀疑论日盛、新政治理论和海外探险在17世纪初的艺术家、知识分子和受教育的公众当中引起了各种不同的反应。例如，在贵族中间出现了一批投身最新科学研究并因此受到尊重、被称为"专家"（virtuoso）的社会新人。另外此时还出现了一种新型文学，这些作品为了文化精英们的消费而将科学概念和科学发现通俗化。总的来说，17世纪的社会心态和文化意象丰富而生动地展现了那个时代的创新和变革。

图5.13 中国人眼中的荷兰商人。瓷器。清朝，康熙时代，17世纪。曾经为荷属东印度公司所有

17世纪当欧洲人向全球传播文化的时候，他们有时也会遇到其他文化中的人创造的对他们的映像，就像这幅作品所表明的。这些形象反映了对欧洲人的一种刻板印象，他们穿着那时候中国人的时装（长袍、马裤、礼帽），也有和中国人明显不同特征(特别的颧骨，卷曲的头发［假发？］以及面带微笑)。从康熙统治时期（1661—1722年）开始，这些陶瓷就是为欧洲市场制造的"稀奇玩意"。它们是珐琅彩瓷，即在预先烧制的瓷胎上绘上绿色、黄色、紫色和白色的釉，然后二次烧制而成。

思想的传播

在科学革命激动人心的黎明时分，一些科学家和学者意识到新科学成果应该尽可能广泛地进行传播，因为这些信息对从事科学研究的人来说极为宝贵。投身这项工作的热情使他们有了共同的思想。首先，他们通过个人联系和在大学中偶尔碰面的机会交流信息。但到17世纪中期时科学社团已成为交流新知识的惯常途径。第一个科学社团出现在英国，1662年英王查理二世颁发特许状成立皇家学会（Royal Society）。仅仅几年后，路易十四就于1666年支持创立了法兰西科学院（French Academy of Science，插图5.14），1700年德国科学家建立了柏林科学院（Berlin Academy of Science）。

与此同时，许多对科学有浓厚兴趣、希望了解更多科学和数学变革却没受过专门训练的人们则求助于那些可以为他们阐明科学新发现、并用通俗语言进行解释的著作家。法国思想家、长寿的法兰西科学院秘书丰特奈尔（Bernard de Fontenelle，1657—1757年）就是迎合这种兴趣的作家之一。他的著作《关于多元世界的对话》(*Conversations on the Plurality of Worlds*）为这种通俗作品树立了早期的标准。丰特奈尔运用自己的学识和智慧创作了这本他自己和一位

遭 遇

贸易的力量

1616年，英国国王詹姆斯一世派使臣托玛斯·若奥（Thomas Roe）爵士携带礼物到印度阿格拉城贾汉杰（1569—1627年）皇帝的皇宫向他或者说是莫卧儿帝国致意。若奥靠自己的坚强的个性、耐心和宫廷诡计努力为英国贸易企业东印度公司（East India Company）在印度西海岸的苏拉特（Surat）获得了一个贸易口岸，或者说一个"工厂"。这个看似平淡无奇的遭遇把一个当时世界上最富有最强大的帝国之一和一个小海岛上的王国联系起来，此后直到20世纪中期两者的命运始终交织在一起。

英国人和此前的葡萄牙人和荷兰人一样只对从印度产品和货物贸易中牟利感兴趣。他们以轻蔑或惊愕的态度来观察13世纪蒙古入侵和统治后形成的包含了波斯、印度和中亚文化元素的莫卧儿文明。作为基督徒，许多印度教徒和穆斯林的宗教活动和信仰使他们受到冒犯。不过，虽然他们没有被莫卧儿帝国在建筑和工艺、金属加工工艺、大部分美术门类以及珠宝制造等方面所取得的成就打动，但他们马上认识到印度纺织品、尤其是棉织品的经济价值，英国商人开始从印度西部古吉拉特

比奇特尔（Bichitr）:《贾汉杰皇帝的寓言》（*Allegorical Representation of the Emperor Jahangir*）。17世纪，洒金彩绘，高26.7厘米。华盛顿，史密斯学会，弗利尔美术馆（藏品编号42.15V）

在这幅精美的微型画中，贾汉杰（1605—1627年在位）坐在一个沙漏上，贾汉杰这个名字的意思是"世界之主"，沙漏似乎隐喻的是时光飞逝以及贾汉杰统治的短暂。在贾汉杰面前站着一个毛拉，也就是伊斯兰教士，皇帝正在把一本书递给他。在毛拉下面有两个人，象征着贾汉杰对世界事务的假象的控制，据美术史家考证这两个人一个是奥斯曼帝国的苏丹（黑胡子的），一个是英国的詹姆斯一世（穿皱领的）。左下方拿着一幅画的人可能就是这幅画的作者、著名的宫廷画家比奇特尔。

(Gujarat)地区进口亚麻布用来制作家居用品,后来到17世纪又用它来制作服装。来自马德拉斯(Madras)城的马德拉斯棉布、印花棉布以及波斯丝绸都逐渐深受欢迎。

17世纪初年,东印度公司又迫使莫卧儿统治者租让了更多土地。18世纪初,伴随着莫卧儿帝国的崩溃英国人开始介入到印度地方政治事务中。18世纪中期,他们赶走了剩下的竞争对手法国人,通过王公系统和经济压力完全控制了这个国家。19世纪欧洲工业革命摧毁了印度的纺织工业,因为此时英国人可以运输自己生产的精美棉织品到印度销售获利。由于印度是原料产地和英国工业品市场,所以它对英国的利益仍然十分重要,成为英国统治世界的重要支柱。1876年维多利亚女王加冕成为印度女皇,印度对大英帝国的关键作用不言而喻。但此后不到75年,即1947年,印度在民族主义的精神领袖甘地(Mahatma Gandhi,1869—1948年)的领导下获得独立,成为世界上人口最多的民主国家。她的独立也开启了大英帝国走向解体的过程。

读"遭遇",学知识
1. 葡萄牙人、荷兰人和英国人为何去印度?
2. 在同英国的"遭遇"中,印度得到了什么?
3. 英国对印度文化和宗教如何反应?
4. 英国和印度间最早的贸易协定通过何种方式形成了两个帝国的关系?
5. 讨论贸易问题如何影响了美国和其他国家的关系。

爱追根问底的女伯爵之间的对话录,在这本书中丰特奈尔以富有启迪又十分有趣的方式解释了牛顿物理学和新天文学知识。借助像丰特奈尔这样的宣传家,新理论和新思想既可以为普通民众所了解,又进入了更广阔的文化领域。

另外一个法国宣传家是培尔(Pierre Bayle,1647—1706年),他开始像辞典和百科全书那样系统地整理各种思想理论,开创了传播知识的新方式。培尔最脍炙人口的著作叫《历史批判辞典》(*Historical and Critical Dictionary*),它可能是巴洛克时代最富有争议的著作。在这部百科全书式的作品中,培尔为圣经人物、古代和中世纪思想家以及当时的学者撰写了词条,其中许多内容挑战基督教信念。每个词条都好像是一篇包括正文和长长脚注的小文章。他这部作品的目的是阐明关于每个主题矛盾对立观点,如果最后的结论冒犯了虔诚的基督徒,他就指出自己是遵从《圣经》和基督教教义进行写作的。读过这部作品后许多读者就像培尔有意为之那样对某些主题表示质疑。而另外有些人质疑培尔的动机,谴责他是无神论者。围绕这部作品的争论甚至没有随着培尔的离世而平息。到1750年时《辞典》已经多次重印,还出现了许多模仿它的作品。

由于两个原因培尔的《辞典》标志着文献史进入了一个新阶段。首先这部书是卖给订购者的,这意味着王室、贵族或教会的赞助不再是出版一部书的

图5.14 J. 高顿（J. Goyton）根据 S. 莱克勒克（S. Leclerc）的一幅画制作的版画：《路易十四在科学院中》（*Louis XIV at the Academy of Science*）。1671年。版画。巴黎，国家图书馆藏

巴洛克时代科学很时髦，统治者提供资金资助发明和发现。这幅画上路易十四正在访问法国最著名的科学家组织皇家科学院。从那时起，科学与政治之间为了相互的利益就结合起来了。

必要条件。其次，培尔的尝试获得巨大成功表明有知识的公众愿意花钱购买自己感兴趣的书籍。而下一代作家很好地把握住了这两点，他们的写作活动摆脱了赞助制度，标志着以特定读者为目标的近代写作活动开始兴起。

对艺术的影响

　　自然科学和哲学创新不仅与知识公众而且与画家和作家思想意识的变迁是相一致的，前者促进了后者发展。巴洛克时代的创新作品中反映这些新思想的新观点、新价值和新口味十分明显，其中有许多我们已经在第14章探讨和论述过。这些新观念的核心思想是认为自然界存在一种可以用数学定理表达的看不见的和谐精神。在美术中，这种思想体现在奔放华丽的巴洛克式外在形式下的规则和严整，例如凡尔赛宫花园和庭院呈几何形状，或者救赎的主题使弥尔顿散漫的长诗《失乐园》一气呵成。

　　科学革命，特别是天文学发现的第二个反映是弥漫在巴洛克美术中的空

科学和政治思想革命的遗产

一位科学史专家称,科学革命"使基督教出现以来的所有事件相形见绌,与之相比文艺复兴和宗教改革只不过是中世纪基督教体系中的两段插曲"。虽然其他人没有如此高度赞扬这个单一事件,但的确有充分的证据说明这场革命使人类看待自身和世界的方式发生了巨变。牛顿学说直到20世纪一直是公认的宇宙观。同样,收集原始数据、根据假设进行归纳推理、用数学来核查结果的新方法论仍然是现代科学研究的标准程序。这种推理方法还进一步扩展,从中产生了其他思想领域。就连人文科学的某些学科,如语言学,也在可能的范围内使用科学方法。

在科学展示了可以解开自然奥秘的同时还导致了怀疑论的高涨。从巴洛克时代结束时以来,西方文化中的一切实际上都遭到了系统的怀疑,包括宗教信念、美学理论和社会习俗。虽然除科学外还有许多原因造成了这种对现存标准质疑的思潮,但科学革命为这种普遍怀疑创造了直观模式和现成工具。由于亚里士多德和其他古代思想家的思想被证明是错的,近代学者从而开始怀疑所有其他从古代获取的信念。

怀疑主义加剧了思潮涌动,这可能是近代生活最引人注目的特征。

虽然洛克政治思想中的新意和欧洲文化扩张留下的遗产无法与近代科学的兴起的影响相提并论,但政治理论和欧洲与世界其他地方关系的变革同样对近代生活产生了巨大的影响。总的来说,新政治理论产生了两种对立的传统:一是威权主义传统,它认为建立强大的中央集权制政府是确保对所有公民正义的最佳途径;一是自由主义传统,它认为公民有能力自己统治。此后,西方政治就是围绕这两大观点的对立诉求组织起来的。直到晚近时期,这种事态发展的标志乃是威权主义苏联的支持者与民主主义美国的支持者之间的分裂。

17世纪在新世界的殖民化事业有助于伸展西方的地理范围。因此,今天我们可以在全世界哪怕是最偏远的地方发现西方的思想和技术。开发新世界的负面影响是使得欧洲中世纪早期基本已经灭绝的奴隶制度死灰复燃,它给被奴役的非西方世界的人们带来了毁灭性的后果。我们至今仍在饱尝它造成的苦果。

间无限感。巴洛克美术家喜爱曲线、椭圆形和飘逸的轮廓可以和开阔的新宇宙观联系起来。对科学革命的兴趣和感情的最集中表达当然是拟真顶壁画(参见插图4.11)。

科学革命对艺术的最后一个影响是在艺术创作中分析推理技巧被提升到一个重要地位。牛顿的天才使他理解了曾困扰别人的概念和定律,艺术家和人文主义者受其启发,开始运用自己的分析能力探究人类生活表面之下隐藏的真理。例如,拉辛的剧本显示了对人的心理活动的敏锐洞察力,政治哲学家霍布斯和洛克也是如此；伦勃朗不断创作自画像表现了他揭示自己内心最深处感情的能力和愿望。巴洛克时代的美术和文学表明，虽然科学革命推翻了人类在宇宙中的中心地位，但仍然可以对人类面临的困境持乐观态度。

文化关键词

科学革命（Scientific Revolution）　　地心说（geocentrism）
经验主义（empiricism）　　归纳推理（inductive reasoning）
演绎推理（deductive reasoning）　　日心说（heliocentrism）
社会契约（social contract）　　自由主义（liberalism）
白板（tabula rasa）　　专家（virtuoso）

批判性思考提问

1. 科学革命对哲学和神学研究有什么长期影响？

2. 讨论哥白尼、开普勒、伽利略和牛顿在天文学和物理学领域的发现和贡献。他们的发现如何威胁到那时已存在的宇宙观？

3. 培根和牛顿谁对科学革命的影响更大？解释你选择的原因。

4. 定义"社会契约"的概念，具体说明霍布斯和洛克如何在他们的政治作品中使用这个概念。这两位思想家关于人类本质的论断你认为谁是正确的？为什么？

5. 你认为科学革命比文艺复兴和宗教改革更重要吗？为你的立场辩护。比较西方思想史上这三场运动的影响。

6 理性时代

1700—1789年

科学发现和哲学思想使17世纪在思想史上如此激动人心，从而在18世纪结出了丰硕的果实，18世纪常常被称作理性时代（Age of Reason）。科学革命的进步使18世纪初的思想家相信自己生活在一个启迪和启蒙的年代。由于他们致力于科学方法论、数学推理和有益的怀疑论，他们热切地相信他们的知识可以改善个人和社会。

理性时代有四个不同的发展潮流。首先是大国政治权力不断集中，这一进程从巴洛克时代就开始了。法国是最强大的国家，紧随其后的依次是大不列颠（这是英格兰和苏格兰统一以后的新国名）、普鲁士、奥地利、俄罗斯和荷兰（地图6.1）。其次是经过了一个多世纪的衰落之后贵族统治卷土重来。复辟贵族招摇卖弄的文化到头来证明是他们的临终哀鸣，因为世纪之末的法国大革命摧毁了他们的权力基础。三是中产阶级在政治和文化上的地位日益突出，他们支持主张社会平等、社会正义和彻底社会改造的进步思想家。这些思想家发起了被称作**启蒙运动**（Enlightenment）的思

◀ 巴尔塔扎·诺伊曼（Balthasar Neumann）等：宫殿（Residenz）中的"皇帝室"（Kaisersaal），往南墙方向观察，1719—1744年，德国伍兹堡（Würzburg）

220　从文艺复兴到启蒙运动

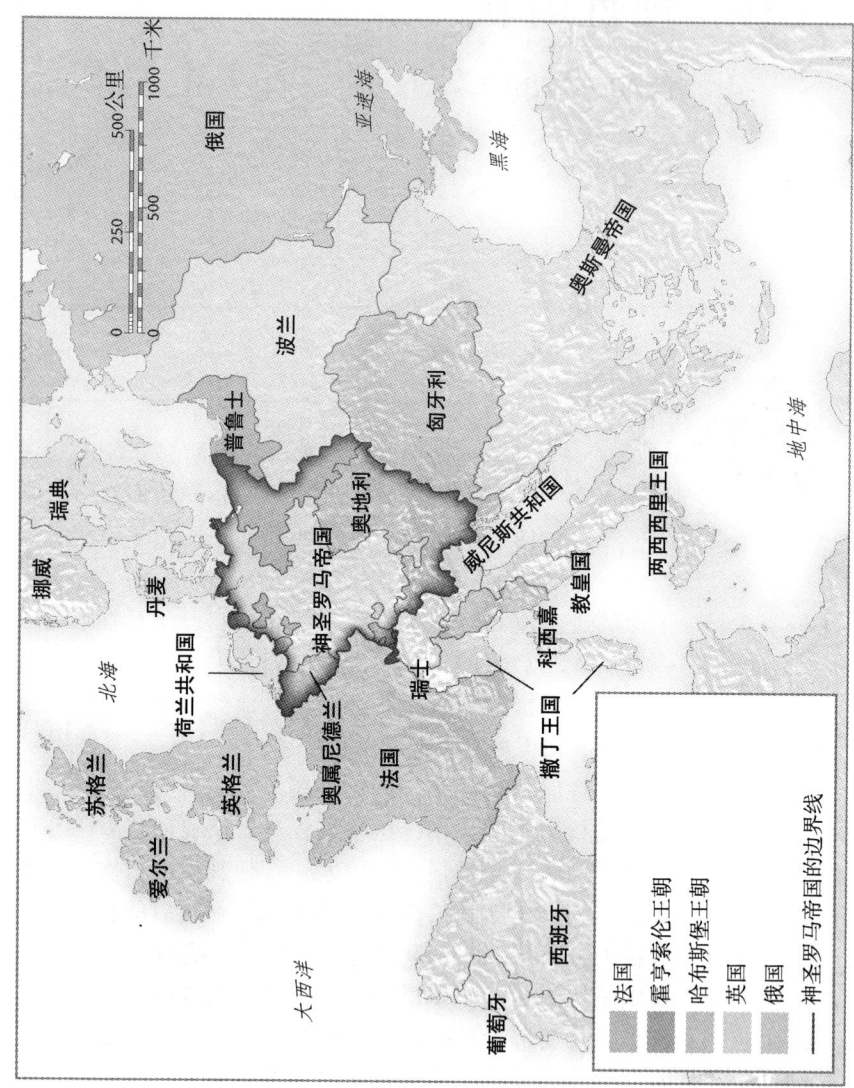

地图 6.1 欧洲，1763—1789 年

这幅地图表明了 18 世纪中期欧洲的政治分界线。1. 确定欧洲五大国法国、英国、俄国、霍亨索伦王朝和哈布斯堡王朝的领土界限。2. 哪一个大国的领土最小？3. 哪一个国家拥有最分散的岛屿领土？4. 地理和文化的多样性如何影响到了一个国家对大国地位的维持？5. 注意欧洲东南角的一个穆斯林国家奥斯曼帝国的辽阔疆域。

想和文化运动，这成为第四个也是最重要的一个帮助重构18世纪初西方社会生活的潮流。

与这些政治和社会潮流出现的同时，为了抵制毫无节制的巴洛克风格，在法国绘画、建筑和音乐领域出现了一种新的艺术风格。这种被称作洛可可（Rococo）的艺术风格与巴洛克风格相比少了些沉闷和压抑，多了些随意与优雅。大约1750年以后，欧洲又出现了一种与洛可可和巴洛克风格都不相同的独特艺术形式，这就是新古典主义（the Neoclassical）。与洛可可风格不同的是新古典主义的美术和建筑风格曾经在整个欧洲和美国广泛流行。音乐领域也出现了纯净幽雅的古典主义风格，无与伦比的伟大音乐家莫扎特更是为古典主义音乐锦上添花，可以认为他是历史上最伟大的音乐天才。

6.1 启蒙运动

18世纪思想家的理想和目标来自各种各样的源泉。他们以古希腊和古罗马的思想家为榜样，反对迷信，运用理性探寻真理，从世俗的、以人为中心的视角观察世界。他们摄取文艺复兴的养分，拥抱人文主义——相信人可以通过学习与实践文学、哲学、音乐和美术就可以提高自己。他们从17世纪的科学和哲学革命尤其是牛顿、培根、笛卡儿和洛克的作品中得到了对理性主义、经验主义、怀疑主义和实验方法的信任，并坚信人通过教育和无止境的进步而致完善。

启蒙运动只影响了一小部分欧洲人的世界观，他们主要生活在巴黎、伦敦和爱丁堡。工人和农民受这场运动影响很小。许多贵族和中产阶级成员尤其是教师、律师、记者和神职人员阅读启蒙思想家的作品。最终，大量有文化和有影响的人士接受了启蒙运动的目标，从而影响到18世纪后期发生的革命事件（历史分期表6.1）。

启蒙思想家和他们的纲领

启蒙运动的中心人物是一批被称作"**启蒙思想家**"（philosophes）的人，它是法语"哲学家"（philosopher）的意思。启蒙思想家不是正式意义上的哲学家，这个词更多的是指那些希望影响公众舆论的人。他们不使用学者的研究方式，如进行深奥的辩论、只进行专业写作，而是通过小说、散文、小册子、戏剧、诗歌和历史作品等影响大众读者。在这方面丰特奈尔是先行者，他在其著作《关于多元世界的对话》中通俗地介绍了新天文学思想（参见第5讲）。启蒙思想

历史分期表6.1　理性时代

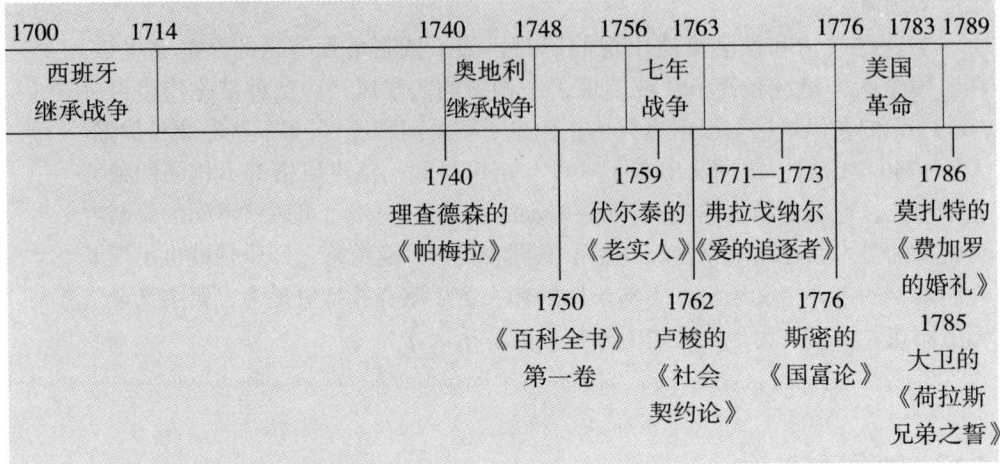

家们一有机会就公开抨击自己眼中的社会丑恶现象,支持那些愿意变革的统治者,即所谓的开明专制君主。不过当遭到书报检查威胁时,他们就掩饰自己的激进思想,或者在当时欧洲最自由的国家荷兰出版他们的批评性作品。

启蒙运动基本上是法国文化生活的产物,巴黎是它的中心。主要的启蒙运动思想家有伏尔泰、狄德罗、孟德斯鸠——他们全是法国人——以及由于收养关系而会说法语的瑞士作家卢梭。不过在欧洲其他地方,主要是英国和英属北美殖民地也出现了一些重要的启蒙思想家。其中最著名的有英国历史学家爱德华·吉本(Edward Gibbon)、美国作家本杰明·富兰克林(Benjamin Franklin),还有两位苏格兰思想家:经济学家亚当·斯密和哲学家大卫·休谟。

虽然启蒙思想家的思想观点从没有完全一致过并且常常截然对立,但他们还是有一些共同之处。启蒙思想家完全信赖人类理性;他们相信自然是有序的并且从本质上是善的,是可以通过经验方法加以理解的;由于人类是可以改善的,因此他们认为变革和进步可以逐步改良社会。笃信理性使启蒙思想家们拒绝接受宗教信条,特别是罗马天主教的教义;他们反对顽固不化和不宽容,提倡选择信仰的自由。启蒙思想家认为教育可以使人类从无知和迷信中解放出来,因此他们呼吁扩大不受教会控制的教育体系。

启蒙思想家认为当时的政治、经济和宗教制度必须进行改革,以便"为最大多数人带来最大幸福",这句话表明了启蒙运动的主要理想,它成为19世纪英国思想家和改革家边沁(Jeremy Bentham)的战斗口号。这些理论家期待着社会来一次大检修,迈向一个普遍和平与博爱的黄金时代。实际上他们乞求

图6.1 约书亚·雷诺兹爵士(Sir Joshua Reynolds):《作为悲剧缪斯的席登斯夫人》(*Mrs. Siddons as the Tragic Muse*)。1784年。帆布油画,2.36×1.45米。加利福尼亚,圣马力诺,亨廷顿美术馆

  洛可可风格的肖像画家约书亚·雷诺兹爵士曾经为包括莎拉·席登斯在内的很多他同时代的英国人画像。席登斯夫人出身戏剧世家,她的表演赢得了很多有知识有见识的英国观众的欢迎,成为18世纪最著名的悲剧女演员。在画中,雷诺兹爵士让席登斯夫人离观察者很远,在她周围是精心安排的背景,似乎她是在背景昏暗的舞台的前面。她背后的两个人物代表了亚里士多德对悲剧的定义——悲伤和恐惧。

世俗福音:幸福不在来世而在现世。

  启蒙思想家构想了一个保护其公民自然权利的复兴社会,不过他们却无一例外地仅仅是从男性而没有从女性的角度思考问题。他们仍然认为女性智力和体力低劣,因此需要男人的保护或指导。直到下一个历史阶段,也只有在那时,在法国大革命的鼓舞下,伸张妇女权利的呼声才出现。

  英国作家玛丽·沃尔斯通克拉夫特(Mary Wollstonecraft,1759—1797年)是其中一个受法国革命风潮影响的人物,她在其作品《女权辩护》(*A Vindication of the Rights of Woman*,1792年)中利用启蒙运动理想呼吁妇女解放。沃尔斯通克拉夫特和卢梭一样是一个民主主义者,她反对一切形式的等级制度,包括贵族专制、军队,尤其是要靠曲意逢迎才能获得升迁的教士制度。但沃尔

斯通克拉夫特与卢梭的不同之处是她致力于维护妇女权利，她把妇女称为"人类的一半"。沃尔斯通克拉夫特反对用"亚当的肋骨"来解释妇女作为男人构造之物而低人一等之说，她宣称女人和男人一样具有理性，因此应当被同等对待。这位"现代"启蒙思想家的中心观点是，妇女应该摒弃女性的乖巧和伶俐、特别是全力以赴取悦社会的行为，并通过教育成为与有知识的男子平起平坐的伙伴。从19世纪起改革者们着手处理沃尔斯通克拉夫特提出的问题，尤其是妇女教育和普选权问题。

宗教

在理性时代，有两种宗教趋势浮现出来：自然神论信仰，它吸引了一小撮有影响力的思想家；新的新教教派，它们吸引了欧洲和新世界各阶层的群众。这两股潮流在当时都引起了争论，今天的西方仍能感受到它们的持久影响。

自然神论　牛顿式学说的含义是上帝首先推动了宇宙之后就让它按照自然法则运行。启蒙思想家接受了把上帝比作一位钟表匠的隐喻，一些思想家用一种被称作**自然神论**（Deism）的基督教信仰来替代传统基督教思想。自然神论者信仰某种终极存在，即一位创造了宇宙并为其制定运行法则、但此后却不再干涉自然和人类事务的造物主。信仰钟表匠式的上帝使自然神论者认为祈祷是无用的，同时这种思想还把耶稣的地位从一位救主降低为一位道德模范。

为数不多的公众人物支持自然神论，例如英属宾夕法尼亚殖民地的本杰明·富兰克林和影响巨大的《百科全书》的共同编辑让·达朗贝尔（Jean d'Alembert）。虽然自然神论没有被广泛接受，但它的出现标志着宗教思想的一种转变，还标志着18世纪欧洲人思想意识的进一步世俗化。

大众宗教　18世纪两个最重要的大众宗教运动是欧洲出现了**虔诚派**（Pietism）和英属美洲殖民地出现了**第一次大觉醒**（First Great Awakening）。这两个教派都出自主流新教，有松散的联系和某些相同特点。他们都认为现有的教会脱离了普通信徒，成为富人和权贵的同伙。这两个宗教运动都认为教会的使命应该是解决迫切的社会问题，如贫困和社会不平等问题，而不是像英国和德国传统教会那样接受现状。它们还提倡以研读《圣经》为基础的个人信仰生活，而不是像传统教会那样执着于礼拜仪式和祷告。

德国路德宗中间的虔诚派兴起于17世纪晚期，直到1760年代都很兴盛。18世纪早期传播到中欧，在那里又衍生出几个新教派。其中一个教派摩拉维亚兄弟会（Moravian）向英属美洲殖民地派出传教团，在那里建立了定居点。

它们还向英国派出传教士,在那里它们发展了不少对英国圣公会不满的信徒。卫理公会教派（Methodists）创始人约翰·卫斯理（John Wesley，1703—1791年）就在英国和北美的佐治亚殖民地受到了摩拉维亚兄弟会的影响,他早年间曾去过佐治亚。卫斯理提倡精神的革新,要求信徒要"重生",即放弃他们原罪的生活方式,选择耶稣基督为自己的救主——这一信条至今仍是新教的核心信仰。卫斯理的宗教运动尤其对于第一次工业革命期间的英国和美国的乡村贫困农民和城市工人有吸引力。尽管一开始不愿意与英国圣公会分道扬镳,但卫斯理最后还是承认了其宗教信条和英国圣公会教义不可调和的矛盾。直到1784年教会才出现了正式分裂,这一年出现了卫理公会教会。

　　卫理公会和德国虔诚派成了美洲殖民地第一次大觉醒的催化剂。布道和信仰复兴运动席卷了从新英格兰到佐治亚的英国殖民地。就像新教改革时期一样（参见第3讲）,这场运动强调人类的原罪和上帝的恩典,耶稣基督作为救世主的关键作用,《圣经》是宗教权威的唯一来源,以及"重生"的必要性。这场运动有两个关键领导者,一是在新英格兰活动的神学家、引人入胜的布道者乔纳森·爱德华兹（Johnthan Edwards，1703—1758年）,另一个是烈火式布道者和卫斯理公会的核心圈成员乔治·惠特菲尔德（George Whitfield，1714—1770年）,他领导了佐治亚和其他南方殖民地以及东海岸城市的信仰复兴运动。

　　当第一次大觉醒在新英格兰逐渐式微的时候,它却在不断向西移动的边疆、乡村和南部殖民地表现出巨大的生命力,这为美国圣经地带（Bible Belt）的出现奠定了基础。这场运动影响到穷人、妇女、奴隶和自由黑人,它推动了殖民地生活中的宗教民主化。它还推动了一些高等院校的建立,这些高校通过教育青年人和培训牧师使得第一次大觉醒运动的价值观可以世代延续下去。作为英国圣公会和其他主流新教派别的有力竞争者,这场运动削弱了传统教会和当地英国官员的联系。这种进步还有社会和政治影响,这种影响在美洲革命前夕浮现出来。第一次大觉醒运动在1760年代达到顶点,不过其影响在其后也很强烈,成为后来美国历史上宗教复兴运动的先驱。

《百科全书》

　　启蒙思想家通过各种各样的途径传播信息,有小册子、论文、书籍,有私下和公开的讨论和辩论,有新兴的新闻业,特别是还有在法国出现的沙龙,这是一种半社交性半正式的时髦精英人物探讨思想的聚会。但启蒙思想家们最重要的活动是编撰集启蒙思想之大成的不朽工程《百科全书》（*Encyclopédie*）。英国人钱伯斯（Chambers）编纂的《百科全书》（*Cyclopedia*，1728年）和法国人培尔编纂的《词典》（*Dictionary*，1697年）这两本较早的著作为《百科全书》

图6.2 《百科全书》插图：法属西印度群岛的棉花种植园。1751—1765年

作为百科全书的主要编辑者，狄德罗接受弗朗西斯·培根的观点，认为一切知识都是有用的。因此这部参考性著作的条目和插图重点强调实用知识，例如肥皂制作、人体解剖以及兵工厂等。例如，在这幅画中，通过理想化种植园的景象，读者可以仔细探究原棉如何经过加工从而海运到欧洲的。

的出现铺平了道路。这部创新之作的编纂开始于1750年，完成于1772年，包括17卷正文和11卷插图与图版（插图6.2）。超过161位作者为这项具有深远教化意义的文化事业撰写了词条，编纂这部书的目的是对现有的艺术、工艺和科学知识进行总结。

《百科全书》的主编是启蒙运动文化巨匠之一狄德罗（Denis Diderot，1713—1784年）。这部书中有些文章颇招非议，常常使狄德罗陷入和当局之间的麻烦，他坚称正是这些文章意在"改变一般的思维方式"。由于法国的审查，1759年《百科全书》的出版曾一度中断，后在其他一些政府官员的谋划帮助下秘密恢复出版。《百科全书》和那个时代大多数书籍的出版不同，它的出版资金来自读者，不靠王室和教会的资助，私人流通图书馆将书卷出租给数不清的客户。

重农主义者

在启蒙运动中有一批关注经济事务的法国著述家加入启蒙思想家的队伍，他们把自己称作**重农主义者**（Physiocrats，这个名词是杜撰的，来自希腊语，意思是"大地规则"）。重农主义者致力于探究经济活动的一般性质，尤其探究当时盛行的经济学说重商主义的优缺点，采取重商主义的国家为自己的利益而对贸易和生产活动进行管制。在重农主义者看来，这种国家掌控的体系阻碍了不少欧洲国家经济的发展。重商主义的作用与其目标相背离，它不仅降低了劳动者尤其是农民的生产效率，还造成了劳工的骚动和暴乱。

在启蒙运动以自然法则治理社会原则的指引下，重农主义者认为类似的"法则"同样也适用于经济的兴衰。他们对法国经济进行了全面分析之后，得出结论认为经济中的确存在某些根本规律，如供求法则，他们还认为政府不加干预时这些规律运行得最好。因此他们建议政府废除重商主义而采用"自由放任"（laissez-faire）的政策，换句话说，让自我调节的自由贸易法则有效运作的经济。此外，他们争辩说，私有财产不受限制是个人自由的必要条件。这些法国思想家认为如果允许所有人都追求自己的个人利益而不是为国家利益工作，那么个人和全社会都会自动获得好处。

大约与此同时，苏格兰经济学家亚当·斯密（Adam Smith，1723—1790年）也创立了同样的理论。他在《国民财富的性质和原因的研究》(*An Inquiry into the Nature and Causes of the Wealth of Nations*，1776年）中提出了他的结论，这本书成为工业资本主义经济的圣经。如此，斯密批评重商主义是那个时代的经济灾祸，指出了劳动在制造业中发挥作用，提倡开放和竞争的贸易，以便自由市场经济这只"看不见的手"得以运作。斯密的观点很快被崭露头角的企业家所接受，并对工业革命促成的变革产生了直接影响。

6.2 理性时代的大国

与17世纪初的混乱相比较，1715年到1789年这段时间欧洲国际局势相对比较和平，国家间的冲突稀少而短暂。另外此时的欧洲经历了一个人口持续增长造成的缓慢而稳定的经济扩张时期。繁荣促使欧洲中产阶级兴起，在英国和荷兰尤其如此。不过法国中产阶级仅小有所获，而在中东欧国家中产阶级只占人口的很小一部分。

社会：延续和变革

18世纪经济适度增长产生的一个重要影响是社会的城市化不断加强。虽然大多数欧洲人依然在农场和村庄里过着传统生活，但城镇却为那些满怀抱负的人们提供了越来越多的机会。这种从乡村到城市的转变最早是出现在工业革命的故乡英国，其次是法国。直到下个世纪这种变化才缓慢地波及中东欧的某些地区。

传统的社会等级制度将每个社会阶层固定在自己的位置上。贵族只占总人口的3%，但他们却拥有很大权力和财富。包括富裕商人、银行家和专业人士在内的上层中产阶级通常居住在迅速扩大的城市地区，对商业和政府事务发挥影响力。中间阶级广大阶层包括小商人、店主、熟练工匠和官吏（插图6.3）。在中间阶层之下是小工匠和手工业者，比他们更低一层的是干粗活并常常失业的城市贫民。在乡村，贵族和富裕农民拥有大部分土地并控制着当地的平民。小农、佃农、无地农工、契约劳工形成了一个复杂的群体，他们的法定权利、社会权利和个人权利在欧洲各地千差万别。接下来就是农民，他们的地位从西欧的自由身份到俄国的农奴制（农奴被束缚在自己耕种的土地上，但他们有习惯性的权利，严格来说他们不是奴隶）差异巨大。这些赤贫的人们经常要承担沉重捐税，还遭到其他阶层的蔑视。

妇女仍然依附于男人，像上层中产阶级妇女在沙龙中发挥影响的情况只是极少有的例外。如前所述，对整个社会进行了广泛批评的启蒙思想家并不承认妇女地位，也不支持她们争取自己的权利。甚至在启蒙思想家中特立独行的卢梭也持同样观点，认为妇女比男子低等，女人应该服从男人。

另外一部分几乎没有从启蒙运动中得到任何好处的人是欧洲海外殖民地的非洲奴隶们。在整个18世纪，英国、法国和荷兰船只输送了大约600万非洲人到新世界当奴隶。虽然启蒙思想家在道德上不赞成奴隶制，英国基督徒也主张要废除它，但废止奴隶贸易甚至改善奴隶状况的努力证明是徒劳的。

专制主义、有限君主制和开明专制

18世纪是西方国王们的最后一个伟大时代。大多数国家的王室统治者即使是遭到批评和反对仍然抱残守缺。他们借助低效的官僚机构和耗费巨大的军队的支持，通过苛捐杂税和严刑峻法来控制民众，同时约束特权集团。虽然少数统治者尝试进行改革，但到18世纪末大多数君主国日渐削弱，民主情绪日益高涨。

法国国王竭力保持他们从路易十四那里继承来的权势。英国国王在和议会以及君主立宪制的斗争中节节败退。普鲁士、俄国和奥地利的所谓开明专制

图6.3 埃托尼·奥布里（Étienne Aubry）:《父爱》（Paternal Love）。约1775年帆布油画，76.2×99.1厘米。英国，伯明翰大学，巴博美术馆

《父爱》是法国乡村资产阶级生活的写照。这幅画描述了一位可能是出差归来的父亲与自己的三个孩子、妻子和父亲（孩子的爷爷）欢聚的情景。尽管图中屋子里的便利设施——石头地板、硬墙以及壁炉——说明这个家庭经济状况不错，但从简陋的家具可以看出这只是一个中产阶级家庭，而并非上层阶级（参见图6.5）。不过画家的道德说教是很明显的：父爱让家庭更美好——这是对讲究道德的中产阶级富有吸引力的一种情感趣味。奥布里（1745—1781年）是一个著名画家，他的道德题材的绘画，就像这一幅，受到了作家兼评论家狄德罗的赞誉。

君主推行改革以图国家强盛，与此同时俄国沙皇还找到了扩大专制的新途径。18世纪中期欧洲大陆发生了一系列短暂战争，这打破了欧洲持续几十年的相对和平（参见历史分期表6.1）。对法国和英国来说，欧洲大陆的冲突很快升级成一场全球范围的商业、领土和殖民地争夺，仅以美国革命战争（American Revolutionary War，1775—1783年）而了结。

法国：太阳王的两代继任者 事实上没有一个法国统治者可以重振路易十四的声威。13岁亲政的路易十五（Louis XV，1715—1774年在位）软弱无能，

仅仅使法国的问题更加复杂。他为自己选择的下属要么才疏学浅要么缺少忠诚，他听任毫无治国经验的情妇们影响他的政务决策。在一次军事失败后，绝望的路易十五向他宠幸的蓬巴杜夫人（Madame de Pompadour）表达了自己对法国未来的疑虑，据说她一语成谶地回答道"我们死后，哪管它洪水滔天"。

路易十五无法继续维持像太阳王后期的那种奢华宫廷生活，贵族们纷纷离开凡尔赛宫回到巴黎。不论是在凡尔赛还是在别的地方，有文化的贵族都开始钟情于启蒙思想，他们还有他们的妻子阅读《百科全书》，研究启蒙思想家的作品。上层妇女在主持沙龙时发挥了自己的影响力，沙龙成为启蒙思想家和他们的仰慕者们聚会用餐和交谈的地方。其中两个最著名的沙龙分别是由德芳夫人（Madame du Deffand，1679—1780年）和茱莉·德·莱斯皮纳斯（Julie de Lespinasse，1732—1776年）主持的。德芳夫人（德芳侯爵夫人玛丽）多年中一直都宣称伏尔泰是她沙龙中最著名的文坛大家，他的到场使其他启蒙思想家也愿意来参加自己的聚会。茱莉·德·莱斯皮纳斯一开始是德芳夫人的助手，后来另外建立了自己的沙龙，狄德罗《百科全书》的共同主编达朗贝尔是那里最受欢迎的客人。

虽然法国精英阶层就改革和启蒙思想家提出的富有争议的议题优劣进行辩护，但路易十五明显不愿意接受启蒙运动的改革吁请。具有讽刺意味的是启蒙运动发轫的国家却没有进行任何进步改革。事实上，路易十六（Louis XVI，1774—1792年在位）决定推行改革时，其力度太小，为时也太晚了。

由于路易十五的软弱而处境不利的法国发现它在外交中的优势地位遭到了英国、奥地利和普鲁士的挑战。1756年开始的七年战争（Seven Years' War）的结果是法国在欧洲遭到惨败，失去了在北美和印度的领地。美国独立战争期间，法国站在殖民地人一边对抗自己在欧洲和海外的敌人英国。法国对美国人的援助进一步消耗了政府财力，使国家陷入更深的债务危机。

法国国王在解决国内问题方面也同样不成功，因为自己领导无方以及被称作地方行政长官的王室官员管理无能。更糟糕的是由于税务系统腐败而使国家濒临财政破产的边缘。不过最重要的是王室面临着反叛贵族的挑战，他们执意要恢复路易十四时期失去的封建特权。贵族阶层不但不和国王一起改革法制，反而步步挡驾。中产阶级和一些同情他们的贵族联合起来，将一个封建制度的问题转变成了一场以人民名义争取自由的斗争。路易十六统治时期，法国于1789年开始了一场将法国社会中的大多数人团结起来反对王权的革命进程，在法国大革命（French Revolution，1789—1799年）中达到了高潮。

英国和汉诺威诸王　英国是启蒙思想家心中理想的国家模式。他们认为英国似乎比大陆国家更稳定更繁荣，这一切归功于1688年光荣革命（Glorious Revolution）中议会强加给英国君主的有限权力。英国的法律确保每个国民享有一定的政治和社会权利，例如言论自由、公平而迅速的审判等。同时英国经济也十分强大。英国在富有进取心的商人和进步地主的推动下占据了扩展中的全球市场的主导地位；在国内，人口不断增长的同时人们的生活水平也不断提高。

1714年安妮女王（Queen Anne）死后乔治一世（George I,1714—1727年在位）继承英国王位，他是詹姆士一世的曾孙，也是德意志汉诺威公国的新教徒统治者。头两位汉诺威国王对德国事务似乎比对英国事务更感兴趣，这使得他们大权旁落，在宫廷中渐渐处于"光辉孤立"地进行统治。乔治一世让议会管理国家。乔治二世（George II,1727—1760年在位）统治下的英国被拖进七年战争，不过取得了胜利，并在世界贸易中占据了支配地位。处在国际权力巅峰的英国从此占据了世界政治舞台中心，直到1914年第一次世界大战爆发。

不过，乔治三世（George III, 1760—1820年在位）统治时期英国面临严重的国内问题，因为他试图夺回他的先辈丧失给议会的王权。国王和议会在借助进出口配额、关税、国内税等手段控制美洲殖民地经济发展的问题上提出不同方案时，这种内部斗争影响到了对外政策，这种分歧加速了美国革命的爆发，可能也促成了导致英国最终失败。

中东欧的开明专制主义 在理性时代，欧洲国家体系结构发生了一定变化。此时英国和法国在西欧占据支配地位；荷兰和瑞典等人口较少的国家实力下降；西班牙越来越内向，几乎从大陆事务中淡出；奥地利和教皇控制下的意大利在经济上依然死水一潭。与此同时普鲁士、奥地利和俄罗斯都图谋控制中东欧。这些专制君主统治下的国家执行侵略政策，不仅彼此间攻城略地，还巧取豪夺弱小邻国的领土。虽然这些统治者自诩为"开明专制君主"，但他们的政权一般都带有压迫政策和威权政策的特征。

1740年时普鲁士国内经济基础雄厚，政府官吏勤勉尽责，军队高效勇武。依靠这些优势，被称作腓特烈大帝（Frederick the Great，1740—1786年在位）的腓特烈二世（Frederick II）使普鲁士成为一流欧洲国家。作为一名务实的外交家、精明的军事谋略家和启蒙思想与法国文化的学习者，腓特烈是一位深受启蒙思想家推崇的开明专制君主。为了使自己的统治与每个人都拥有选择最好生活方式的自然权利的理性原则相适应，他一度试图改革（尽管失败了）普鲁士的农地经济和社会制度。

普鲁士在中欧的主要对手是奥地利。奥地利统治者整个18世纪都在努力

图6.4 约翰·费迪南德·赫岑多夫·冯·霍恩贝格（Johann Ferdinand Hetzendorf von Hohenberg）：凯旋门（Gloriette），香布伦宫花园。1768年，维也纳

凯旋门是一座柱廊包围的胜利拱门，位于香布伦宫巨大花园的最高处。凯旋门是由玛利亚·特蕾莎女王的御用建筑师霍恩贝格（1732—1816年）设计的，也是他美化香布伦宫的点睛之作。它在宫廷仪式和接待中用作剧场般的布景。凯旋门是在附近一座城堡的旧址上建造的，虽然它带有古典主义的特征（柱廊、栏杆、罐子），但它仍然是巴洛克风格的（大量的装饰点缀以及倒影水池）。

想治理好自己这个包括了大量德意志人、匈牙利人、捷克人和斯洛伐克人还有波兰人、意大利人和不少斯拉夫少数民族在内的多民族国家。奥匈帝国皇帝还试图努力使奥地利在政治和文化方面扮演一个大国角色，但成败参半。例如维也纳的香布伦宫（Schönbrunn Palace）就是为和法国的凡尔赛宫相匹敌而建的。哈布斯堡王室最杰出的两位皇帝是在1740年到1790年间共同在位的玛利亚·特蕾莎（Maria Theresa，1740—1780年在位）和她儿子约瑟夫（Joseph）。

玛利亚·特蕾莎和普鲁士的腓特烈二世不同，她没有被启蒙思想家所吸引。对她来说更重要的是罗马天主教信仰，她按照天主教思想把自己描绘成其臣民的圣母。她可能是那个时代最受爱戴的君主。玛利亚·特蕾莎的改革热情不是来自启蒙思想的推动，而是对奥地利在军事失败中割地失土的反应。她运用一切王室特权来检修这个国家的政治和军事机器。在实行普遍征兵制、提高国家财政收入、更公平地分配税收的同时，她还要求对社会进行大改组以便对所有公民一视同仁。玛利亚·特蕾莎的努力没有白费，她儿子约瑟夫二世完成了母亲未竟的事业，成为开明专制君主的终极代表。在1780—1790年他短暂的统治期间，约瑟夫二世开始了意义深远的变革以提高农业生产力，给农民更多的经济活路。约瑟夫深信如果他的国家要存续下去，经济和社会制度必须全面现代化，因此他废除了农奴制，通过法令来保证宗教宽容和言论自由。但是到了1790年代，他的继承人因为害怕法国大革命的过激行为，他的成果大部分被废弃了，贵族和教会的控制和特权重新恢复。

俄罗斯在彼得大帝（Peter the Great，1682—1725年在位）统治时期成为大国家庭中的最新成员。在国外，俄罗斯的存在令世人知晓，在国内，他开始按照西方的模式改革政治、经济和社会制度。18世纪他的大多数继承者不是昏庸就是无能，直到凯瑟琳大帝（Catherine the Great，1762—1796年在位）成为女皇。她采取和彼得一样的一统政策，但与彼得不同的是，凯瑟琳赢得了大土地所有者的强有力支持。凯瑟琳还支持启蒙运动，曾向一些启蒙思想家征询治国意见，其中就包括狄德罗。她还试图提高土地的农业生产力，改善近乎奴隶般的农民们的境况，但俄罗斯的问题积重难返再加上反动专制的政府使任何改革都不能真正获得成功。

6.3 启蒙世纪的文化潮流：从洛可可到新古典主义

虽然18世纪以启蒙为主导，但这个时代的其他文化风尚同样引领风骚。美术领域的洛可可风格反映了法国贵族的品位，继之而起的新古典主义风格受到进步作家、美术家、学者和满怀抱负的中产阶级人群的喜爱和支持。另外这一时期的文学创新指明了通向现代世界的道路。

美术领域的洛可可风格

洛可可风格（rococo style）兴起源于太阳王统治晚期的法国，它比巴洛克风格更加私人化，涉及的主题也更为琐屑。1715年太阳王去世，他的继承人路易十五年仅5岁，从此贵族们不仅从凡尔赛宫解脱出来，也从浮华的巴洛克风格中解脱出来。巴黎再次成为西方世界的艺术、思想和时尚之都。在那里佛莱芒画家和装饰家让-安托万·华托（Jean-Antoine Watteau，1684—1721）几乎一手创立了合乎法国精英人物口味的洛可可艺术风格。

洛可可艺术逐渐扩展到欧洲大部分地区，但它被接受的程度是和宗教信仰与社会阶层联系在一起的。在德国、意大利和奥地利它被贵族所推崇，奥地利的罗马天主教贵族还创造出另一种形式的洛可可风格，其重要性仅次于法国洛可可艺术。另一方面，英国却拒绝了洛可可艺术，这可能是由于它的堕落倾向和两性主题冒犯了中产阶级清教徒的情感。结果，洛可可风格成为一种纯粹的欧洲大陆文化现象，没有英国洛可可艺术。

图6.5　华托:《发舟西苔岛》。1717年，帆布油画，1.3×1.9米。卢浮宫藏

华托笔下的正在享受最后时刻欢愉的贵族情侣代表了18世纪精英阶层希望展现给世人的理想化形象。这个时代的任何问题都不被允许打破这种诗情画意的场景。从宫廷服饰到飞翔的丘比特都把这幅画的真实场景转换为带有洛可可艺术理想色彩的舞台布景。

洛可可绘画　让-安东尼·华托的画以描绘"雅宴画"（fêtes galantes）著称。华托在这些作品中描绘了贵族私人活动的场景，他们穿着华丽的服装，聚集在公园和花园中，常常有着戏装的演员相伴，着戏装的演员是另外一个华托喜爱的主题。他作品的背景以天空、浅淡的色调和优雅的构图为主，这和常常略显笨拙的巴洛克风格形成了鲜明对比。使用神话引喻使华托的作品描绘古典主题，而不是仅仅描绘贵族生活场景。

1717年华托成为第一位被选为巴黎皇家绘画和雕塑院院士的洛可可画家。应院士选举需要，他呈交了自己特地为此而作的画《发舟西苔岛》(*Departure from Cythera*，插图6.5)。这幅画描绘了传说中维纳斯所在的西苔岛（Cythera）的情形，一尊维纳斯的半身像在画面的右方，被她的崇拜者敬献的玫瑰花环绕。画面上的人物构成一条摇摆的曲线，这象征着情人们惜别时的踌躇：雕像下一对恋人正陷入无尽幻想中，一个穿衣的小爱神丘比特吃力地拖曳着那位妇女的裙裾；这组人物旁边一位求爱者正搀扶着他的女友站起来；他们旁边是一个绅士在陪着自己的女伴登上待发的海舟，而这位女士则回首久久凝望。就要下山的夕阳和即将分离的恋人构成了一幅忧郁的画卷，表达了华托对人生激情短暂的无奈。

《发舟西苔岛》体现了许多洛可可风格的新观念。巴洛克风格用喧闹的场景描绘圣徒受难和迷醉场景，而洛可可风格则聚焦于较小的、更雅致的瞬间，通常涉及这样那样五花八门的情爱、罗曼蒂克，或是伤感之爱。巴洛克风格用浓墨重彩表现威武雄壮之感，而洛可可风格则使用恬淡的色调唤起怀旧情绪和忧郁心情。绘画从巴洛克风格气势磅礴的场景变为洛可可风格的人物画，这使

图6.6 华托:《热尔桑画店招牌》。约1720年,帆布油画,1.82×3.08米。柏林,夏洛腾堡宫,普鲁士遗产基金会

这幅关于一个商店内景的画展示了18世纪艺术品市场兴起的社会原因。画上的贵族消费者表现得好像是店主一般,把画店当成了上流社会的聚会场所。而店里的雇员明显在社会地位上低人一等,一个人正往外拿一幅很重的画给顾客看,一个正在展示一幅微型画,而另一个店员神情沮丧地站在左边。通过这些细节,华托解释了洛可可艺术风格中所隐含的阶级鸿沟。

它更适用于室内装饰、家具及建筑细工,而不是建筑本身。《发舟西苔岛》表明洛可可是一种精致、感性的风格,完整地提供了一幅18世纪贵族私人社交生活的柔媚背景。

华托在自己的最后一批作品之一《热尔桑画店招牌》(The Sign for Gersaint's Shop)中撤除了神话故事和田园诗式场景(插图6.6)。这幅画的主题是一家出售绘画作品的店铺(弗朗索瓦-埃德蒙·热尔桑[François-Edmé Gersaint,1696—1750年]是18世纪最著名的艺术品商人之一),这体现了很快将取代贵族赞助制的新型商业艺术品市场的重要性。在这家店铺内衣着华丽的顾客在浏览、翻动、研究着店主的艺术商品。画店墙上和右边椭圆形画作的情欲主题突出了这幅画的色情格调。不过为了使这幅描绘巴黎人生活情景的绘画不失体面,华托同样突出了画中的每个人物,让他们在画面构图中发挥重要作用。

华托的这幅画隐喻了一个时代的结束和另一个时代的开始。正在被装入板条箱的路易十四肖像画(左边)表达了这一意蕴,这是一个暗示旧政治秩

图6.7　布歇：《沙发上的裸女》。1752年。帆布油画，59.3×64.5厘米。慕尼黑，旧美术馆

从中世纪晚期开始的绘画世俗化趋势在布歇的这幅裸体画中达到一个高峰。布歇坦然地享受肉欲带来的欢乐，并把这种情感传递给观众，这表明画家和观众的关系到了一个新阶段。在这幅作品中，布歇完全从色情的角度描绘他的主人翁，此外没有表达别的含义，体现了一种新的艺术感觉。

序和路易十四风尚终结的双关比喻。路易十四时代的艺术品收藏严格限于国王、王子和贵族，但在洛可可时代，许多新的收藏家来自上层资产阶级，他们在诸如热尔桑画店之类的地方购买艺术品。

华托的画展现了一种梦幻般的性爱，而布歇（François Boucher，1703—1770年）的画却是以表达毫无掩饰的性主题著称。布歇是路易十五时代优雅艺术风格的杰出代表人物。他以写实主义描摹而不用古典主义描绘外在服饰的香艳裸体更富有挑逗性，很好地投合了国王和颓废宫廷贵族的口味。布歇的作品《沙发上的裸女》可能就是以路易十五的情妇之一为模特创作的。画面中人物漫不经心的姿势、凌乱的睡衣和细腻恬淡的阴影等细节都传达了一种刻意吸引和诱惑的信息。虽然布歇的画水平极高，却体现了那个时代法国贵族生活中放纵的道德观念，这对其他洛可可艺术家几乎越来越变成一种冒犯。

伊丽莎白·维热-勒布伦（Elisabeth Vigée-Lebrun，1755—1842年）的洛可可风格肖像画体现了一种不同的聚焦点，她是18世纪晚期著名的上流社会画家，也是作为画家独立成名的为数不多的妇女之一。1787年她作为宫廷画师替自己的服务对象、路易十六的皇后安托瓦内特（Marie Antoinette）创作了一幅著名的家庭肖像画。这幅画奠定了勒布伦可以与18世纪最好的宫廷画家相比肩的地位。画中色彩秀丽的皇后和她儿子的肖像、人物优雅的姿势、融洽的家庭氛围都体现了洛可可风格。这幅画展现的重点是王后作为母亲的角色，她把还是婴孩的诺曼底公爵（Duke of Normandy）抱在腿上端坐着，旁边是小长公主（Madame Royale），而小王太子（Dauphin）则手指着空摇篮。勒布伦

图6.8 伊丽莎白·维热-勒布伦:《玛丽·安托瓦内特和她的孩子们》。1787年,帆布油画。2.82×2.32米。凡尔赛宫国家博物馆

像最伟大的宫廷画家一样,维热-勒布伦在美化自己绘画的主人翁时能够洞察他们的心理轨迹。虽然玛丽·安托瓦内特身边围着三个可爱的孩子,但她似乎对于妈妈的角色一点也不开心。她的头专横地昂着,脸就像一只美丽的面具,浑身上下都像一名时髦女郎,不过她的确也是。维热-勒布伦通过转移观察者的注意力弱化了这种对心理活动的描绘,如王后衣饰闪亮的表面(缎子的长袍、珍珠装饰和帽子)和精美的房间(地毯、柜子、带有流苏的垫子)。

笔下的玛丽·安托瓦内特身着时装,而没有穿带有王室象征的传统服装,这反映了这位王后众所周知的尚简风格。王后对宫廷生活的繁文缛节倍感压抑,她在自己的"小村庄"(Le Hameau)中努力推行较为宽松的社会规范,"小村庄"是她在凡尔赛为自己建造的一所乡村幽居,在这里所有的宫廷礼仪陈规被弃置一旁。

弗拉戈纳尔(Jean-Honoré Fragonard,1732—1806年)是最后一位伟大的法国洛可可风格画家,他复兴了华托优雅清新的主题风格,《爱的追逐者》(The Pursuit,插图6.9)就表现了这一特点。两个年轻女仆在服侍一位年轻的妇女,一位追求者(左边)正把一朵玫瑰花献给她,而她假装要逃走似的停顿在那里。男子的淡色衬衫和女子的长裙使他们从深色的背景中突出出来。画面上充满了性的象征:一朵红玫瑰(爱与亲密关系的象征)、一尊有两个丘比特的雕塑(女神维纳斯的仆人)、左边的一个大花瓶(女性象征),以及妇女身后的一个喷泉(象征性征服)。

弗拉戈纳尔绘画的新意及其预兆浪漫主义的诞生之处是他在处理自然背景的细节时十分完美,虽然这似乎是模仿了华托美化自然背景的手法,但它却

图6.9 弗拉戈纳尔:《爱的追逐者》。1771—1773年。板上油画，3.18米。纽约，福瑞克博物馆

这幅画是名为"爱情过程"（The Progress of Love）的四幅木板油画中的一幅，是路易十五的情妇巴利夫人（Madame du Barry）委托制作的，她也是蓬巴杜夫人的情敌。这些画一开始是准备用来装饰她宫殿中的一个亭子的，不过后来由于未知的原因这些画没有被接受。这些作品一起表达了一个象征性的故事，涵盖了爱情发展从最初相识（这幅的内容）到求爱再到爱情圆满的梦幻般过程。弗拉戈纳尔的画令恋爱中人的激情跃然纸上。

有自己鲜活丰富的生命力。在弗拉戈纳尔的画中，大自然仿佛几乎要威胁到这对恋人的浪漫田园生活似的。虽然弗拉戈纳尔对描绘风景感兴趣，不过他依然忠于洛可可艺术风格，即便在这种风格已经过时后依然如是。他的绘画仍然聚焦于幽默轻佻的主题，继续在这个浮华的永恒世界中努力探索。

洛可可室内装潢 洛可可风格精巧的装饰和优雅细工使它非常适合室内装潢。洛可可风格装潢的主要设计元素是**贝壳装饰**（rocaille）:如在条带、叶子、茎干、花朵和藤蔓纹样上的奇特拉毛装饰，以及用在墙壁和天花板上的漫长曲线等。贝壳装饰的立体表面效果看起来更像一闪而过的幻觉。洛可可装饰中的镜子更给人亦真亦幻的感觉，而枝形吊灯则宝石般光芒四射。所有这些元素共同为这个超精致的社会营造出一个熠熠生辉、奢侈华贵的气氛。

法国宫廷建筑师鲍夫朗（Germain Boffrand，1667—1754年）为巴黎苏必兹府（Hôtel De Soubise）"公主沙龙"（Salon de la Princesse，插图6.10）进行的室内装潢使洛可可装饰风格流行起来。鲍夫朗利用这个房间的椭圆形状来消除阴

图6.10　鲍夫朗：苏必兹府"公主沙龙"。约1735—1740年。巴黎

"公主沙龙"是苏必兹公主的客厅。鲍夫朗优雅的起伏设计代表了路易十五时代洛可可艺术的精致风格。其中一个典型的洛可可特色是在墙和墙之间以及墙和天花板之间的分界线都模糊不清。

影,他还省略了古典主义风格的半露方柱和圆柱,虽然这些自文艺复兴以来就是装饰的基本要素。落地窗使光线畅行无阻,而刻意排列的镜子增加了房间的开阔感。鲍夫朗没有采用一幅完整的大天顶壁画进行天顶装饰,而是将房顶分成了几个单独的画面。错综复杂的边饰中刚劲有力的洛可可招牌式线条将整个装饰凝成一个和谐整体。沙龙飘逸、绚烂、优雅的整体装饰效果与华托式贵族狂欢的背景正好相称。

德国的装饰风格紧随法国潮流。德意志城邦伍兹堡（Würzburg）大公兼主教委托建造的宫殿是巴洛克建筑采用洛可可装饰的典范。这座建筑主要是由巴尔塔扎·诺伊曼（Balthasar Neumann,1687—1753年）设计建造的,其最负盛名的部分是被称作"皇帝室"（Kaisaersaal）的客厅（插图6.11）。客厅的天顶壁画由意大利出生的洛可可艺术大师泰波罗（Giovanni Battista Tiepolo,1696—1770年）创作。这幅画结合了意大利华丽巴洛克艺术的夸张风格和鲁本斯及佛莱芒画派的用光与用色手法（参见第4讲）。不过泰波罗的天顶画只是这个金碧辉煌的房间的亮点之一,此外让人眼花缭乱的各种点缀还包括玻璃水晶枝形吊灯、镏金装饰、大理石雕像、科林斯式的柱头和蔓藤装饰、镶着金边的镜子以及漩涡花饰。那个时代的画家和装潢家的类似室内装饰迎合了他们主顾对富丽堂皇生活的追求。

英国的反应　在英国,洛可可艺术被谴责为低俗和堕落,因此绘画方式和其法国同行迥然不同的威廉·霍加斯（William Hogarth,1697—1764年）赢

图6.11 巴尔塔扎·诺伊曼等：宫殿中的"皇帝室"，往南墙方向观察，1719—1744年，德国伍兹堡

  在这个富丽堂皇的房间里，泰波罗绘制的壁画被彩色大理石幕帘华丽地遮挡着，而幕帘又被灰泥制作的小天使拉起。其他奢华的细节还包括：华美的有画框的绘画、镶嵌板以及镜子；鎏金的科林斯式柱头和藤蔓装饰；低低地垂吊在彩色拼花大理石地板上枝形水晶吊灯。

得了社会讽刺画家的声誉。虽然说他的嘲弄式作品吸引了所有社会阶层的人，但还是清教徒中产阶级最热烈地欢迎他辛辣的讽刺作品。他在这些绘画中常常嘲弄游手好闲的贵族，以伦理道德观念来品评生活，而他的资产阶级拥戴者认为这种新的绘画形式和自己价值取向一致。霍加斯利用自己的声望把这些画制成雕版进行印刷，他是第一个采用这种方法拓展新观众群体的画家。

  霍加斯最流行的道德作品中有一组绘画描绘了放荡贵族和中产阶级富裕商人女儿之间没有爱情的婚姻。这组名为《流行婚姻》（*Marriage à la Mode*）的作品包括六幅画，描绘了这对夫妇一生直到过早死去的几个场景，作品以细腻的笔触反映了人为安排婚姻的苦涩后果。在第四幅名为《晨会》（*The Countess' Levée*）的画中，霍加斯描绘了妻子正在密谋同一名未来的情人幽会（插图6.12）。这幅画展现了那个时代典型的贵族娱乐场景，女主人卷着头发，一名有心的追求者懒洋洋地躺卧在沙发上满嘴甜言蜜语吸引她的注意力。旁边的客人、仆人和乐师在这个悲哀的故事中起着衬托作用。霍加斯永远不愿让观众自己得出结论，而是由他自己进行道德说教。在画面右前方，一个少年黑人奴仆指着一个长角的雕像，这个雕像象征戴绿帽子的丈夫，它影射了妻子计划中的不忠行为。甚至画中挂在墙上的画也与霍加斯这个性背叛的题材相呼应。

图6.12　威廉·霍加斯:《晨会》,选自《流行婚姻》。1743—1745年。帆布油画,68.6×88.9厘米。伦敦,国家美术馆特许复制使用

霍加斯通过从法国学来的绘画技巧将一个陈腐的内容变成了一个光彩夺目的社会讽喻主题。左边那个长着一副猪鼻子的人是用来讽刺那个时代流行的阉童歌手（castrati）——即那些幼年时就被阉割以保持其童声的歌者。阉童歌手的上面是一个长笛手,他粗鄙的形象说明画家不喜欢这一类型的人。其他的大量细节,如在喝茶卷头发的花花公子、正在做着夸张手势的女宾客等都说明霍加斯对这种聚会的轻蔑。

新古典主义的挑战

18世纪中期以后不久洛可可艺术开始被一种叫作"**新古典主义**"（neoclassical）的新艺术形式所替代。新古典主义重新将目光投向严谨的古代艺术,它也有自身的由来,一是它拒绝接受洛可可艺术形式,二是执迷于18世纪中期的考古新发现。庞贝城（Pompeii）和赫库兰尼姆城（Herculaneum）的发掘激发了欧洲知识分子们对于古代世界的强烈好奇心,这两座罗马时代的城市于公元79年被维苏威火山（Mt. Vesuvius）掩埋,那时才刚刚被重新发现。与此同时学者们开始出版著作证明希腊艺术是古代古典主义的源头。英国权

解读艺术

道德视角：大卫的画传递了这样的信息：为国牺牲要好过对家庭的忠诚。（这一主题因画中荷拉斯兄弟的一位妹妹爱上了敌人的战士将要被杀死而得到强化。）这个爱国主义道德观反映了1789年法国大革命开始之前动荡不安的年代。

解剖学：男人们强壮的身体表明大卫娴熟地掌握了人体构造——也是这幅画的古典主义特征。

色彩：前景中的人物穿着很亮的绿、褐、粉、红等颜色的衣服，从暗淡的背景中突出出来。

大卫：《荷拉斯兄弟之誓》。1785年。帆布油画，3.3×4.27米。卢浮宫藏

大卫的这幅画描绘了一个古罗马的场景（公元前7世纪）：荷拉斯兄弟发誓为保卫他们的城邦战斗到死，他们的父亲在举着他们的剑以见证誓言。通过这幅作品，大卫重新回归古代历史题材，这是普桑在17世纪开创的一种美术题材（参见图4.16）。这幅画对启蒙哲学家们也产生了很大影响，以至于他们呼吁美术家要重点进行富有道德内涵的新古典主义的美术创作。后来法国大革命期间大卫被革命者们选为官方画家。

背景：画中的古典主义背景——素面的墙、带有巨大立柱的三个拱门以及壁龛——反映了古罗马风格。

平衡：在中间拱门处的父亲把画面分成两半。左边站着三兄弟，是爱国主义的象征。右边的三个妇女和两个孩子象征着对家庭的爱。

父权价值观：三兄弟夸张的手臂和腿部动作表达了具有男性气概的权威。女性的脸侧着，手臂要么无力地垂在身边，要么搂着两个孩子，宣示出无助的顺从。一个孩子把脸埋在一个妇女的裙摆中，另一个孩子大胆地盯着正在发生的一切。

威詹姆斯·斯图亚特（James Stuart）和尼古拉斯·里韦特（Nicolas Revett）于1762出版了《雅典遗迹》（*The Antiquities of Athens*），该书指出了希腊艺术和罗马艺术的区别。1764年德国人温克尔曼（Johann Joachim Winckelmann，1717—1768年）在他的著作《古代艺术史》（*History of Art*）一书中将希腊雕塑与罗马雕塑艺术区分开来，它奠定了艺术史的学科基础。新古典主义的重要性从1775年巴黎美术展（Paris Salon）决定拒绝洛可可风格的作品而鼓励新古典主义题材的绘画中可见一斑，巴黎美术展是向公众介绍最新绘画作品的双年展。

新古典主义绘画 1775年，即路易十六登位的第一年，同年，巴黎美展

图6.13　大卫:《苏格拉底之死》。1787年，帆布油画，1.5×2米

正像这幅画所展示的，新古典主义画家常常从古代著作和历史中寻找灵感。这个场景根据柏拉图对话集的《斐多篇》绘制，不过柏拉图出现在了画面中（在床边），不像典籍记载的那样。有两个室内装饰的细节，灯和床，是模仿了庞贝遗址出土的文物。床下面的镣铐说明苏格拉底在喝毒药之前是戴着刑具的。

开始振兴新古典主义，路易十六任命维昂（Joseph-Marie Vien）为罗马法兰西学院院长（Académie de France in Rome），法兰西学院是一所著名的美术学校。维昂是一名严格的导师，他努力使艺术教育回归根本，在透视学、解剖学、人物写生等方面训练学生，这种严格训练造就了新古典主义美术的主要代表人物大卫（Jacques-Louis David，1748—1825年）的凝练画风。

大卫接受路易十六的委托创作了震惊1785年巴黎美展的历史题材作品《荷拉斯兄弟之誓》(Oath of the Horatii)。这幅画取材于罗马共和国早期的一段历史，描绘了荷拉斯发誓保卫自己国家的场景，即使这意味着让他们一个爱着罗马敌人的妹妹送命也在所不惜。这幅画的爱国主义主题再加上公民责任和家庭忠诚之间的矛盾深深吸引了启蒙思想家们，比之主旨轻佻的洛可可风格，他们更加喜欢暗含革命道德观的新古典主义。

大卫在《荷拉斯兄弟之誓》中创造的技法和理念很快成为新古典主义绘画典范。17世纪法国画家普桑绘画中的古典主义题材和对线性透视娴熟的运

遭 遇

中国风：东方幻想曲

文化借用常常意味着对文化的修改适应，而不是纯粹全盘接收，因为人们常常根据自身传统的口味和思维习惯接受外来文化。18世纪中国文化风靡西方时的情形即是如此。被称作"**中国风**"（Chinoiserie，法语的Chinois是"中国"之意）的文化风格不是一种纯粹的风格，而是西方对东方的想象——这在较早的时候被称作东方主义（Orientalism）。

18世纪中国风成为西方富贵之家的潮流风尚，包括对那些新世界英国殖民地的人也是如此。这种风格装饰细致、结构复杂，用于室内设计、家具、陶瓷、纺织品和园艺设计等方面。虽然它的源头可以追溯到马可·波罗时代（13世纪晚期），但其全盛期在1740—1770年之间。中国风延续到大约1850年，随着西方对中国文化信息有更可靠的认知而消亡。

虽然历史记载并不确切，但中国风的出现的灵感来自多种因素影响，如旅行者的记述、从远东进口的货物，尤其是那些拥有东印度公司的国家——英国（1600年）、荷兰（1602年）和法国（1664年），或是在中国拥有贸易栈的国家（葡萄牙，在澳门〔1553年〕）进口的货物，以及西方工

威廉·钱伯斯（William Chambers）：塔。1761年。高49.7米。英国，丘园。版权属于科林·史密斯，根据知识共享许可协议复制使用。伦敦TQ1876区

建筑师威廉·钱伯斯（1723—1796年）年轻时去过广州，这在他那个时代是不寻常的事。因此他的这个塔的设计不是根据他那个时代的其他建筑师的描述、而是根据第一手资料设计的。钱伯斯实际上是模仿了一座真正的中国塔设计这个建筑的。钱伯斯的塔共10层，每层都有飞檐，在飞檐的转角处都有龙的装饰（共80条龙）。在二战中该塔被损毁后又原样复建了。丘园一开始是私人园林，1759年成为皇家花园。

匠、画家、从中国设计风格中汲取营养的设计师们对中国的生动想象。17世纪初，诸如橱柜、瓷器和刺绣等物品在欧洲市场上大为流行。很快，生产比舶来品要便宜的中国风格产品的中心在欧洲迅速发展起来。1600年前后，在荷兰的代尔夫特，人们开始制造用锡装饰的陶器，有时被称作代尔夫特陶器，此后不久，青花瓷开始成为这里的标志性风格，这些瓷器模仿了明代（1368—1644年）青花的造型。在德国梅森（Meissen），1710年建立了只使用手工工人的欧洲第一家硬瓷工厂。由于掌握了中国瓷器制作的保密配方——将陶土烧成玻璃质，梅森的工人制作了中国造型的盘子、花瓶和茶具，这些物品都带有受中国产品启发的优美手绘图案。

中国时尚影响了建筑的内外部设计。赶时髦的人们在自己的宫殿和城市住房中设计装修中国风格的房间，这些房间里配有刷清漆的家具，装饰精美的屏风以及各种珍玩，1671年路易十四就在凡尔赛宫设计装修了这种房间。中国园林模拟自然风景因而形状不规则，建有飞檐翘角的宝塔和亭台，这些都影响了欧洲的园林设计。在英国，本地园林模仿中国的园林形式，精心规划以使它看起来似乎没有任何规划，诞生了英国中式园林风格。伦敦郊外的丘园（Kew garden）是留存下来的英国中式园林风格的精美典范。

读"遭遇"，学知识

1. 定义"中国风"。
2. 中国风格的突出特点是什么？
3. 讨论中国因素对西方室内设计、园林设计、陶瓷和家具制造的影响。
4. 纯粹的中国风格与中国风有何不同？
5. 讨论今天西方在电影、商业和饮食方面的中国风。

用使他深受启发。大卫抛弃了洛可可绘画的没有重量、漂浮的人物造型，用强烈的色调把绘画中的人物刻画成一尊尊静默的雕塑。大卫各种美学价值观的基础是古典主义均衡、俭约、不事张扬的理念。

1787年大卫在巴黎美展上展出的作品《苏格拉底之死》(*The Death of Socrates*) 就表明他充分把握了这些技法和理念。如同《最后的晚餐》场景里的耶稣一样，这幅画描绘了苏格拉底临死前被后来传播他的思想的门徒环绕着。和《荷拉斯兄弟之誓》一样，大卫对人物的安排反映了古典主义的均衡理念。白发苍苍的苏格拉底被他悲痛欲绝的门徒簇拥着，一只手接过一杯毒药，一只手指向自己在天上的归宿，这个细节表明他为思想自由视死如归。

印刷 随着英国和法国对美术作品需求的增长，在中产阶级中印刷品开始流行起来，这些新客户想收集美术作品，也想用它们来装饰自己的住宅，但却无力支付原创作品的昂贵价格。15世纪中期就已经出现的印刷制作成为解决方案。最早的印刷作品都是黑白两色的。彩色印刷源自伦勃朗时代，那时荷兰印刷业者发明了网纹刻法印刷术和凹版蚀刻印刷术。现在这两种印刷技术都很盛行。

网纹刻法（mezzotint）印刷术在印刷时要经过几个阶段，用特殊工具切割和切削制作图像的金属板，这使得可以使用精细的线条以细微的明暗变化来展现画面的层次，这样使得画面更加细致入微。17世纪晚期，荷兰雕版师来到英国，培训了一代掌握网纹刻法印刷术的英国画家。18世纪初威廉·霍加斯和其他印刷品制作者通过制作原创作品和他们自己作品的价格便宜的复制品，使网纹刻法印刷术流行开来。收藏家和美术赞助人收藏更珍贵的初版网纹刻法印刷作品，而中产阶级购买更便宜的大规模生产的印刷品。

与网纹刻法印刷相比较，凹版蚀刻印刷在出现后没多久就不太流行了。不过，18世纪晚期，普林斯（Jean-Baptiste Le Prince，1734—1781年）写了一本关于凹版蚀刻印刷术的手册，并且开始在法国印刷凹版蚀刻作品。很快巴黎的其他印刷作品制作者加入了他的行列。在此期间，保罗·桑德比（Paul Sandby，1730—1809年）是第一个用凹版蚀刻印刷术复制自己作品的英国人，他是一名英国水彩画家，其作品以风景闻名。由于要实现水彩效果，凹版蚀刻印刷品的制作费时费力。首先，用金属工具把图案刻到铜板上。然后铜板撒上一层松香并加热。随着松香融化，铜板上形成了由开放或封闭的区间构成的图案。接下来对铜板进行酸洗（硝酸［aqua fortis］的名字就是来自**凹版蚀刻**［aquatint］），只是把铜板上覆盖着凝固松香的其余周围部分腐蚀掉，制造出一种很好的能够吸附颜料的颗粒状效果。最后，在铜板或印刷品上上色。到1800年，英国和法国的收藏者都购买凹版蚀刻画（插图6.14）。不过随着1830年以后彩印方法的进步，凹版蚀刻印刷很快衰落下去。

新古典主义建筑　在绘画领域大卫无人能及，而苏格兰人罗伯特·亚当（Robert Adam，1728—1792年）则开创了室内装饰的新古典主义建筑风格，这种风格在1760到1800年之间独领风骚。17世纪初以来，古典主义主导了英国建筑，而亚当借助自己在考古调查中收集到的建筑艺术形式和基调复兴了这个传统。他设计建造的伦敦肯伍德别墅（Kenwood House）就是新古典主义建筑风格的典型代表，亚当为这座民居建筑设计了罗马式的外形，把爱奥尼亚式立柱、连续不断的檐壁和三角楣结合起来构造出一个罗马神庙风格的柱廊（插图6.15）。他设计的图书馆把古典主义元素和洛可可风格浅淡的色调混合起来，形成了一种折中主义的和谐（插图6.16）。他进一步贯彻这种风格，从古罗马建筑中借用了筒形拱顶和紧联大厅的半圆室。

图6.14 菲利伯特-路易斯·德布克特(Philibert-Louis Debucourt):《散步》(*The Public Promenade*)。1792年。凹版蚀刻画，36.5×59厘米。纽约大都会博物馆，艾丽莎·维特西基金会，艾丽莎·维特西特藏品

凹版画对中产阶级很有吸引力，因为一方面印刷品相对不贵，另一方面它精细的色彩过渡和明暗也与水彩画类似。蓝色在粉色和白色之间，更暗一点的树木在画面更边缘的地方。画面中间生动的色彩凸显了游行作乐的衣着时尚的人群。德布克特通过画中人物夸张的服饰和傲慢的神情讽刺了图中的人物，因为他们感觉好像自己是在专为社会精英开放的巴黎皇家园林中游乐一样。

图6.15 罗伯特·亚当：肯伍德别墅。1764年。北部正面外墙。伦敦

18世纪晚期亚当的简约风格代表了古典主义原则和英国传统的深度融合。他的强调均衡对称的建筑风格吸引了各阶层的人，不过对文静的中产阶级的吸引力最大。

图6.16　罗伯特·亚当：肯伍德别墅图书馆。1767—1768年。伦敦

　　亚当使用了几个不同的古典建筑的基本元素来设计这间图书馆：立柱、半露方柱和半圆室。进一步说，他遵从了让建筑部件决定内部装饰的文艺复兴原则。不过，他大胆加上了镜子和色彩，造成了一种令人炫目的效果。

　　法国建筑师从1700年代末也开始采用新古典主义风格。这场运动的领袖是习惯于模仿古罗马神庙进行建筑设计的苏夫洛（Jacques Germain Soufflot，1713—1780年）。苏夫洛纯朴的新古典主义体现在其建筑作品倚重细工而不重雕塑装饰。苏夫洛不像亚当那样时常将洛可可风格和古典主义效果混合起来，他更热爱纯粹的古罗马建筑形式。巴黎先贤祠（Pantheon in Paris）最完美地展现了苏夫洛的建筑风格。苏夫洛设计这座建筑的古典主义理念从巨大的科林斯式立柱支撑起宏伟的门廊这一基本结构中显露无遗。整座建筑表面除了三角楣上的雕像几乎没有带有雕刻的细节。除此以外这座建筑朴素表面的唯一装饰物是一圈石雕花环环绕墙体上部构成的檐壁。至于穹顶的设计，苏夫洛从伦敦而不是古罗马找到了灵感——这标志着英国建筑的成熟：先贤祠壮观的大圆顶及四周的科林斯式列柱均取自圣保罗大教堂的穹顶造型。

哲学

　　理性时代也是西方思想史上一个影响深远的年代。这个时代出现了两本在政治科学领域具有里程碑意义的著作，以及近代哲学奠基人之一大卫·休谟的作品。

图6.17　苏夫洛：先贤祠。1755—1792年。巴黎

1789年以前，法国著名的思想家就开始为他们的运动塑造古典主义的形象。当法国大革命开始后，革命领袖决定建造一个合适的纪念馆来安放这些启蒙运动思想家的遗物，这些人的作品推动了大革命的发生。因此，很自然革命政府就把苏夫洛的模仿古罗马风格的古典主义教堂变成了一个爱国者神殿。

政治哲学　现代政治理论在17世纪初创后继续发展。18世纪盛行的统治形式君主专制主义仍然有很多坚定的捍卫者。伏尔泰认为人民缺乏政治智慧，因此主张开明君主专制。但理性时代的其他启蒙思想家拒绝君主专制主义，支持另外选择政府形式。

启蒙运动中最主要的政治理论家是孟德斯鸠（Baron de Montesquieu，1689—1755年）和卢梭（Jean-Jacques Rousseau，1712—1778年），不过两人的社会出身迥然不同，这或许在某种程度上导致了两人关于理想国家的定义有巨大差异。孟德斯鸠是一名法国贵族，也是法国一个省的法官，他认为开明贵族统治的政府可以确保正义和安宁。卢梭是瑞士城邦日内瓦一名困窘的公民，他鼓吹一种纯粹民主。卢梭关于谁应该控制国家的思想比孟德斯鸠影响更为深远，也更具革命性。

孟德斯鸠在《论法的精神》（The Spirit of the Laws，1748年）中极具说服力地表达了他的政治思想，通过对不同的政府体系进行比较，孟德斯鸠力图确定一些基本原则。他认为气候、地理、宗教、教育诸因素决定世界上有不同的法律和政府体制。虽然孟德斯鸠错误理解了气候和地理的作用，但像他这样认证影响政府因素的分析方法却是从没有过的。《论法的精神》贯穿始终的一个思想是分散政府权力可以有效防止专制统治。孟德斯鸠十分崇拜英国的议会民主和英国政治哲学家洛克的著作，洛克的著作对孟德斯鸠思想的影响十分明显。美国爱国者在1780年代起草宪法时采纳了三权分立的原则，把联邦政府的权力分成行政、立法和司法三个部分。

卢梭与保守的孟德斯鸠不同,他的政治理论更加自由。卢梭在1762年出版的著作《社会契约论》(The Social Contract)中描绘了自己理想的国家模型。卢梭同意洛克的见解,认为在本质上说人人生而自由平等,但卢梭把"自然状态"定义为某种自相矛盾的状态,社会中的每个人都可以追求任何奇思妙想,因此也就没有道德目的;另一方面建立在社会契约(social contract,人民之间的一种协议)基础上的国家赋予其公民基本的公民权利(自由、平等和财产权)以及道德目标,确切地说正是个人天生没有的东西。卢梭认为这种源自公民国家的道德是"公意"(general will)的一种功能,"公意"一词意指对整个共同体的最好选择。如果每个公民被赋予投票权,如果每个公民就法律问题的投票与"公意"相一致,那么法律就体现了全社会的最佳选择。因此,在卢梭看来守法的公民就变成了道德的人。(应该提及的是在《社会契约论》中并没有阐述清楚谁来定义和执行公意以及它如何影响个人自由。)

洛克式的民主形式是一个代议组织,例如以人民的名义行事的立法机构;与之不同,卢梭强调人民自己通过公意共同代表国家。因此,卢梭的理想国家必须是相对较小的,这样所有的公民才能相互了解和彼此熟悉。他的理想国家模型来自于他自己作为区区日内瓦小国寡民的体验。不过卢梭对于那些关切比日内瓦大得多的国家事务的思想家和政治家产生了无法估量的影响。实际上,在19世纪他的影响远远超越了民主派的圈子。国家主义哲学家如黑格尔(G. W. F. Hegel)的理论中借用卢梭的全能国家理论,激进思想家如马克思(Karl Marx)则吸收了他的"公意"论。

大卫·休谟 大卫·休谟(David Hume,1711—1776年)是苏格兰人亚当·斯密的密友,也是一位哲学家。他的六卷本《英国史》(History of England)成为几代人的典范,1763至1766年,休谟任英国驻巴黎大使,他在那里醉心于法国哲学。他后来返回爱丁堡,在那里他成了苏格兰启蒙运动的领袖。

休谟出版的第一本哲学著作是《人性论》(A Treatise of Human Nature,1739—1740年),他一生都在修订这本书。这本书的结论是颠覆性的,在书中他不知不觉地破坏了他自己宣称捍卫的那些论点。在书中他以理性时代的批判精神开始,却以怀疑论告终。他遵循了英国思想家洛克的经验方法("知识来源于经验")。不过,他修改了洛克的关于人的全部观念首先来自感知的说法,他否认观念的存在,认为那不过是心灵镜像的无序综合。他接着说明,洛克的名言没有导向确定性,而是导向了**唯我主义**(solipsism),这种观点认为人所认知的东西只是自己的精神世界。休谟把思想分成了(a)感知印象和(b)作为这些印象结果的心灵镜像,从而得出了这种矛盾的结论。因此存在两个世界,一是主观世界,人们可以认知它,但不能保证这种认知是不是客观真理;一是外部世界,如果这个世界真的存在的话,那么它也是通过观念的屏幕想象出来。

休谟还使用他的经验—怀疑论方法来解释**因果律**(causality),这个思想认为世界上的一件事引发了另一件事。他知道这种推理是典型的人类关于经验事实的思考方法。最后他得出结论说因和果没有通过感知与心灵联系起来,它只是关于世界的假设。换句话说,因果基于习惯。后来的思想家发现很难驳倒休谟的怀疑论。

休谟的宗教观念也是矛盾的。他众所周知的怀疑论令他没有当上爱丁堡大学的讲席教授。为了求得安宁,他安排在自己死后才出版其著作《关于自然宗教的对话》(*Dialogues Concerning Natural Religion*,1799年),这是一本把上帝称作"一个空洞的假设"的无神论著作。

文学

理性时代的西方文学为法国作家和法语所主导,此时法语取代拉丁语成为学术、外交和商业的国际语言。法国作家和进步的启蒙思想家有共同的追求,他们都坚信世界有一个光明的未来。他们为取代了贵族赞助者的成长中的中产阶级读者写作。由于这些作家经常受到国家书报检查制度的威胁,他们不得不掩饰比较尖刻的社会批判观点,或者为他们的思想裹上糖衣。但是这些限制没有阻止他们解放读者思想和引领启蒙社会的使命。

法国作家:新文学体裁的发展 前面讨论过的两位政治哲学家孟德斯鸠和卢梭也是法国文坛杰出人物。孟德斯鸠在创作活动早期就写下了《波斯人信札》(*Persian Letters*),在这部著作中,孟德斯鸠假托在巴黎旅行的波斯人之间的通信对法国制度和习俗进行了精心设计的广泛批评。孟德斯鸠以"波斯人"的口吻嘲弄了法国王权、贵族的懒散和天主教会的不宽容。他设计一个超脱西方生活的观察者的目的是为了避免书报检查,在荷兰出版《波斯人信札》也是出于同样的目的。孟德斯鸠的作品开创了一种新的文体,即以一个"外国"旅行者的口吻畅言作者的社会批评。

卢梭激情澎湃的个人自传《忏悔录》(*The Confessions*)预示了下个世纪的浪漫主义情调。这部书在卢梭死后才出版,是迄今为止最坦白的自我暴露作品。它描绘了卢梭一生的荒唐和困顿,例如他在性方面的困扰、信仰上的空虚、错配的婚姻以及他决定把自己的五个子女一出生就送进孤儿院。他不仅揭露了自己的个人隐私,还为自己的过错辩护,恳请读者不要严苛地评判他。这种大胆暴露令这本书的许多读者感到震惊，但有的人却赞扬他剖露真实情感的勇气，而宁愿忽略他对一些个人生活事实的利己处理。卢梭之后的自传体著作在坦诚不讳方面无出其右。

18世纪第三个伟大的法国作家是弗朗索瓦-玛利·阿鲁埃（François-Marie Arouet），他的笔名伏尔泰（Voltaire，1694—1778年）更是举世闻名，他是理性时代和启蒙思想家的畅言无忌领袖，也是启蒙运动的象征。伏尔泰是一个精力充沛的天才，他在戏剧、政论、诗歌、历史、论文、小说、哲学词典、书信等许多领域都成就卓著，他还创作了第一部从世界视角审视文化的历史著作《风俗论》(Essay on Customs)。

在伏尔泰丰富的著作中只有一本1759年出版的小说《老实人》(Candide)至今仍然被广泛阅读。《老实人》是理性时代最脍炙人口的小说，它展现了伏尔泰的优雅文风，他将哲理和风趣精巧地混合在一起，他还常常以高超的手法用一句意想不到的话或一个意想不到的细节激起读者的强烈共鸣。在这部小说轻松的外表下有着严肃的目的，它嘲讽了18世纪思想家中普遍存在的乐观主义，伏尔泰认为这些人不承认罪恶存在而认定这个世界本质上是善的。

伏尔泰一度也是一名乐观主义者，但1755年里斯本大地震以后他改变了自己关于罪恶的看法，《老实人》中引人瞩目地再现了这场灾难。这个带有喜剧色彩的历险故事刻画了一个被恰当地叫做"坎第德"（Candide）的人的时代的到来，一个夸张滑稽的德国教授邦葛罗斯（Pangloss）博士向他介绍了乐观主义。虽然这个天真的男主人公遭受了许多磨难：战争、贫困、宗教偏见、宗教裁判所的审判、沉船等，但在经历所有这些不幸时他都坚信邦葛罗斯的说教——"这是所有可能的结果中最好的"。但在遭受了越来越多痛苦的事件和不公正的对待后，坎第德最终放弃了乐观主义。小说最后以男主人公在同倦怠、堕落和欲望的恶行抗争中最终获得的智慧结束："我们必须打理自己的花园。"

英国文学中的新古典主义　在英国，新教中产阶级群体日益壮大和知识水平不断提高，他们需要正派、保守、本质上体现道德主义、带有宗教色彩的文学作品，不过这里所说的宗教和敬重自然及自然神论并无差别。亚历山大·蒲柏（Alexander Pope，1688—1744年）的诗歌和爱德华·吉本（Edward Gibbon，1737—1794年）的不朽历史著作是这种文学风格的典型代表，它们被称作新古典主义文学。

蒲柏是英国新古典主义文学作家的最典型代表。他的诗歌赞颂了为中产阶级所推崇的秩序和礼仪，他本人也出身于这个社会集团。他成为那个时代英国人文价值观的代言人，这些价值观包括理性、古典学识、良知和风雅、憎恨伪善与卖弄等。他的讽刺性诗歌凝练风趣，使他成为理性时代最有灵感的作家。直到1790年代华兹华斯（William Wordsworth）领导的浪漫主义风格才改变了文学创作中的新古典主义理想。

蒲柏创作过许多种类型的诗歌，如田园诗、挽歌和讽刺诗等，但最贴近理性时代精神的是1733—1734年间发表的《人论》（*Essay on Man*），这部作品将哲理和诗歌结合起来，富有教育意味。这首诗共四节，双句押韵，它将那个时代的核心思想乐观主义和一些传统观念结合起来。在第一节里，蒲柏认为全能的上帝在无限可能中创造了最佳的世界而不是完美的宇宙，上帝的设计依托于一个伟大众生序列：从上帝到微生物这个序列的所有生物联结在一起。人类处在序列中人和动物会合的中间位置。正是由于这个位置，人类的心灵中有两种不同的本质在相互斗争："（人）生而半为神灵，半为野兽；既是万物之主，又为万物所掳。"蒲柏认为，由于人在众生序列中的地位是不变的，所以人的理性是有限的，既然上帝不会犯错误，那么人就不应该质疑上帝的安排。因而"（上帝的安排）不管是什么样的，它都是对的"。他从这个宿命论的原则得出结论，认为所有人类以为是恶的事物其实都是被误解了的善。伏尔泰在《老实人》中通过邦葛罗斯的人物形象嘲讽了这种盲目乐观主义思想。

由于蒲柏在《人论》的第一节确立了这种宿命论的观点，所以他在后面的几节中更加乐观。他认为虽然上帝的行为方式有时是无法理解的，但人类仍然可以认识某些真理："真正能够研究人类的只有人类自己。"从这一思想出发，他认为只要人类愿意并且按照理性行事，就可以建立人间天堂，这非常切合启蒙思想家的心意。

爱德华·吉本的《罗马帝国衰亡史》（*History of the Decline and Fall of the Roman Empire*）在1776到1788年间共出版了六卷。吉本很快因此获得普遍承认，其广博的历史知识和才气纵横的文风享誉全欧洲。吉本的罗马历史主题投合了那个时代对古典主义文化的兴趣，而他的怀疑主义特别是对基督教信仰的怀疑又与启蒙思想家的情感交相呼应。虽然由于历史科学的进步吉本作为一名学者的权威地位在20世纪开始衰落，但他的作品仍然是启蒙运动时代真正的文学杰作之一。

吉本这部巨著既反映了古代的历史传统，又体现了启蒙运动的理想。他仿效古代历史学家以世俗的超然态度写史，依据历史人物的动机和自然原因解释历史事变的原委。从启蒙精神出发，他认定历史学应当是通过事例教育人的哲学。上述两种影响集中表现在他在其著作中把罗马帝国的衰败归结为基督教信仰缺乏爱国心和具有颠覆性以及日耳曼人的入侵等原因。实际上，吉本的历史著作赞扬了世俗文明同时委婉地警告人们要警惕宗教狂热的危险。

生活片段

如何推动制度变革

玛丽·沃特利·蒙塔古夫人
书信，1744年3月25日

蒙塔古夫人（Lady Mary Wortley Montagu，1689—1762年）是西方传统中的伟大文学家之一。她具有自由精神，敏锐地观察生活，她与自己的丈夫爱德华·沃特利·蒙塔古勋爵（Lord Edward Wortley Montagu）分居两地达20年之久，期间有4年是在法国的阿维农度过的。在这封日期标注为1744年3月25日写给她丈夫的信中，玛丽夫人叙述了自己如何努力解救一批法国新教胡格诺派教徒（Huguenot）使他们免被贩卖为奴的过程。

借这个机会告诉您我是怎样知道我在2月的第5封信中暗示过的那个秘密的。尼姆（Nîmes）的共济会（Society of Freemasons）为郎格多克（Languedoc）总督黎塞留（Richelieu）公爵举办了一场招待会。尼姆离这里仅有一天的旅程，克利翁女公爵（Duchess of Crillon）和本镇其他一些夫人决定去参加这个聚会，我十分不情愿前去参加这个活动，她们几乎是强拉我和她们一同前往，骗我说那是一场宗教活动（Providence），事实证明我这次前往的确为不幸的无辜者做了件善事。

尼姆城极大多数人是秘密的新教徒，根据路易十四颁布的法令，一旦发现他们在任何公开场合作礼拜就要对其严惩。在我们来到尼姆的几天前他们举行了一次集会，带领他们作礼拜的神父和大约12名会众被抓起来投入监狱。我对此一无所知，但我尚未到达这里前两个小时，有两个最重要的胡格诺教徒来拜访我，他们哭着乞求我替他们向黎塞留公爵求情，他们称没有哪个天主教徒愿意这样做，也没有一个新教徒敢于这样做，就是上帝派我来保护他们的，因为黎塞留公爵有很好的教养，不会拒绝倾听一位夫人的话，况且我的身份和国籍使我可以说我想说的话而不需要有太多顾忌。他们打动了我的悲悯之心，虽然成功的希望不大，但我还是决定尽力去帮他们说情。

因此，我不愿打扮自己赴晚宴，而是穿了一件带有面具头巾的化装舞衣去参加舞会，面罩可以让我更自在地与人交谈。我同黎塞留公爵的交谈水到渠成。夫人们告诉他我在这儿，因为他听说过不少有关我的事，所以立刻向我走来，我发觉出于与我不同的动机他很想结识我。一通恭维之后，我请求他释放可怜的胡格诺教徒。他很坦白地告诉我他不是在信仰上顽固不化的人，他同我一样也十分同情他们，但他接到朝廷命令要逮捕他们。但为了表示他多么愿意回报我的善意，他可以向朝廷恳求放了这些胡格诺教徒（他已经如愿以偿了）。

解析本篇生活片段

1. 蒙塔古夫人做这件事的动机是什么？
2. 尼姆城的宗教形势是什么样的？
3. 蒙塔古夫人怎样使得胡格诺教徒免遭囚禁？
4. 将这封信的语调和风格与我们今天写信的方式（或电子邮件或短信）进行比较。

图 6.18 让-安东尼·乌东（Jean-Antoine Houdon）：伏尔泰像。1780年。等身尺寸。巴黎，国家图书馆

乌东的石膏伏尔泰像表现出作者想把伏尔泰塑造成一个罗马人。乌东让伏尔泰坐在一张仿古的扶手椅上，穿着一件宽大的罗马式长袍（不过这实际上是根据这位伟大的启蒙思想家穿的一件防寒的袍子制作的）。从人物生动的表情等细节可以看出，乌东的作品富有生活气息。

小说的兴起 尽管蒲柏和吉本对西方文学作出了贡献，理性时代英国文学最重要的事态发展是现代小说的兴起。早期英国小说的标记是它的写实主义。新型作家在科学革命精神鼓舞下与过去决裂，开始以全新的眼光研究世界。以前的作者主要是以历史事件或寓言故事为基础作为小说题材，但现在个人的生活经验成为作品的主要内容，他们放弃了传统故事情节，开始热衷于真实地再现现实生活场景。

英国小说的写实主义表现在许多方面。首先它强调塑造个性人物，而不是共性的类型人物；它强调特定的故事背景，而不是文学惯例决定的背景。其次，故事情节的展开与作品人物个性的微妙变化环环相扣。最后，作者采用讲故事方式增加了真情实感，这样，现实主义感便五味俱全了。

这种小说引起了读者大众的倾心关注，其中许多是妇女。塞缪尔·理查德森（Samuel Richardson，1689—1761年）和亨利·菲尔丁（Henry Fielding，1707—1754年）的作品尤其令这些新读者心驰神往。这两位英国人的作品帮助界定了现代小说，同时为后来的小说创作树立了标准。几个世纪以来，以贵族男女主人公故事为主要情节的悲剧被认为是最高的文学形式。但是自从理查

德森和菲尔丁时代以来,描述普通人喜怒哀乐的小说成为主要的文学体裁。

理查德森的小说主要表现的是男女之间的爱情。理查德森长达1000页的小说《帕梅拉》(Pamela, or Virtue Rewarded,1740年)和长达2000页的小说《克拉丽莎》(Clarissa Harlowe,1747—1748年)讲述了两位妇女不断受到诱惑、品行不断遭到痛苦试探的故事。帕梅拉是一个足智多谋甚至可以说诡计多端的女仆,她最终和想要引诱她的有钱人结婚而获得幸福。克拉丽莎虽然比帕梅拉社会地位高,但勇气却比她小,在和引诱她的人私奔后羞愧而死。

与理查德森常常是多愁善感的室内剧式的小说相反,菲尔丁的小说描写充满喜剧和冒险故事的生机勃勃的世界。菲尔丁最著名的作品是《汤姆·琼斯》(The History of Tom Jones, a Foundling,1749年),这是一部喜剧小说杰作,曾被誉为是最优秀的英语小说作品。男主人公汤姆是一个活泼热情的年轻人,他对外界的诱惑不加抵御。他富裕的监护人因为他的不道德行为而放弃了对他的监护,不过汤姆热心而诚实,因此在小说结尾他最终养成了行为检点的美德,好运终于降临到他的头上。这部小说充满逗乐的讽刺尤其是对上层阶级的嘲弄。

音乐

就像在美术和装潢领域一样,18世纪早期音乐的标准是法国人制定的。洛可可音乐像洛可可美术一样是对巴洛克风格的反应。18世纪法国作曲家摒弃了巴洛克音乐复杂、繁琐和刻板的结构,而追求一种轻快迷人的音乐效果,它的特征是曲调优雅而不尚简单和声。这种音乐潮流被称作"**华丽风格**"(style galant),它在路易十五统治时期尤为时兴。

大键琴(harpsichord)是演奏洛可可音乐的最佳乐器,这是一种键盘乐器,弹拨琴弦发出细腻优美的琴声。与此同时,音乐家族中又增添了一些经过改良的乐器如铜管乐器和木管乐器,安东尼奥·斯特拉第瓦里(Antonio Stradivali)改进了小提琴。在18世纪的第一个十年,巴托罗米奥·克利斯托弗利(Bartolommeo Cristofori)在大键琴上安了一个机械装置,用音槌击打而不是弹拨琴弦发声,从而发明了最早的钢琴。演奏者在弹奏这种乐器时可以控制击打琴键的力量来变换音高,这在以前的大键琴是不可能实现的,因此这种乐器被命名为"**钢琴**"(pianoforte),这个名字是从意大利语的"低音"和"高音"组合而来。

两位最杰出的洛可可音乐作曲家是法国人库普兰(François Couperin,1668—1733年)和拉莫(Jean-Philippe Rameau,1683—1764年)。库普兰奠定了18世纪早期的宫廷音乐风格。他最优秀的作品是为大键琴演奏而创作的,许多此种乐曲含有舞曲,以韵律节奏精巧而著称。他极其华美的乐曲完全可以和华托的绘画相媲美。

拉莫同库普兰一样热衷于创作大键琴乐曲和短篇作品,但他的主要成就是其富有表现力的歌剧曲谱。他在创作中遵循了意大利裔法国作曲家吕利开创的方法,其歌剧音乐的主要特点通过一大群舞蹈演员来表演芭蕾舞曲模进(sequence)的效果。他最著名的歌剧作品是根据法国剧作家拉辛的悲剧《菲德拉》(*Phèdre*)创作的《伊波利特与阿里西》(*Hippolyte and Aricie*,1733年)。拉莫通过富有表现力的音乐突出了作品引人入胜的故事情节,弱化了劫数命定的女主人公和其继子之间的情爱纠葛。

同洛可可绘画一样,在18世纪后半期洛可可音乐风格被新**古典主义风格**(classical style)所代替,这种音乐风格似乎更能表达严肃的主题。古典主义音乐的一个重要特征是它强调形式和结构。这一时期刚刚出现的被广泛多样地使用的音乐形式是**奏鸣曲式**(sonata form),奏鸣曲式中的乐章共分三个部分,即呈示部、展开部和再现部。第一部分陈述乐曲的曲调和主题;在第二个部分里,同样的内容变换不同的形式继续展开;在第三部分里,再次陈述音乐主题但配以丰富的和声和更复杂的组合呈现给听众。

奏鸣曲式还常常被用来作为作曲的基础结构,例如**交响曲**(symphony,一种管弦乐曲)、协奏曲(concerto,一种由单独的乐器和管弦乐队共同演奏的乐曲)以及奏鸣曲(一种由一小组乐器演奏的乐曲)。这些音乐作品常常由三个乐章组成,它们在**调子**(key)、**节拍**(tempo)和**基调**(mood)上各不相同。第一乐章往往很长,节拍很快。第二乐章缓慢深沉,而第三乐章的节拍如果不是比第一乐章更快的话至少也是同样快。如果乐曲有四个乐章的话,那么第三乐章要么是一种从法国舞蹈中产生的米奴哀小步舞曲(minuet),要么是一种生动活泼的意大利**谐谑曲**(scherzo)。奏鸣曲式提供了统辖每个乐章的一般作曲原则,同时还可以让作曲家表达自己的思想。古典主义音乐保留了洛可可音乐风格对优美旋律与清晰简单和声的偏爱,而使用奏鸣曲式又使作曲家可以增加自己作品的长度和深度。

第二个塑造古典音乐形式的基础是**主题与变奏**(theme and variations),在这种音乐技巧中乐曲的思想被呈现出来后再次以不同形式加以重复。主题曲和变奏曲的长度是一样的,不过每个变奏曲都不同,甚至与主题曲的基调都不同。变奏曲可能在几个方面都与第一主题曲不同,如节奏、力度、和声、调子、伴奏以及**音色**(tone color)——也就是取决于泛音的声音的品质。主题与变奏有时同步演奏,有时交叠,有时中间稍有停顿分别演奏。主题曲有的是作曲家创作的,也可能是取自已有的乐曲。主题和变奏的音乐技法在单独的作品或交响曲或奏鸣曲中的一个乐章或是**室内乐**(chamber work,小规模的器乐合奏或合唱作品）中有所使用。

海顿（Franz Joseph Haydn，1732—1809年）是第一位古典主义音乐大师。他在匈牙利贵族宫廷中担任了三十年指挥家，但地位仍然不过是当政君主身怀技艺的奴仆。然而海顿去世时不仅富足安逸，而且享誉欧洲。海顿大大推动了奏鸣曲式的发展，他创作了104首交响乐，为四乐章交响曲奠定了基础。这些交响曲除了形式规整外，还展现了海顿的独创精神，同时还体现了他在试验大量各种各样富有想象力的音乐基调和结构时灵活自如的感觉。

今天海顿最著名的交响曲是G大调第94号交响曲，一般又被称为《惊愕》（Surprise）交响曲。1791年海顿初次访问伦敦时演奏了这首乐曲，它让海顿在伦敦的音乐会听众中间扬名。这部乐曲的第二乐章《行板》（andante，意大利语"速度和缓"的意思）就使用了主题和变奏的形式。开头的主题音乐让人想起了婴儿的摇篮曲"一闪一闪亮晶晶，满天都是小星星"，乐曲开头柔和，却以一阵猛烈的全乐队合奏结束，因此得到绰号《惊愕》。接下来通过变换音色、力度、节奏和曲调有四个变奏。最后这个乐章以使用不和谐伴奏来模仿乐曲轻松的基调从而重新演绎核心主题结束。海顿创作的七十多首弦乐四重奏曲同样成为这种室内乐的公认典范之作，每首曲子都由第一和第二小提琴、中提琴和大提琴演奏。他的最大创新是让每一种乐器都展现其独立于其他三种乐器的作用。虽然第一小提琴在演奏中发挥最突出的作用，但海顿四重奏曲的音乐效果是四种乐器的交融。海顿的歌剧（约20部）在他那个时代很流行，不过现在已很少演出（插图6.19）。

虽然海顿创作了大量乐曲，但这些作品与古典主义音乐的最杰出代表莫扎特（Wolfgang Amadeus Mozart，1756—1791年）的成就相比却相形见绌。莫扎特从六岁就开始作曲，既能创作又能演奏。他作为一个音乐神童在全欧洲的游历活动使他有机会与那个时代的音乐风尚直接交流，而他也渴望将自己的作品融入其中。莫扎特成年后作为宫廷乐师替萨尔兹堡（Salzburg）大主教服务了九年，这个职位社会地位很低，这让他感到十分痛苦。莫扎特和海顿不同，他不满足于当一名普通乐师，因为这个职位实际上是伺候有钱恩主的穿特殊制服的奴仆。莫扎特作为一名自由音乐家在维也纳于极度贫困中度过了他生命的最后10年。虽然莫扎特一生短暂而悲惨，身后却留下了大量令后世景仰的音乐作品。

莫扎特的天才不仅在于善于创造新的音乐形式，因为他已经娴熟地掌握了奏鸣曲、歌剧、交响曲和四重奏曲等各种音乐形式。莫扎特无与伦比的天赋更确切地说是他善于在作曲中似乎是用信手拈来的优美曲调谱曲，从乐曲开头几小结到终曲十分流畅自然。莫扎特整齐和谐的音乐作品体现了启蒙运动精神。

图6.19　表演海顿的歌剧

　　这幅无名氏制作的版画描绘了海顿的歌剧《偶遇》（*L' incontro improvviso*）的情节，这部歌剧从1775年左右开始在他的赞助人兼雇主埃斯特哈札（Esterházy）家族的夏宫埃斯特哈札城堡首演。在这幅画中的前舞台、绘制的布景以及穿着礼服的歌唱者都说明过去235年来歌剧的表演形式没有多大变化。有些学者断定在图中左下方海顿在演奏键琴。虽然海顿在埃斯特哈札家族遭到孤立，但他声誉日隆，他的交响乐和音乐演奏会在欧洲各处上演。

　　莫扎特的作曲技法令人一目了然，他给自己接触到的每种音乐形式都打上了独一无二的烙印，他为自己了解的每种音乐形式都谱写过乐曲。在声乐领域，他谱写了宗教作品（如弥撒曲、宗教剧以及未完成的安魂曲）和戏剧作品（如歌剧和芭蕾舞剧）。在器乐方面，他还谱写了大量管弦乐与合奏曲，涵盖了交响乐、小夜曲、**嬉游曲**（divertimentos）、进行曲、小步舞曲以及德国舞曲；为钢琴、小提琴、圆号、长笛、小号、黑管等乐器创作的协奏曲；为管弦乐队谱写的室内音乐；小提琴奏鸣曲；还有键盘乐器奏鸣曲等。

　　莫扎特乐曲的轻快风格深受人们喜爱，这一点在他今天常被演奏的《弦乐小夜曲》（*Eine Kleine Nachtmusik*，1787年）K.525号作品中表现得最为突出。这部由四个乐章构成的活泼的**小夜曲**（serenade）为夜间娱乐而创作。乐曲的

第三乐章是**小步舞曲和三声中部**（minuet and trio），这是源于法国宫廷的古典音乐形式，也被称作米奴哀小步舞曲。乐曲的开头庄严的断奏曲调描摹出宫廷舞会开始时鞠躬和屈膝礼的意象。随着乐曲展开，每一部分都不断重复。接着乐曲转变成更安静和缓的三拍子节奏，这也是不断重复的类似舞曲的曲调。

莫扎特的歌剧作品尤其是喜剧歌剧最充分地展现了他的音乐天才，在这些歌剧中莫扎特充分发挥了他性格中风趣的一面，把直白的幽默效果和生动的人物刻画结合在一起。他在这方面的杰作可能是《费加罗的婚礼》（*The Marriage of Figaro*），这部歌剧取材于法国启蒙思想家博马舍（Pierre Beaumarchais, 1732—1799年）创作的剧本。《费加罗》自1786年首演以来就以其令人捧腹喷饭的幽默风趣风格和丰富的音乐内容而成为所有歌剧中最流行的剧目之一。不过这部作品在滑稽的剧情和令人陶醉的曲调之下有着严肃的主题：莫扎特通过一个仆人费加罗智胜其骄傲主人的故事批评了那个时代的特权阶层和非正义现象，在莫扎特的时代这种批评者越来越多。虽然在莫扎特的其他作品中他的个人立场常常是模糊的，但这个命运多舛郁郁寡欢的奴仆乐师的确在《费加罗》中发出了自己的真实声音。

文化关键词

启蒙运动（Enlightenment）
启蒙思想家（philosophes）
自然神论（Deism）
虔诚派（Pietism）
第一次大觉醒（First Great Awakening）
重农主义者（Physiocrats）
洛可可风格（rococo style）
雅宴画（fêtes galantes）
贝壳装饰（rocaille）
新古典主义风格（neoclassical style）
中国风（Chinoiserie）
网纹刻法（mezzotint）
凹版蚀刻（aquatint）
唯我主义（solipsism）
因果律（causality）
华丽风格（style galant）
钢琴（pianoforte）
古典主义（音乐）风格（classical style [in music]）

奏鸣曲式（sonata form）
交响曲（symphony）
调子（key）
节拍（tempo）
基调（mood）
谐谑曲（scherzo）
主题与变奏（theme and variations）
音色（tone color）
室内乐（chamber work）
嬉戏曲（divertimentos）
小夜曲（serenade）
小步舞曲和三声中部（minuet and trio）

理性时代的遗产

启蒙运动兴起以后，西方文明的面貌焕然一新。到启蒙运动结束时，那个时代横行一时的政体——专制主义——遭到了来自各方面的谴责而处于守势。专制主义的支持者提倡开明君主专制，贵族批评者呼吁把中央集权统治分成几个相互竞争的部门，而民主派则希望废除君主制，将权力交给人民。在这些抨击下专制政府逐渐开始崩溃。

18世纪另外一个有深远影响的事态发展是中产阶级作为一支强大的变革力量崛起。虽然中产阶级鼓吹自己是不分背景的全体人民的代言人，但启蒙运动大致反映了他们的政治、社会和经济议程。中产阶级的兴起还开启了流行文化的大门，如小说。今天这种民主化的趋势仍在发展，它已成为现代文明的标志之一。

启蒙运动的许多思想和原则现在已成为西方文化遗产中的信条。其中包括政府统治应该基于人民同意，对公民生活干预最少的政府是最好的政府，以及所有人生而平等等思想。启蒙运动中诞生的认为人性善、追求幸福是人生正当目标的看法则对西方生活具有更加根本性的影响。

虽然启蒙运动指明了通向未来的道路，但我们千万不能被那个时代的时髦语言误导。启蒙思想家们不停地写作呼吁言论自由和宗教宽容，但书报检查和偏执对那个时代的大部分欧洲人来说仍是正常现象。虽然启蒙思想家大胆执言，尽管他们也认为这些思想因其内在的逻辑性和固有的正当性终将获得胜利，但他们中的大多数人没有将自己的思想付诸行动。他们甚至还认为一旦理性向统治阶级证明他们的行为方式是错误的，那么他们就会放弃自己的特权。启蒙运动时代是这种过于单纯的思想大行其道的最后一个时代。1789年的世界处在一个时代的边缘，在这个时代里思想通过行动、战争和社会骚动而政治化。在革命后的世界里，所有人都会理解思想的激进力量。

批判性思考提问

1. 找出和解释作为理性时代特征的四个趋势。这些趋势如何影响了这一时期的文化。
2. 说明希腊—罗马世界、科学革命和文艺复兴如何影响了启蒙运动。
3. 分别用一幅具体的画来比较和对比洛可可风格与新古典主义风格。
4. 比较和对比孟德斯鸠、卢梭、伏尔泰、吉本和亚历山大·蒲柏对启蒙运动的文学贡献。
5. 理性时代三个最重要的成就是什么？请解释。

出版后记

在世界越来越成为一个"地球村"的年代，在全世界各个地域、各个种族的人群都怀抱"同一个世界，同一个梦想"的年代，地处东方的我们，融入世界大家庭所必需的一步，就是深入理解深刻影响现代世界形貌的西方世界。他们的历史进程，他们的所思所想，这一切都可以通过他们创造和表达自身的作品去找寻——哲学、宗教、艺术、音乐、文学等——这些相关领域的知识我们可以统称为人文学识。

《人文通识课》就是一套结构清晰、编排合理、流畅好读的人文学识读本，内容涵盖了从史前到21世纪的西方文明进程中的文化表达。在每一章中，作者都会就所述时代的历史、政治、经济和社会发展给出扼要的描述，为将要讨论的西方文化勾勒出时代背景；余下的部分主要论述两种不同的文化表达，一是哲学、宗教、科学等思想观念范畴，一是艺术、建筑、文学等文化作品范畴。既分析描述该时代普遍性的主题、风格传承与流变和风格要素，又考察具有创造力的个人是如何应对其所处社会向他们提出的挑战的。书中提供的精美图片、精心设置的专栏、章尾提出的思考题，以多种形式帮助读者掌握每章的精髓内容。

对人文学识的学习，主要目的并非是把这些人类历史上的文化珍品置于博物馆中，以旁观者的姿态把玩欣赏。更重要的是，读者应该在这趟人文精神之旅中不断丰富和提高自己的历史眼光，以加深对当今世界纷繁复杂的情势的理解，并勇敢投入到塑造未来的行动中去。

服务热线：133-6631-2326　139-1140-1220
服务信箱：reader@hinabook.com

后浪出版咨询（北京）有限责任公司
2013年4月

图书在版编目（CIP）数据

人文通识课Ⅲ/（美）马修斯，（美）普拉特，（美）诺布尔著；卢明华，计秋枫，郑安光译．——北京：
世界图书出版公司北京公司，2013.7
书名原文：The western humanities，7e
ISBN 978-7-5100-6722-8

Ⅰ．①人… Ⅱ．①马…②普…③诺…④卢…⑤计…⑥郑… Ⅲ．①人文科学 Ⅳ．①C

中国版本图书馆CIP数据核字（2013）第161056号

Roy Mathews
The Western Humanities,7e
0-07-337662-0

Copyright © 2011 by McGraw-Hill Education.

All Rights reserved. No part of this publication may be reproduced or transmitted in any form or by any means, electronic or mechanical, including without limitation photocopying, recording, taping, or any database, information or retrieval system, without the prior written permission of the publisher.

This authorized Chinese translation edition is jointly published by McGraw-Hill Education（Asia）and Beijing World Publishing Company-Post Wave Publishing Counsulting（Beijing）Co., Ltd. This edition is authorized for sale in the People's Republic of China only, excluding Hong Kong, Macao SAR and Taiwan.

Copyright © 2013 by McGraw-Hill Education（Asia）, a division of McGraw-Hill Education（Singapore）Pte. Ltd. and Beijing World Publishing Company-Post Wave Publishing Consulting（Beijing）Ltd. Co.

版权所有。未经出版人事先书面许可，对本出版物的任何部分不得以任何方式或途径复制或传播，包括但不限于复印、录制、录音，或通过任何数据库、信息或可检索的系统。

本授权中文简体字翻译版由麦格劳-希尔（亚洲）教育出版公司和世界图书出版公司合作出版。此版本经授权仅限在中华人民共和国境内（不包括香港特别行政区、澳门特别行政区和台湾）销售。

版权 © 2013 由麦格劳-希尔（亚洲）教育出版公司与世界图书出版公司所有。

本书封面贴有McGraw-Hill Education公司防伪标签，无标签者不得销售。

北京市版权局著作权合同登记号：01-2010-1359

人文通识课Ⅲ：从文艺复兴到启蒙运动

著　　者：（美）罗伊·T·马修斯等	译　　者：卢明华　计秋枫　郑安光	筹划出版：银杏树下
出版统筹：吴兴元	责任编辑：张　鹏	营销推广：ONEBOOK	装帧制造：墨白空间

出　　版：世界图书出版公司北京公司
出 版 人：张跃明
发　　行：世界图书出版公司北京公司（北京朝内大街137号 邮编100010）
销　　售：各地新华书店
印　　刷：北京铭传印刷有限公司（三河市驹阳镇南外环柯达路　邮编065200）
（如存在文字不清、漏印、缺页、倒页、脱页等印装质量问题，请与承印厂联系调换。联系电话：0316-3216418）

开　　本：690×960毫米　1/16
印　　张：19　　插页 4
字　　数：380千
版　　次：2014年3月第1版
印　　次：2014年3月第1次印刷

读者服务：reader@hinabook.com　188-1142-1266
投稿服务：onebook@hinabook.com　133-6631-2526
购书服务：buy@hinabook.com　133-6657-3072
网上订购：www.hinabook.com　（后浪官网）

ISBN 978-7-5100-6722-8　　　　　　　　　　　　　　　　　　定　　价：36.00元

后浪出版咨询（北京）有限公司常年法律顾问：北京大成律师事务所　　周天晖　copyright@hinabook.com

版权所有　翻印必究

《世界史》
（插图修订版）

著　者：(美)卡尔顿·约·亨·海斯
　　　　帕克·托马斯·穆恩
　　　　约翰·威·韦兰
译　者：费孝通　冰心等
书　号：978-7-5062-8709-8
出版时间：2011.04
定　价：68.00元

历久弥新的大家译者　数千年鲜活如昨的历史

　　文明史观　从人类文明的产生与演进过程来阐述历史，将世界历史划分为文明的开端、古典文明、基督教文明、近代文明等几个发展阶段，尤其以西方文明的渊源及其发展为重点，据此来筛选材料、组织编排，勾勒出从史前人类到"二战"结束的漫长历史。

　　结构清晰　以卷为纲，以章为目，章下分节，节中标以小题，端绪虽繁，而能类聚条分。此外于每一卷之前有前言，包举大要，每一卷之后有结语，综括前文，承前启后，交代明白，纲举目张，有条不紊。

　　论述精当　在叙述上，着重陈述史实，少有繁文赘语。既能高瞻远瞩，纵论大势，又能网罗概括，委曲细事。此外又能力避琐碎，抓住要点，忽略人类历史上无足轻重的史实，而对于那些足以影响后世的巨大历史事变，则予以有声有色的说明。

　　政治、文化、经济等量齐观　不但关注政治史，对于精神文化的作用亦给予足够的重视，并以基督教的文明为一个阶段的结束和另一个阶段的开始。对于重大的科学发明，从新时期时代的工具艺术到近代的工业革命，都重点强调。

　　观照普通人的视角　同情历史上各世代的被迫害者，以悲悯的语调描写古罗马的奴隶生活、中世纪的农奴生活，歌颂法国大革命，而对于奴隶主、贵族、封建暴君，乃至近代资本家之荒淫，暴虐与过分的剥削，都会予以指责。

《现代世界史》
（插图修订第10版·上下册）

著　者：（美）R. R. 帕尔默　乔·科尔顿
　　　　劳埃德·克莱默
译　者：孙福生　陈敦全　周鸿临　等
推荐者：罗荣渠　何兆武　刘北成
书　号：978-7-5100-4900-2
出版时间：2013.04
定　价：138.00元

世界现代史领域的殿堂级学术教科书
全世界几代学人透过他的眼睛看历史

《纽约时报》评为"所有时代所有学科中的19部经典教科书之一"

《华盛顿邮报》誉为"第一部晋身教科书荣誉殿堂的作品"

美国历史学会（AHA）评为"教科书的黄金标本"

　　自1950年初版以来，帕尔默等人所著的《现代世界史》便一直被誉为一部殿堂级的历史学术教科书，并被广泛采用作教材。在近60年的时间里，本书作者不断修订，如今已出至第10版，其销量在同类作品中一直名列前茅，是半个多世纪以来美国世界史教科书中寿命最长、读者最多、影响最大的一部。

　　本书内容丰富，领域宽广，以洋洋百余万文字阐述了现代欧洲的崛起这一世界性的事件。在作者笔下，曾经默默无闻的欧洲（或曰西方），在从16世纪初至今的五百多年里，逐渐创造出了一个辐射全球的政治、经济、军事、科技诸方面的世界体系。

《帕尔默现代世界史丛书》
（1—5）

第一册
《欧洲崛起：现代世界的入口》
书号：978-7-5100-2313-2
定价：28.00元

第二册
《启蒙到大革命：理性与激情》
书号：978-7-5100-2311-8
定价：28.00元

第三册
《工业革命：变革世界的引擎》
书号：978-7-5100-2314-9
定价：35.00元

第四册
《两次世界大战：西方的没落？》
书号：978-7-5100-2318-7
定价：28.00元

第五册
《冷战到全球化：意识形态的终结？》
书号：978-7-5100-2319-4
定价：35.00元

《詹森艺术史》
（插图第7版）

著　　者：(美) H. W. 詹森　　A. F. 詹森
　　　　　 J. E. 戴维斯　等
翻译策划：朱青生
译　　者：艺术史组合翻译实验小组
书　　号：978-7-5100-4862-3
出版时间：2013.07
定　　价：698.00元

畅销全球的西方艺术史标杆著作　　数届北大师生历三十年精琢译文

内容简介

　　本书以丰富的文献和珍贵的彩色图片，向读者介绍了从史前时代和古埃及到当代西方绘画、雕塑、建筑、摄影和次要艺术的艺术风格，文笔优美，增加读者理解艺术的能力。第一和第二部分涵盖了古代世界和中世纪，包括史前时代、埃及、古代近东、爱琴海、希腊、伊特鲁里亚、罗马、早期基督教、拜占庭、中世纪、罗马式和哥特式艺术。第三部分通过洛可可检视文艺复兴——意大利文艺复兴的早期和盛期，风格主义和其他潮流；晚期哥特式绘画、雕塑和图形艺术；以及意大利、西班牙、佛兰德斯、荷兰、法国和英国的巴洛克风格。第四部分关注现代世界，包括新古典主义和浪漫主义、象征主义和新艺术运动，还有现代主义和后现代主义等。

著者简介

　　H.W.詹森（H.W.Janson，1913—1982），美国著名艺术史家，曾任纽约大学艺术系教授、系主任。詹森出生于圣彼得堡，后随家人前往德国汉堡，就读汉堡大学期间师从艺术史大师欧文·潘诺夫斯基。后接受潘诺夫斯基的意见移民美国，于1942年获哈佛大学艺术史博士学位。曾任美国大学艺术协会主席，美国文艺复兴学会创办人和主席，《艺术通报》编辑。

《历史研究导论》

著　者：（美）麦克尔·斯坦福
译　者：刘世安
书　号：978-7-5100-4047-4
出版时间：2012.08
定　价：46.00元

历史知识之通论，大家译著之经典

广受好评　本书自出版后，数年内不断重印，受到专业历史学家和历史专业学生的一致好评。

常识视角　本书虽然处理的是历史的核心观念和历史理论，但是行文上尽量避免专业术语，以富有常识感的清晰写作风格进行论述。

结构严谨　书中共分十章，每一章都是从一个视角对历史进行透视，可以单独成篇，而连缀在一起之后，又是一个逻辑自洽的整体。

材料丰富　本书处理的主题属于历史哲学范畴，但是书中充满了丰富的包括文献、史实和生活实例的分析材料，有些材料贯穿全书始终，在不同的章节以不同的角度进行分析。

内容简介

《历史研究导论》主要处理"历史是什么"的主题，以及基于这个主题扩展出来的研究历史应遵守什么原则。全书结构严谨、语言简洁流畅，自出版以来广受学者和学生的好评，多年来不断再版。

作者在书中将历史区分为"作为事件的历史"和"作为记述的历史"，分别标记为历史（甲）和历史（乙），以此为横轴，以作为统一体、行动、观念、论述、知识、遗迹、事件、顺序、理论、形而上学的历史这十个透视角度为纵轴，内容涵盖了从古至今历史研究中所有可能面对的概念和问题。全书不仅澄清了历史的本质、作为记述的历史、作为事件的历史、历史理论及其相互之间的互动等等学理上的问题，也注重如何使用证据这种方法论层面的传授。另外，书中虽然涉及大量不同历史学派的历史观点，但是作者力图避免学术术语的使用，尽量以富含常识的日常语言论述，直触和直面问题的核心关键。

因此，本书虽然名为导论，所述却务求广博，行文晓白通畅，足以作为从事历史研究人员的首选入门指南。